위대한 과학자들이 만난 하나님

모든 인간은 하나님의 형상을 닮은 존엄한 존재입니다. 전 세계의 모든 사람들은 인종, 민족, 피부색, 문화, 언어에 관계없이 존귀합니다. 예영커뮤니케이션은 이러한 정신에 근거해 모든 인간이 존귀한 삶을 사는 데 필요한 지식과 문화를 예수 그리스도의 사랑으로 보급함으로써 우리가 속한 사회에 기여하고자 합니다.

위대한 과학자들이 만난 하나님

초판 1쇄 찍은 날 · 2007년 6월 20일 | 초판 1쇄 펴낸 날 · 2007년 6월 25일

지은이 · 조덕영 | **펴낸이** · 김승태

편집 · 최선혜, 이덕희, 방현주 | **디자인** · 이훈혜, 이은희, 정혜정
영업 · 변미영, 장완철, 김성환 | **물류** · 조용환, 엄인휘

등록번호 · 제2-1349호(1992. 3. 31.) | **펴낸 곳** · 예영커뮤니케이션
주소 · (110-616) 서울 광화문우체국 사서함 1661호 | **홈페이지** www.jeyoung.com
출판사업부 · T. (02)766-8931 F. (02)766-8934 e-mail: jeyoungedit@chol.com
출판유통사업부 · T. (02)766-7912 F. (02)766-8934 e-mail: jeyoung@chol.com
제작 예영 B&P · T. (02)2249-2506~7

copyright ⓒ 2007, 조덕영

ISBN 978-89-8350-436-4 (03230)

값 10,000원

위대한 과학자들이 만난 하나님

조덕영 지음

예영커뮤니케이션

하는 말

　이 책은 역사의 한 복판에 서 있는 위대한 과학자, 그들의 삶을 다룬 책이다. 즉 간단한 전기라 생각할 수도 있다. 하지만 한 가지, 여타의 책들과 다른 점이 있다. 그것은 그 책들에서는 드러나지 않던 그들의 믿음의 고백이 상세히 담겨 있다는 것이다.

　어찌된 일인지 국내의 서적들에는 그들의 훌륭한 믿음에도 불구하고 믿음의 고백은 도무지 찾아보기 어려운 것이 사실이다. 이런 안타까운 상황에서 필자는 국민일보를 통하여 이들 과학자들의 신앙 고백을 일부 다룬 적이 있었고, 이때 많은 분들의 격려와 감사가 있었다. 책으로 묶어 좀 더 편안히 볼 수 없겠느냐는 문의도 많았다. 이것을 스크랩하여 전도용으로 쓰고 있다는 여러 제보(서울, 부산, 제주 등)도 받았다. 공교롭게도 어느 기도원에서는 이 내용을 무단 복제하여 판매하고 있는 상인을 만나기도 했다. 이를 쉽게 편집하여 어린이들을 위한 책으로는 이미 출간한 바 있지만, 이들 과학자들의 믿음에 대한 시비도 가끔은 있었다. 어린이들에게 굳이 과학자들의 신학적 문제까지 거론하면서 전하고 싶지는 않았기 때문이

5

다. 이런 저런 이유로 책임도 느끼고 분주한 관계로 미루어 오다가 이것을 보완하여 이제야 책으로 내놓게 되었다. 주님께 감사드리며, 많은 분들의 격려와 기도에도 감사드린다.

그런데 이들의 신앙가운데는 혹시 전통적이고 복음주의적인 입장에서는 받아들이기 어려운 과학자들도 있을지 모른다. 필자 개인적으로도 그런 과학자들이 있었다. 이신론(Deism:理神論)자로 비판받는 과학자도 있고, 오늘날의 시각으로는 복음적인 인물이라고 보기 어려운 인물도 있다. 하지만 그들이 몸담고 있던 시대적 상황을 이해해 주기 바란다. 그런 점들이 하나님의 존재에 대한 부정을 의미한다거나 하는 것은 아니다.

이 책이 추구하는 것은 누구를 판단하거나 정죄하는 데 그 목적이 있지 않음을 밝혀 둔다. 신앙의 질적 판단을 떠나서 누구에게나 사랑받고 존경받는 인류가 배출한 위대한 과학자, 그들의 하나님에 관한 인식과 고백을 다루려는 데 목적이 있다. 성경에 사탄의 이야기가 나온다고 성경이 하나님의 말씀이 아닌 것은 아니지 않은가!

필자가 간절히 바라는 것이 있다면, 아무쪼록 이 책을 접하는 모든 사람들이 인류 역사의 흐름을 뒤바꾼 인류 과학사의 위대한 스승들도 애초부터 대단한 능력의 소유자들은 아니었으며 대부분 지극히 평범한 사람들이었다는 것, 그들이 그 평범한 환경을 어떻게 슬기롭게 활용하면서 뛰어난 과학자들로 거듭났는가 하는 것을 배우기를 원한다. 그리고 무엇보다도 그들이 인생의 여정에서 만난 하나님은 어떤 분이셨으며 그들의 삶에 어떤 영향을 주었는지 분명히 깨닫게 되기를 바라는 마음이다.

한 가지 더한다면, 혹시 아직도 망설이는 분이 있다면 그분께 삶을 드리고 (요 1:12), 이들 뛰어난 과학자들처럼 훌륭한 삶을 성취하기를 기대한다. 어쩌면 이것이야말로 이 책이 나온 진정한 의도라고도 할 수 있기 때문이다.

> 야곱아 너를 창조하신 여호와께서 지금 말씀하시느니라 이스라엘아 너를 지으신 이가 말씀하시느니라 너는 두려워하지 말라 내가 너를 구속하였고 내가 너를 지명하여 불렀나니 너는 내 것이라(사 43:1).

차례

레오나르도 다빈치
Leonardo da Vinci

최후의 만찬을 그릴 때였다. 말씀, 곧 하나님께서 육신이 되어 오신 그 사랑의 예수님을 그려내는 일은 생각처럼 쉬운 일이 아니었다. 또 주님을 팔아먹은 가룟유다를 그리는 것도 썩 마음 내키는 일이 아니었다. 기도와 번민으로 며칠이 지났다. 마침내 그림을 부탁한 성당의 수도원장이 그를 찾아와 재촉하기 시작했다. 독촉하는 그에게 다빈치가 말했다. "이제 남은 부분은 예수님과 가룟유다 뿐입니다. 만일 당신이 가룟 유다의 모델이 되어 주신다면 지금이라도 당장 완성시킬 수가 있습니다." 이후로 그는 다시는 독촉하지 않았다고 한다.

하늘을 나는 꿈을 꾼 천재 화가 레오나르도 다빈치

〈모나리자〉하면 모르는 사람이 없을 만큼 전 세계에 널리 알려진 명화 중의 명화이다. 이탈리아 피렌체에 사는 한 부자의 아내를 그렸다는 이 그림의 미소는 보는 사람들에게 신비한 감정을 불러일으키고는 한다. 한때 이 그림이 도둑맞았을 때 프랑스 사람들이 이 그림을 도둑맞은 박물관으로 몰려들었다는 일화는 유명하다. 그리고 그 유명세만큼이나 이 작품의 모작 또한 많다. 그만큼 모나리자야말로 오늘날 세계인들이 가장 아끼는 그림 가운데 하나라는 뜻이다.

이 신비스런 그림을 그린 레오나르도 다빈치(Leonardo da Vinci, 1452-1519)는 그림만큼이나 예술가, 기술자, 과학자로서도 상당한 경지의, 아주 다방면의 신비한 삶을 산 사람이었다. 또한 역사상 누구보다도 뛰어난 성화를 많이 그린 사람이었다.

많은 뛰어난 화가들이 예수님과 그의 열두 제자들의 '최후의 만찬'을 소재로 성화를 그렸지만, 다빈치가 그린 〈최후의 만찬〉보다 잘 알려진 작품은 없다. 이 밖에도 그가 남긴 〈성 제로니모〉,〈암굴의 성모〉, 〈성 모자와 성 안나〉, 〈예수님의 잉태를 알리는 천사〉의 그림 등은 하나님을 믿는 한 화가가 표현할 수 있는 성화의 극치를 보여 주고 있다.

그 중에서도 예수님이 십자가에 달려 돌아가시기 전날 밤에 사랑하는 제자들과 한 자리에 앉아서 저녁을 잡수시는 〈최후의 만찬〉은 지금도 산타마리아 델 그라츄 성당 벽에 그대로 남아 있어 보는 이들을 감동시키곤 한다. 긴 식사 테이블을 앞에 놓고 예수님을 중심으로 열두 제자가 주님의 말씀에 귀 기울이며 앉고, 가롯 유다로 보이는 한 제자는 엉거주춤한 모습으로 밖으로 막 나가려는 모습의 이 그림은 우리들에게 마태복음에 나오는 당시의 상황을 생생하게 기억나게 한다.

□ 총명했던 소년

이탈리아 르네상스를 대표하는 천재 화가 레오나르도 다빈치는 플로렌스와 피사의 탑으로 유명한 피사라는 도시의 중간쯤 되는 곳에서 태어났다. 어린 시절, 그는 집안 사정으로 부모님과 떨어져 할아버지, 할머니의 손에서 자라났다. 그렇지만 명랑하고 총명한 다빈치는 일찍부터 그의 천재성을 나타내기 시작했다. 특히 그의 타고난 손재주와 이해력은 친구들이 따라가기 힘들 만큼 뛰어 났으며 가끔씩 던지는 어려운 질문들은 선생님들을 쩔쩔매게 하기도 했다.

어느 날, 그의 아버지는 어린 다빈치를 당시의 유명한 화가 베로니카에게 데리고 가 보였다.

"베로니카 선생님, 이 데생을 좀 보아 주십시오." 그림을 본 베로니카는 깜짝 놀랐다. "아니, 이 그림이 정말 이 아이가 그린 그림이란 말입니까? 오오, 다빈치는 반드시 훌륭한 화가가 될 것입니다." 이렇게 해서 다빈치는 베로니카의 제자가 되었는데, 그의 나이 불과 15세 때였다. 그의 타고난 재능은 훌륭한 스승을 만나자마자 활짝 피어나기 시작하였으며 그 발전 속도는 베로니카도 감탄할 정도였다.

어느 날, 베로니카 선생님이 다빈치를 불렀다. "선생님, 부르셨습니까?" "레오나르도, 바알 롬부로조 수도원에서 부탁한 예수님의 세례 받는 그림을 속히 끝마쳐야 될 텐데, 네가 남은 천사를 좀 그려 주었으면 좋겠구나." "네, 잘 알겠습니다. 선생님." 다빈치는 정성을 다해 밤을 새워 가면서 천사의 그림을 완성하였다. 이튿날 아침, 그림을 확인하러 나온 베로니카는 그만 다빈치의 그림 앞에서 움직이지 못하고 동상처럼 서 버리고 말았다. 다빈치가 그린 천사가 오히려 스승인 베로니카가 그린 천사보다도 훨씬 더 뛰어났던 것이다. 더욱이 천사의 그림이 돋보여 주인공이신 예수님의 세례 받는 모습이 초라하게 보이게 된 것은 베로니카에게 큰 충격이었다. "아아! 다빈치의 그림은 이제 내 그림보다 훨씬 더 훌륭하구나!" 화가로서 베로니카의 충격은 생각보다 컸다.

전하는 말에 의하면 베로니카의 그 이후 다시는 붓을 들지 않았다고 한다. 진위의 여부는 알 수 없지만 이 일화에서 다빈치의 천재성을 엿보게 된다.

다빈치가 스승을 떠나 독립한 시기는 1477년경으로 그의 나이 25세가 되던 해였다. 그 후 그는 이탈리아 북부 도시 밀라노의 한 궁전에서 토목, 건축, 군사 기술자로 20년 가까이 일하면서 운하의 건설과 수많은 군사시설 그리고 대사원 등을 건설하게 되었다. 그가 그린 유명한 성화들의 대부분이 이때 완성되었다.

□ 수백 년을 앞서 간 다빈치

그러나 그의 명성은 단순히 화가나 건축가로서 그치는 것이 아니었다. 그의 관심은 하나님의 창조 세계에 널려있는 모는 사물들 전체였다. 그의 이루 헤아릴 수 없는 과학적 업적들을 살펴보면 그를 단순히 근대 과학의 선구자라고 부르는 것만으로는 만족할 수 없을 정도이다.

사실 다빈치는 잠수함도 설계했었지만 이것이 인류에게 선한 쪽보다는 나쁜 쪽으로 쓰여 질 것 같아 사람들에게 공개하지 않기로 작정했다고 한다. 학자로서 그가 가지고 있던 윤리적인 측면을 알 수 있는 대목이라 하겠다.

오늘날 과학 기술이 발달하면서 과학의 윤리적인 측면이 날로 부각되고 있다. 특히 환경오염이나 유전 공학, 핵 문제 등이 인류 전체의 존망 자체를 흔들지도 모른다는 두려움이 증폭되어 가는 이때에 다빈치의 이런 통찰력은 우리의 관심을 끌지 않을 수 없는 것이다.

인간이 새처럼 날고 싶어 하던 소망이 이루어진 것은 1903년 미국의 라이트 형제(Wright brothers)에 의하여 비로소 현실화되기 시작했지만 다빈치는 그보다 400년 전에 이미 날아다니는 기계를 상세히 설계해 놓고 있었다. 다빈치의 생각과 그가 꿈꾸던 꿈은 이렇게 당시 사람들보다 수백 년을 앞서 간 것들이었다.

　도무지 그 능력을 측량할 수조차 없을 만큼 온갖 것들에 관심을 갖고 있으면서도 뛰어난 화가의 기질을 발휘한 이 천재의 방에는 박쥐, 도마뱀, 쥐, 잠자리, 뱀, 메뚜기, 벌 등 별의별 짐승들과 벌레들이 우글거렸다. 또 어떤 것들은 썩어 냄새가 요란하여 방문객들을 놀라게 했다고 전해진다. 모든 것들이 그의 그림의 소재였으며 연구 대상이었다. 결국 이 놀라운 천재에게 훌륭한 성화들을 남길 수 있도록 하나님께서 허락하신 것은 또 다른 축복이었다고 본다.

　□ 〈최후의 만찬〉이 완성되다

　그의 불후의 명작인 〈최후의 만찬〉은 그의 나이 44세 되던 해, 그러니까 1497년에 제작이 시작되어 2년 동안에 걸쳐서 완성된 그림이다. 레오나르도 다빈치가 이 작품에 쏟은 정성은 남다른 것이었다. 그는 이 작품을 그리면서 어떤 때에는 밥 먹는 것도 잊고 밤을 새워 가면서 그렸으며, 때로는 뚜렷한 구상이 떠오르지 않아 며칠씩이나 붓만 든 채 멍하니 하늘만 쳐다보며 지내는 날도 많았다.

　2년에 걸쳐 그가 심혈을 기울여 완성한 예수님의 제자 한 사람 한 사람은 살아서 움직이는 듯한 역동감이 느껴진다. 그림에서 보이는 제자들의 모습은 그 품성이 마치 그대로 살아서 우리 앞에서 움직이는 듯하다. 그러나 이 천재 화가에게도 고민은 있었다. 그도 마지막까지 완성하지 못하고 고민하던 두 사람이 있었다. 바로 예수님과 가룟 유다였다. 예수님을 표현한다는 것은 천재인 그에게도 너무나 난감한 일이었다.

요한복음 1장에 보면, "그분은 곧 하나님"이시라고 했다. 세상은 그로 말미암아 지은 바 되었으며 세상은 그를 몰랐다고 했다. 그 분이 바로 자기로 지으신 땅에 오셨으나 자기 백성이 영접하지 아니하였다고 했다. 말씀, 곧 하나님께서 육신이 되어 오신 바로 그 사랑의 예수님을 그려 내는 일은 생각처럼 쉬운 일이 아니었다. 주님을 팔아먹는 배신자 가룟 유다를 그리는 것도 썩 마음 내키는 일은 아니었다. 기도와 번민으로 며칠이 지나갔다. 아무 일도 하지 않고 날을 새며 우두커니 앉아 있는 다빈치의 모습은 영락없이 정신 나간 사람처럼 보였다. '도대체 예수님을 어떻게 표현할 수 있을까?' 이 천재 화가에게도 그것은 풀 수 없는 수수께끼요 고민이었던 것이다.

마침내 그림을 부탁한 성당의 수도원장이 그를 찾아와 재촉하기 시작했다. 독촉하는 수도원장에게 레오나르도 다빈치는 이렇게 말했다고 한다. "이젠 남은 부분은 예수님과 가룟 유다뿐입니다. 만일 당신이 가룟 유다의 모델이 되어 주신다면 지금이라도 당장 완성시킬 수가 있습니다." 이후로 수도원장은 다시는 독촉을 하지 않았다고 한다.

그는 역시 위대한 화가였다. 오랜 산고 끝에 그의 손으로 이 위대한 그린은 완성되었던 것이다. 〈최후의 만찬〉이야 말로 다빈치 자신의 하나님에 대한 믿음의 고백이었다. 조금은 괴짜로 느껴지기도 하는 이 천재 화가는 어느 누구보다도 다방면의 재능을 하나님께로부터 받았으며 받은 달란트를 남김없이 사용한 사람이었다.

인류 역사상 가장 뛰어난 천재 중의 한 사람으로서, 인류의 마음속에 진한 감동을 끊임없이 선사하는 성화들을 남긴 그는, 1516년에 프랑스와 1세의 초청으로 프랑스로 가서 살다가 그곳 상크르라는 곳에서 1519년 4월 23일, 69세의 일기로 조용히 세상을 떠났다. 그는 죽었지만 그가 그린 아름다운 성화들, 그의 이름과 믿음은 기억 속에 깊게 새겨져 있다.

니콜라스 코페르니쿠스
Nicholas Copernicus

"우주는 지극히 선하신 하나님께서 질서 정연하게 우리를 위하여 만드셨다.......나의 이론이 어렵고 대중의 의견과 매우 모순되는 듯하지만, 하나님의 도움으로 더욱 대낮처럼 밝고 분명하게, 수학을 모르는 사람도 이해할 수 있도록 밝힐 것이다."

지동설을 주장한 코페르니쿠스

먼 옛날 사람들은 지구가 무엇엔가 고정되어 있다고 생각했다. 이런 생각은 고대 이집트의 천문학자 프톨레미(Ptolemy)가 제안한 이론 때문에 생긴 것인데, 그는 지구가 고정된 중심이고 별이나 그 외의 모든 행성들이 지구 주위를 돌고 있다는 천동설을 주장하였다.

이처럼 지구가 고정되어 있다는 생각은 16세기까지 계속되었으며, 당시 유럽의 종교 지도자들도 지구는 당연히 우주의 중심이고 성경도 그것을 뒷받침한다고 굳게 믿고 있었다. 만일 당시에 지구가 태양을 도는 태양계의 한 행성이라고 누군가 주장했다면 그것은 당시 사회를 지배하던 가톨릭 지도자들에 대한 엄청난 반역 행위였으며 매우 충격적인 일이었을 것이다.

그런데 이와 같이 당시에 놀랍고도 혁명적인 주장을 편 사람이 있는데 그가 바로 코페르니쿠스(Nicholas Copernicus, 1473-1543)이다. 지금까지도 사람들은 당시의 종교 지도자들이 생각했던 천동설 때문인지 성경에는 지구가 "움직이지 않는 평평한 땅"이라고 기록되어 있다고 오해를 하곤 한다. 그러나 성경에서 기록 연대가 가장 오래 된 욥기서를 보면 이미 수천 년 전에 성경은 지구가 허공에 떠 있다고 말해 주고 있다.

> 그는 북쪽을 허공에 펴시며 땅을 아무것도 없는 곳에 매다시며(욥 26:7).

☐ 총명했던 아이

코페르니쿠스는 폴란드의 상업 중심지였던 북쪽의 토룬이라는 지방에서 사남매 중 막내로 태어났다. 그의 아버지는 당시 부유한 상인이면서 마을의 행정관을 평생 지낸 사람이었다. 그러나 그가 10세가 되던 해에 아버지가 세상을 떠나고 코페르니쿠스는 가톨릭 주교였던 외삼촌의 도움으로 공부를 하게 된다.

외삼촌 왓첸로데는 폴란드의 가톨릭 4대 교구 중북부에 위치한 바르미아 교구의 주교로, 조카인 코페르니쿠스가 신부가 되기를 원했다. 어릴 적부터 총명하며 순종적이었던 그는 외삼촌의 권유대로 외삼촌이 졸업한, 당시 폴란드의 수도요 유럽 문화의 중심지였던 크라코우시에 있던 크라코우 대학에 입학하게 되었다. 알프스 산맥 북쪽 지방에 있는 이 학교는 수학과 천문학의 명문 학교였다.

그러나 학교를 마치기도 전에 그는 외삼촌의 도움으로 이탈리아의 볼로나 대학으로 옮겨 교회법을 공부하였으며, 그 후 폴란드 프롬볼크시 프라우엔브루크 대사원의 신부가 되었다. 비록 정식 사제는 아니였다고 일부 알려지고는 있지만, 교단의 일원이 되어 사제와 동등한 지위를 일생 동안 갖게 된 것이다.

하지만 그의 관심은 역시 교회법보다는 크라코우대학 시절부터 관심을 가진 천문학이었다. 이탈리아에서 공부하는 동안 코테르니쿠스는 그의 평생에 영향을 준 유명한 천문학자 노바라 교수와 친구가 되었는데, 그는 프톨레미의 천동설을 부정하는 사람이었다. 노바라 교수와 사귀면서 코페르니쿠스는 지구가 우주의 물리적 중심이 아니고 태양의 주위를 도는 행성임을 확신하게 되며, 이때부터 그는 천문학을 체계적으로 공부하며 천체를 관측하는 방법을 정확히 익히기 시작했다. 당시 천문학은 의학과 깊은 관련이 있었다. 가톨릭 교구의 재정적 도움으로 공부하던 코페르니쿠스는 의사가 부족했던 당시, 훈련된 의사로 봉사한다는 조건으로 계속 공부할 수 있는 길을 열어 달라고 교구에 요청하였으며 마침내 허락을 받아냈다.

코페르니쿠스는 가장 유명했던 파두아 대학과 페레나 대학을 거치며 학업을 계속하였고, 그러는 도중 월식을 관찰할 수 있는 기회가 있었다. 그리고 대학에서 강의할 기회도 얻게 되었다. 나이 서른이 되어 이미 그는 천문학뿐 아니라 교회법, 고전, 수학, 형이상학, 언어학, 등의 전문가가 되어 있었던 것이다.

1503년에 고국 폴란드로 돌아온 그는 주교인 외삼촌의 일을 도우면서 의사로 봉사하게 되었다. 따뜻한 성품에 놀라운 의술을 지녔던 그에 대한 소문은 금세 주위에 알려지기 시작했다. 많은 사람들이 그를 찾아왔고 무엇보다도 가난한 사람들을 무료로 치료해 주고 약도 그냥 나누어 주는 하나님의 사랑을 몸소 실천했다. 의사로 봉사하면서 천체 관측에 지속적으로 연구에 몰두했던 그는 그야말로 다방면의 전문가였다.

당시 통용되었던 화폐에는 값비싼 은이 섞여 있었다. 이 사실을 모르던 대부분의 농민들은 이 동전을 그대로 사용하였는데 이 사실을 아는 약삭빠른 사람들이 그 동전을 녹여서 은을 제거한 후 새 동전을 만들어 유통시키기 시작했다. 이것은 경제에 악영향을 주었으며 무식한 농민들에게만 피해가 갔고 그 피해는 계속 늘어났다. 이에 코페르니쿠스는 은이 섞인 이 동전을 모두 거두어들여야 함을 주장하는 글을 발표하기도 했다.

1516년 독일에서 생겨난 정치, 군사적 종교 집단이었던 투톤 기사단이 바르미아의 프롬볼트시를 공격했을 때 코페르니쿠스는 성 안의 교회 재산 관리자로서 이들에 맞서 싸우며 시민과 농민들을 보호할 만큼 그의 강직성과 용맹을 보여주기도 했다. 그는 이 일로 바르미아의 지서로 추대되기도 했었다.

□ 끝이 없는 천문학에 대한 열정

외삼촌이 세상을 떠난 후 그는 프라우에브루크로 돌아왔는데 이곳 사원에는 천문대가 있었기 때문이었다. 천문학에 관한 그의 열정은 끝이 없었다. 그런 가운데 코페르니쿠스는 지구가 태양의 주의를 돈다는 확신을 수학적으로 정리할 수 있게 된다. 그러나 그는 이것들이 세상에 알려질 경우 세상 사람들이 받을 충격에 대하여 염려하는 섬세한 성격의 사람이었다.

　이런 가운데 그는 독일에서 온 수학자를 만나게 된다. 그는 개신교인 루터교를 믿는 비텐베르그의 루터란 대학의 수학 교수 레티쿠스였다. 역사를 통해 잘 알다시피 당시 가톨릭 교구들은 루터교를 강력히 반대하고 있었다. 그리고 코페르니쿠스는 이 문제에 관용적이었기 때문에 레티쿠스와 급속히 친해지게 되었다. 마침내 레티쿠스는 코페르니쿠스의 새로운 우주론에 큰 감명을 받았다.

　"코페르니쿠스 신부님! 이렇게 놀라운 발견을 왜 세상에 알리려 하지 않습니까?" "아직 보완할 부분이 많고 나는 정통 천문학자도 아니기 때문에 세상 사람들이 무어라고 평할지 고민입니다. 또 인쇄할 곳도 마땅치 않고……" "아닙니다. 신부님! 이것은 참으로 위대한 발견입니다. 정 그러시다면 제 글에 일부를 인용해도 좋겠습니까?"

　1540년 레티쿠스는 코페르니쿠스의 원고를 당시 인쇄술이 발달한 독일에서 출판할 수 있도록 친구 요한 페트리우스에게 위탁했다. 그런데 이 책에 대한 많은 사람들의 반응이 아주 고무적이었다.

　"신부님, 이제 이 논문을 출판할 시기가 왔나봅니다. 제 친구가 이 일을 주선해 주겠다고 합니다."

　레티쿠스는 코페르니쿠스의 원고를 당시 인쇄술이 발달한 독일에서 출판할 수 있도록 친구 요한 페트레우스에게 위탁했다. 그러나 책의 인쇄가 진행되고 있던 1542년에 레티쿠스는 라이프치히의 교수로 가게 되어 책의 출판 지도를 계속할 수 없게 되었다. 그는 당시 요명한 루터교 목사였던 오시안더에게 다시 이 일을 부탁하게 되었는데 오시안더는 수학과 천문학에 매우 조예가 깊은 사람이었다. 오시안더와 코페르니쿠스는 편지로 의견을 나누었는데 다음의 이야기가 지금도 전해지고 있다.

"오시안더, 지구가 움직인다는 나의 논문이 책으로 나온다면 사람들이 어떻게 생각할 지 궁금합니다. 그리고 아리스토텔레스나 프톨레미를 따르는 사람들이 얼마나 분노를 할까요?" "코페르니쿠스 신부님, 저에게 이 일을 맡겨 주십시오. 이것은 진리입니다. 우리에게 단지 천체 운동의 법칙을 정확히 알리는 한 가지 목적만 있을 뿐입니다."

이렇게 하여 『천체의 운행에 관하여』라는 이름으로 이 역사적 논문은 출판이 완료되었다. 이 논문에서 오시안더는 "독자들에게"라는 이름으로 이렇게 서문을 쓰고 있다.

"이 가설들이 반드시 참이어야 할 필요는 없으며, 실제로 참이 아닐 수도 있다. 그러나 이 가설들은 관찰된 사실을 설명해 주는 계산된 수치를 잘 제공하고 있다."

이 내용은 당시 종교 재판관들의 눈길을 피하기 위해 오시안더가 마치 저자의 글인 것처럼 삽입한 것이었다. 그렇기에 이 글은 이 위대한 천문학적 업적이 과연 무슨 의미가 있는지 참 뜻을 아무도 깨닫지 못한 채 코페르니쿠스를 종교 재판에서 벗어나게 해주는 효과가 있었다. 이것은 후세 사람들이 '코페르니쿠스적 우회'라고 하여 널리 전하는 내용이기도 하다. 코페르니쿠스는 또 교황 바오로 3세에게 직접 이 논문을 바쳤다.

> 존경하는 교황님께
> 저는 하나님께서 우리를 위하여 창조하신 우주에 관한 종래의 학설이 불충분한 점을 안타깝게 여깁니다. 지구가 움직인다는 것을 이야기한 이 책은 세상 사람들이 읽게 되면 제 생각이 틀렸다고 저를 추방하려고 할 것임을 잘 알고 있습니다.
> 그러나 저는 어떤 비판도 그대로 감당하겠습니다. 하지만 먼저 이 천문학적 연구를 교황님께 바치고자 합니다. 제가 사는 이 먼 곳에도 교황님은 하나님께서 주신 성직과 학문을 사랑하시며 수학에 깊은 조예가 계신 뛰어난 분이라고 알려져 있기 때문입니다.

코페르니쿠스의 연구는 낡은 천문학에 종지부를 찍었을 뿐만 아니라 새로운 천문학을 여는 시발점이 되었다. 하지만 소수의 천문학자들만이 이러한 사실을 이해하였기 때문에 즉각적인 충격이 없이 코페르니쿠스는 무사할 수 있었다. 그리고 이미 코페르니쿠스는 여생이 다한 노인이었다. 오직 레티쿠스만이 이 논문의 위대함을 잘 알고 있었을 뿐이었다.

그러나 코페르니쿠스는 하나님을 믿었던 유명한 다음 세대의 과학자들인 케플러와 갈릴레이의 연구에 역사적으로 중요한 기초를 제공한 셈이었다. 그는 기독교 신앙과 과학 사이에 아무런 갈등이 없이 교구의 성직자로서 40년간 각별한 헌신과 봉사로 교회를 섬기면서 동시에 연구에도 몰두한 사람이었다. "우주는 지극히 선하신 하나님께서 질서 정연하게 우리를 위하여 만드셨다."고 하였으며 "나의 이론이 어렵고 대중의 의견과 매우 모순되는 듯하지만 하나님의 도움으로 더욱 대낮처럼 밝고 분명하게 수학을 모르는 사람도 이해할 수 있도록 밝힐 것"이라고 그의 책에서 주장하고 있다. 그렇기에 미즈와라는 사람은 "그는 하나님의 은혜와 진리를 그 자체로써 사랑한 순수한 과학자였다."라고도 하였다.

연구 중에도 교회의 분열을 보며 항상 슬퍼했던 이 과학자는 말년에 중풍에 걸리게 된다. 안타깝게도 인쇄되고 있던 자신의 책을 한 줄도 읽어 보지 못한 채 눈을 감게 된다. 그는 임종하면서 친구들에게 책을 몇 권 증정하였으며 나머지 장서들은 모두 성당에 기부하였다. 그리고 모든 재산은 결혼한 누이에게 남겨 주었다.

그러나 이 세상에서 그 무엇보다도 값진 유산을 남겼다. 그것은 바로 새로 천문학과 과학시대의 출발을 알리는 위대한 유산이었다. 그의 친구 기세 주교는 "우리 모두는 하나님이 주신 그의 순결한 영혼, 고결함 그리고 박학 다식함에 빚을 지고 있다. 그는 우리들에게 사랑과 감사를 넘치게 한 친구였다."고 그를 평했다. 그가 살던 프롬볼크 성당에 있는 그의 무덤에는 이런 글귀가 적혀 있다.

하나님, 바울에게 허락하신 은혜와 베드로에게 베풀었던 은총을 바라지는 않습니다. 다만 예수 그리스도께서 십자가 위의 도둑에게 보여주고 베풀어 주셨던 그 은혜만이라도 주옵소서!

갈릴레오 갈릴레이
Galileo Galilei

"하나님은 우리에게 두 권의 책을 주셨는데, 한 권은 자연이라는
책이고 다른 한 권은 성경이다. 우리는 하나님의 솜씨를
하나님이 주신 자연이라는 책에서 배운다."

지동설을 주장한 갈릴레오 **갈릴레이**

지난 1992년 말 바티칸의 가톨릭 교황청은 갈릴레오 갈릴레이 (Galileo Galilei, 1564-1642)의 명예를 정식으로 회복한다는 복권을 선언하였다. 그것은 지구가 움직인다는 지동설의 주장으로 종교 재판에 회부되어 파문을 당했던 중세의 천문학자인 갈릴레이가 종교 재판에 의해 파문을 당한 지 실로 350년 만의 일이었다.

중세의 암흑시대에 누구보다도 먼저 진리를 깨닫고 담대히 외쳤던 갈릴레이가 종교 재판에 회부되었다는 이유만으로 그를 하나님을 믿지 않은 사람으로 생각하기 쉽다. 그러나 그는 그 어떠한 것에도 굴하지 않고 성경적 삶을 실천하려고 한 사람이었다.

1564년 유럽에서는 인류 역사상 가장 유명한 과학자 한 사람과 문호 한 사람이 태어났다. 바로 영국의 문호 셰익스피어(William Shakespeare)와 이탈리아의 과학자 갈릴레오 갈릴레이였다.

갈릴레오 갈릴레이는 플로렌스 지방의 오랜 귀족으로 피사에 정착해 살았던 빈센치오 갈릴레이의 일곱 자녀 중 맏이였다. 피사는 아름다운 아르오 강이 흐르고 비스듬히 기울어진 사탑으로 유명한 이탈리아 북서쪽 바닷가에 있는 도시이다. 그의 아버지 빈센치오는 포목상을 경영하면서도 중세 유럽에서 사용하던 오래 된 현악기의 하나인 류트의 명연주가였다. 그뿐 아니라 악기를 직접 제작도 하고 음악의 이론에 관한 책을 쓰기도 하며, 음악에 관계된 수학적 법칙을 발견하여 당시 음악계의 권위자였던 지오세포 잘리노와 격렬한 논쟁을 벌일 만큼 유별난 사람이었다.

갈릴레오가 훗날 지구가 움직인다는 지동설을 주장하여 완고한 과학자들과 종교 지도자들에게 비난과 조롱을 당하며 심지어는 종교재판까지 당한 것은, 어쩌면 진리를 위해서는 굽힐 줄 모르던 그의 아버지의 독특한 성격에 영향을 받았는지도 모른다.

□ 갈릴레이의 학창시절

예술적인 가정의 분위기에서 자라고 성장한 갈릴레오는 음악과 시를 사랑하며 그림을 즐겨 그리고, 특히 류트와 오르간의 연주에 뛰어난 재능을 보였다. 그리고 아버지의 손재주도 닮아서인지 장난감도 스스로 만들어 놀았으며, 수학에도 뛰어난 재능을 나타내기 시작했다.

1574년 그의 가족은 아버지의 고향인 플로렌스로 이사를 하고, 그는 그곳에서 소학교를 마치게 된다. 찬송을 즐겨 부르고 오르간을 잘 쳤던 갈릴레오는 믿음의 열심히 있었다. 그래서 소학교를 마친 후 수도사가 되기를 마음을 먹고는 마침내 어느 날 아버지에게 자신의 결심을 말씀드렸다. "아버지, 저는 종교 음악과 수도원 생활에 관심이 많습니다. 수도원 학교에 들어가 좀 더 공부를 하고 싶습니다." "수도원 학교에 들어가는 것은 허락하지만 수도사가 되는 것은 앞으로 진지하게 생각해 보고 결정하도록 하자."

음악을 사랑하던 아버지 빈센치오는 갈릴레오가 음악에 관심이 많고 재능이 있다는 것은 흐뭇해했지만 장남인 그가 수도사가 되고 싶다는 것에는 찬성하지 않았다. 하지만 유명한 산타마리아의 베네딕트파 수도원 학교에 들어간 갈릴레오는 종교 훈련과 르네상스 교육을 받게 된다. 그런데 아버지의 기대와는 달리 수도원 학교에서의 교육은 오히려 그의 신앙심을 점점 더 불붙게 하였다. '하나님의 사랑을 전파하며 평생을 수도사로 살자!' 갈릴레오는 수도원 생활을 결심하고 아버지께 알렸다. 아버지는 장남인 그가 정말로 수도사가 되려고 하자 적극적으로 만류하기 시작했다. 결국 아버지의 고집을 꺾지 못한 갈릴레오는 1581년 수도원 학교에서의 공부를 마치게 되고, 17세가 되던 해에 피사대학의 의학부로 들어갔다. 당시 이탈리아는 유럽 학문의 중심지였다. 영국에 겨우 세 개의 대학이 있었던데 비하여 이탈리아는 열세 개나 되는 대학이 있어, 르네상스라고 불러지던 당시 유럽의 문예 부흥을 주도하고 있었다.

그러나 실제 대학의 내부를 들여다보면, 아직도 대부분의 학자들의 옛 생각에서 벗어나지 못하고 있었다. 새로운 사고를 거부하고 권위주의만 내세울 뿐이었다. 진리를 사랑하며 남보다 생각이 앞서가던 갈릴레오의 눈에 이런 대학의 모습은 개혁의 대상으로 느껴졌고 자꾸 불평만 늘어 가게 되었다. 자연히 교수들과의 논쟁이 많아질 수밖에 없었다. "갈릴레오 학생은 고집만 센 학생이야." 교수들과 친구들이 붙여준 그의 별명은 "논쟁꾼"이었다.

이런 상황 아래 학비는 떨어져 갔다. 게다가 의학에 대한 흥미도 잃어버린 갈릴레오는 1584년 학업을 마치지도 않고 대학을 떠나게 된다. 학교는 떠났지만 이때 이미 그는 '흔들이(진자;振子)의 등시성'(登時性)이라는 물리학의 유명한 법칙을 발견한다. "갈릴레오, 네가 수학과 물리학에 취미가 있으니, 아버지의 친구 오스틸리오 리치를 한번 만나 보자." 학교를 그만둔 갈릴레오를 걱정한 아버지 빈센치오는 친구인 리치 교수에게 아들의 지고를 부탁하였다. 리치의 지도로 갈릴레오는 유클리드의 수학 이론과 아르키메데스의 이론들을 공부하게 되었다. 그리고 지도를 받은 지 1년이 지나자 상황은 달라지기 시작했다. 갈릴레오는 정교한 저울을 만드는가 하면 어떤 고체의 무게 중심에 대한 수학적 정리로 금세 주목받는 과학자가 되었던 것이다.

마침내 23세가 되던 해에 갈릴레오는 모교인 피사대학에 3년 기한의 수학 교수로 임명되었다. 교수가 되자마자 혈기 방장한 그는 낡은 제도와 당시의 학자들이 절대적으로 신봉하던 아리스토텔레스의 학설들을 거침없이 공격하기 시작했다.

이때는 그가 학자로서의 열심히 시작되던 시기이며, 또한 낡은 생각에 젖어 있던 당시 기득권을 가진 학자들의 미움을 받기 시작한 때이다.

□ 갈릴레이와 얽힌 일화

그에 얽힌 일화는 상당히 많이 있다. 어떤 것들은 그를 긍정적으로 묘사하기도 하고 때로는 그를 아주 부정적으로 묘사하는 경우도 있다. 그것은 그만큼 그의 과학적 업적이 많았음을 의미하는지도 모른다. 그렇기에 또한 그에 얽힌 일화 가운데는 진위 여부를 판단하기 쉽지 않은 것들이 섞여 있다고 보는 것이 옳을 것이다. 하지만 그와 같은 이야기들을 잘 검토해 보면 단순히 잘못된 사실만은 아닌 것 같다. 그만큼 그의 학문적 업적이 많았음을 보여주는 역설이라고 보는 것이 타당할 지도 모른다.

그의 제자 중 한 사람이었던 비비아니가 전하는 피사의 사탑에서 있었다는 다음의 유명한 일화도 그런 대표적인 이야기 가운데 하나이다. 1590년 당시 24세의 청년으로 이탈리아 토스카나의 피사대학에서 수학을 가르치던 갈릴레오는 물체가 공중에서 떨어지는 속도에 관해 공개 실험을 하기로 작정한다. 물체가 공중에서 어떤 식으로 떨어지는가에 대한 연구는 갈릴레오 이전부터 있어 온 것이었다. 고대의 철학자 아리스토텔레스는 물체를 높은 곳에서 떨어뜨리면 무거운 것은 가벼운 것보다 먼저 떨어진다고 설명했다. 갈릴레오는 이 이론에 의문을 품고 실제로 높은 곳에서 무거운 공과 가벼운 공을 떨어뜨려 실험을 해 보기로 작정하고는 피사에 있는 대사원에 종루로 쓰이던 180피트나 되는 탑이 있었는데 바로 이 피사의 사탑을 실험 장소로 택했다.

마침내 어느 날 갈릴레오는 손에 두 개의 금속 공을 들고 탑의 긴

33
갈릴레오 갈릴레이

나선형 계단을 올라가 7층의 복도로 나갔다. 두 개의 공 무개는 각각 100파운드와 1파운드였다. 이 실험을 보기 위해 피사 대학의 교수와 학생, 철학자 등 많은 군중이 모여들기 시작했다. 그들은 모두 갈릴레오가 지금까지 사람들이 믿어 온 아리스토텔레스의 생각에 반대하고 있다는 것을 잘 알고 있었다. 이윽고 갈릴레오는 복도의 난간 끝에 서서 두 개의 공을 들고 동시에 떨어뜨렸다. 모인 군중들은 숨을 죽이며 이 광경을 지켜보고 있었다. 그렇지만 그들이 볼 수 있었던 것은, 그들이 지금까지 믿고 있었던 대로 무거운 공이 빨리 떨어지고 가벼운 공은 훨씬 늦게 떨어진 것이 아니라 나란히 떨어졌고 그것도 같은 시간에 동시에 떨어지는 단 한 번의 소리만 들을 수 있었다. 이 일화를 전한 비비아니는 훗날 갈릴레이의 임종을 지켜본 사람이었다.

그러나 오늘날 위와 유사한 실험은 네덜란드의 수학자이자 군사 기술자였던 스테빈이 갈릴레오보다 먼저 실시했었다고 알려져 있다. 또한 아리스토텔레스의 낙하 이론에 대한 의문점은 이미 6세기에 비잔틴 학자였던 필로포누스가 연구한 적도 있다. 그렇지만 위의 실험이 사실이 아니라고 하더라도, 누구도 갈릴레오가 주장한 것이 위의 내용과 다르다고 말하는 사람은 아무도 없다. 오히려 이들 흥미로운 일화들은 사실의 진위를 떠나서 갈릴레오의 과학적 업적들이 그만큼 많았음을 보여준다고 본다.

실제로 그 경사면 실험을 통하여 수직인 경우에도 이들 낙하법칙이 적용될 수 있음을 유추해 낸 것으로 알려져 있다. 그의 저서 『두 우주 구조에 대한 대화』에 보면 분명히 다음과 같은 내용이 기록되어 있다.

"나는 무게 1백 파운드나 2백 파운드가 되는 포탄과 소총의 탄환을 2백 규빗의 높이에서 동시에 떨어뜨리면 포탄이 총탄보다 손바닥 길이만큼도 먼저 떨어 지지 않을 것이라고 장담할 수 있다."

낙하 속도와 질량이 무관하다는 이 이론은 1969년 아폴로 11호가 달에 착륙했을 때 깃털과 쇠공을 떨어뜨리는 실험을 통하여 전 세계에 TV로 방영되었다. 공기의 부력이 작용하지 않는 진공인 달의 표면에서 이루어진 이 실험이야말로 완벽한 것이었다.

피사대학에서도 아리스토텔레스를 따르던 스콜라 학파와 조금도 물러서지 않고 끊임없이 논쟁하던 갈릴레이는 결국 이곳에서도 사퇴를 하고 파도바대학으로 옮기게 된다. 그리고 그는 이곳에서, 유럽 각지에서 그에게 배우기 위해 학생들이 몰려올 정도로 큰 명성을 얻게 되었다.

□ 천체 망원경과 지동설
갈릴레이의 업적으로 우리들에게 널리 알려져 있는 것은 바로 이때 발명한 천체망원경과 지동설을 주장한 그의 이론이다.

하늘의 만상은 셀 수 없으며(렘 33:22).

예수님이 탄생하기 150년 전 당시의 천문학자들은 별들의 수를 세어 보기로 하고 하늘을 구역별로 나누어 세밀히 조사한 적이 있다. 이들의 결론은 별들의 숫자가 약 3,000여 개 쯤이라는 것이었다. 그 밖에도 고대의 천문학자 톨레미는 1,056개, 중세의 유명한 천문학자 브라헤는 777개라고 주장했다. 갈릴레이와 동시대인이면서 함께 지동설을 주장하고 개신교였던 유명한 천문학자 케플러는 1,005개라고 했다. 그 이후에도 여러 사람들이 하늘에 있는 별들의 숫자를 세어보았지만, 그 숫자는 많아야 3,000여 개일 것이라는 것이 정설이었다.

그러나 놀랍게도 하나님의 선지자 예레미야는 예수님이 탄생하기 600년 전에 이미 하늘에 있는 별들의 숫자는 셀 수 없을 만큼 많다고 성경에 기록하고 있다. 이것이 명확히 밝혀진 것은 1608년 갈릴레오가 천체 망원경을 발명한 이후의 일이었다.

오늘날 우주에는 은하계의 수만, 수십억 개 이상이 된다고 천문학자들은 추정하고 있다. 그리고 이들 각 은하계는 수십억 내지 수백억 개의 별들로 이루어져 있다고 알려져 있다. 지금은 어떠한 과학자도 별들의 숫자를 센다는 것이 얼마나 어리석은 일인지를 잘 알고 있다. 그런데 성경은 하나님께서 별의 수를 아시는 분이며, 그 이름을 하나하나 부르시는 창조주이심을 선포하고 있다(시 147:4).

이와 같이 우리 인류가 우주의 넓은 모습을 알게 된 것은 바로 모두 갈릴레오의 덕분이다. 갈릴레오는 망원경을 통하여 천체의 많은 별들을 관찰하였으며 특별히 태양의 흑점을 발견하였고 목성에도 지구처럼 달(위성)이 있음을 밝혀냈다. 토성의 고리나 달 표면에 산과 골짜기가 있음도 그가 처음으로 밝혀낸 것이었다. 그리고 달의 광명은 태양의 그것과는 것도 알게 되었다. 어쩌면 망원경을 만들어 천체를 관찰한 갈릴레오의 천문학적 연구는 그 당시 별다른 장비도 없이 아리스토텔레스의 견해만 답습하던 고집 센 다른 과학자들과는 비교할 수 없을 만큼 한 단계 발전한 뛰어난 것이었는지 모른다. 과학자로서 명성을 얻게 되면서 그에게는 또 다른 기쁨도 있었다. "아버지, 저희들이 수녀원에 들어가기로 했습니다." 갈릴레오의 사랑하는 큰딸 비르기니아와 작은 딸 리비아가 함께 수녀가 되기로 작정한 것이다. 젊은 시절 한때 수도사가 되기를 소원했던 갈릴레오는 두 딸이 하나님 앞에 헌신하는 것이 진심으로 반가웠다. "하나님은 우리에게 두 권의 책을 주셨는데, 한 권은 자연이라는 책이고 다른 한 권은 성경이다. 우리는 하나님의 솜씨를 하나님이 주신 자연이라는 책에서 배운다." 이것은 세상에 널리 알려진 갈릴레오의 유명한 신앙고백이었다.

□ 갈릴레이에게 다가온 시련

그런데 신앙과 학문에 있어 열심이었던 그에게도 어두운 그림자는 다가왔다. 그를 시기하는 사람들이 생겨나고 그의 연구 결과들이 성경을 부정하는 것이 아닌가 하는 오해를 하는 사람들이 생겨난 것이다. 1615년 갈릴레오는 바닷물이 주기적으로 들어왔다 나갔다 하는 조수 운동이, 지구의 자전과 지구가 태양의 주위를 1년에 한 번씩 공전하기 때문이라는 것을 알아냈다. 그런데 이것은 결국 지동설을 주장하였던 코페르니쿠스의 견해에 동조하는 이론이었다. 그는 곧바로 가톨릭 추기경에게 불려가게 된다. "갈릴레오의 글들은 교회의 교리에 어긋나는 점이 있으니 경고한다."

당시 코페르니쿠스는 지동설을 주장하고도 무사히 일생을 마쳤지만 그가 죽은 후에야 그가 지동설을 주장했었다는 것이 밝혀져 큰 소동이 일어난 적이 있었다. "코페르니쿠스적 우회"라는 유명한 경구는 바로 코페르니쿠스가 지동설을 주장하고서 교묘히 교황청의 눈길을 벗어난 데서 유래한 말이다.

그런데 브루노(1548-1600)라는 신부는 코페르니쿠스의 지동설을 강력히 옹호하다가 그만 재판에 회부되어 화형을 당하고 말았다. (물론 그가 화형을 당한 데에는 다른 이유도 있었다.) 이런 상황에서 누군가 다시 지동설을 주장한다는 것은 살얼음판을 밟는 것이나 다름없는 매우 위태로운 일이었다. "아버지, 하나님이 주신 진리를 포기하지 마세요. 언젠가는 아버지의 주장이 옳다는 것이 밝혀질 거예요." 마리아 셀레스타 수녀가 된 사랑하는 큰 딸의 편지는 그에게 큰 위로였다. 그는 추기경의 경고에도 불구하고 『프톨레마이오스와 코페르니쿠스의 대화』(1630년), 『조수에 관한 대화』(1632년)등 유명한 그의 연구 결과들을 책으로 출판했다. 과학에 관심이 있는 사람들에게 갈릴레오의 책은 날개 돋친 듯 팔려 나갔다.

그런데 이상한 소문이 돌기 시작했다. 교회가 이 책들을 문제 삼기 시작하였으며 갈릴레오가 곧 재판을 받게 된다는 것이었다. 결국 소문대로 이 책들은 1632년 8월에 판매가 중지되었고 그 해 10

월에 갈릴레오는 교황에게 소환되어 감옥에 들어가게 되었다. 갈릴레오에 대한 종교 재판은 1633년 6월 22일, 로마 산타마리아 소프라 미네르바 수도원에서 엄숙히 개정되었다.

"갈릴레오의 말과 글에 누구도 동의해서는 안 된다. 어떤 경우도 지구가 움직인다거나 태양이 정지되었다는 것을 책으로 출판하는 것을 금지한다." 마침내 갈릴레오는 눈물을 머금고 교황청에 굴복하였으며 무릎을 꿇고 사죄하였다.

"나 갈릴레오 갈릴레이는 잘못을 시인하여 다시는 이와 같은 불온한 글들을 발표하지 않을 것을 약속합니다."

신앙인이요, 과학자로서 갈릴레오의 이와 같은 고백은 참으로 수치스러운 일이었지만 그에게는 목숨이 달린 일이었다. 그는 첫 번째 신문에서는 자신의 책이 성경과 어긋나지 않음을 강력히 옹호했지만 두 번째 신문에서 고문의 위협에 굴복했다고 전해진다. "그래도 지구는 돈다."고 중얼거렸다는 일화는 바로 여기에서 유래된 것이다. 당연히 그는 그 장소에서 공개적으로 불만을 나타낼 수는 없었을 것이다. 더욱이 그가 이렇게 정죄를 받게 된 데에는 당시의 복잡한 종교 정치적인 이해관계가 얽혀 있었다.

갈릴레오는 본래 당시 새로운 교황으로 선출된 우르반 8세와 상당히 절친한 사이였다. 그런데 갈릴레오와 새 교황을 함께 못마땅하게 생각하던 제수잇 교단이 갈릴레오의 라이벌이었던 자기 교단의 천문학자 오자리오 그라시를 내세워 갈릴레오를 공격하기 시작하였다. 여기에 과거부터 갈릴레이에게 호의적이기는 했지만 교황이 된 후에는 갈릴레이가 자신의 정치적인 반대 세력의 하나인 토스카나 공에게서 경제적 후원을 받고 있다는 사실을 못마땅해 하던 교황이 그를 정죄하는 데 동참한 것이다.

당시 70세의 노인이었던 갈릴레오는 그를 미워하고 시기하며 자신들의 정치적 욕망을 추구하던 여러 사람들에 의해서 이렇게 억울한 희생양이 되었다고 볼 수 있다. 오늘날 우리의 정치 상황 하에서도 갈릴레오 사건은 많은 것을 생각하게 한다. 1987년에는 갈릴레이가 원자론도 주장하였으며 교황은 그가 원자론보다는 오히려 비교적 가벼운 처벌을 받을 수 있는 지동설 주장 혐의로 재판을 받게 선처를 해주었다는 프랑스의 과학 역사가 레도니의 주장도 제기되고 있다. 아무튼 이 모든 것들은 갈릴레이가 얼마나 앞서간 뛰어난 과학자였나 하는 것을 보여준다.

성경의 욥기 26장 7절에는 하나님께서 "땅을 공간에 다시며"라고 표현하고 있다. 이것은 달이 지구를 돌듯 지구도 태양을 돈다는 것이 성경과 전혀 어긋나지 않음을 나타낸다. 갈릴레오는 이것을 알고 있었던 것이다. 잠언 8장 27절에 보면 "하나님이 하늘을 지으셨고 궁창으로 해변을 두르셨다"고 말씀하셨는데 여기서 두르셨다는 말은 동그랗게 하셨다는 뜻으로 지구의 둥그런 모습을 나타낸다.

내가 너희에게 이르노니 그 밤에 두 남자가 한 자리에 누워 있으매 하나는 데려감을 당하고 하나는 버려둠을 당할 것이요 두 여자가 함께 매를 갈고 있으매 하나는 데려감을 당하고 하나는 버려둠을 당할 것이니라(눅 17:34-36).

이 말씀은 주님이 다시 오실 때 이 자전하는 지구가 공간에 달려 있다는 것을 말해 주는 놀라운 계시다. 성경은 이렇게 분명히 지구가 둥글다는 사실과 자전하고 있음을 놀랍게도 정확하게 우리들에게 알려주고 있다. 이것이 중세의 기독인 과학자였던 갈릴레이, 코페르니쿠스, 케플러 등에 의하여 밝혀지기 시작한 것이다.

◻ 갈릴레이의 말년

종교 재판으로 풀려난 이후에도 갈릴레오는 플로레스의 작은 농장에서 밖으로 나가지 못하도록 구금되었다. 늙은 갈릴레오에게 이제는 딸 셀레스타 수녀가 아버지의 혹독한 시련 때문이었는지 1634년 돌연 사망하고 만다. 딸의 죽음은 그에게 큰 충격이었으며 그 후유증으로 시력이 약화되기 시작한 갈릴레오는 1637년 마침내 오른쪽 눈을 실명하고 말았다. 그렇지만 그는 진리를 굽히는 사람은 아니었다. 「두 가지 새로운 과학에 대한 강의와 수학적 증명」이라는 긴 제목의 논문은 이때 완성된 것으로 이것은 그로부터 50년 후에야 뉴턴에 의하여 발견된 '운동의 제1법칙'을 설명한 위대한 논문이었다. 그리고 이 책은 천동설을 주장한 아리스토텔레스 주의자들의 견해도 상세히 비판하고 있다.

이 책은 이탈리아가 아닌 네덜란드의 라이덴에서 몰래 출판되었는데 이곳은 일찍이 1676년에 개신교의 대학이 설립될 정도로 과학과 신앙이 자유로운 곳으로, 갈릴레오의 책을 출판하기에는 더없이 적합한 곳이었다. 결국 갈릴레오는 세상에 굴복하지 않고 할 말을 다한 것이다. 그의 진정한 상처는 단지 주의 사람들이 그를 이해하지 못하고 "이단자"라고 수군거리는 일이었다. 오늘날까지도 갈릴레이의 신앙과 고집에 대해서는 많은 사람들이 애증을 가지고 있으니 그가 어떤 인물이었는지 짐작이 가기도 한다. 그러나 분명 그는 진실한 기도의 사람이었으며, 주위 친구들에게 항상 기도 부탁을 잊지 않았고, 교회에 결코 빠지지 않는 하나님을 의지하는 사람이었다.

"나에게는 지속적인 두 가지 평안이 있다. 하나는 나의 글 속에서 거룩한 교회를 빗나가는 어떤 그림자도 결코 찾을 수 없다는 것이며, 둘째는 오직 나와 하늘에 계신 하나님만이 아시는 양심의 증거가 있다. 지금은 비록 고통을 당하고 있지만 오직 하나님은 나의 경건과 교회를 향한 열심을 아실 것이다."

비록 교회와 그를 시기하는 사람들이 그의 신앙과 학문을 비난했지만, 한때 수도사가 되려 한 적이 있던 갈릴레오는 이렇게 담대히 말 할 수 있는 경건한 사람이었다.

한편 갈릴레오처럼 실명하였던 영국의 문학가 밀턴은 그의 장대한 종교적 서사시 『실락원』에서 갈릴레이와 천문학에 관한 내용을 저술함으로써 젊은 시절에 만나 본 적이 있는 이 위대한 과학자의 신앙과 학문을 동병상련의 마음으로 전하고 있음을 보게 된다.

1642년, 제자인 비비아니와 훗날 유명한 학자가 된 또 한사람 토리첼리가 지켜보는 가운데 갈릴레오는 하늘나라로 갔다. 그가 죽은 후 제자 비비아니는 이렇게 말했다. "그는 기독교적인 확신을 가진 사람이었으며 자신의 영혼을 기꺼이 하나님께 맡겼다.” 그가 죽자 교회는 그를 외면하였으며 갈릴레오의 관과 무덤도 만들지 못하게 하였고 교황에 묻히는 것도 금지하였다. 그러나 30년 후 교회는 그의 유죄를 취소하게 된다. 그리고 100년 뒤에는 무덤과 묘비가 세워졌으며, 인쇄가 금지되었던 책들은 200년이 지나서 모두 허용되었다. 그런 후 350년이 흐른 지난 1992년 말에는 가톨릭 교황청에 의하여 명예를 정식으로 회복하는 놀라운 축복까지 받았다. 지금은 “근데 과학의 아버지”라고 불릴 정도로 그의 탁월한 과학적 업적이 높이 평가되고 있다. 그는 누구보다도 하나님을 뜨겁게 사랑하고 하나님이 창조하신 우주의 질서와 운행에 남다른 관심을 가진 하나님의 과학자였다.

존 케플러
Johannnes Kepler

오 하나님!
나는 하나님을 따라서 하나님의 생각을 사랑합니다.

천문학자 케플러

    지구나 화성과 같은 혹성이 태양의 주위를 돌고 있다는 것은 오늘날 어른들 뿐만 아니라 어린 학생들도 잘 아는 사실이다. 그러나 이들 혹성이 태양의 주위를 단순히 원형으로 도는 것이 아니라 태양을 초점으로 하여 타원의 궤도를 그린다는 것을 아는 사람은 그다지 많지 않다. 이것이 바로 그 유명한 행성에 관한 케플러의 법칙 가운데 하나이다.

    뛰어난 수학자요, 천문학자였고, 현대 천문학의 기초를 닦은 요한 케플러(Johannes Kepler, 1571-1630)는 독일 베일 지방의 아주 가난한 가정에서 태어났다. 본래 중세의 기사들 중에서는 "케플러"라는 이름을 가진 사람들이 많았다고 알려지고 있다. 뿐만 아니라 그들 중에는 뛰어난 귀족들과 사업가들도 많이 있었다고 한다. 그의 할아버지 세발드 케플러도 사업에 성공을 거둔 베일의 쉬바리아라는 마을의 시장이었는데, 요한 케플러가 태어났을 때 그의 집안은 이미 가세가 기울어져 있었다.

케플러는 조산아로 태어났을 만큼 처음부터 매우 허약한 아이였다. 그는 고열과 위장병 그리고 부스럼과 나쁜 시력 때문에 시달렸으며, 천연두에 걸렸다가 간신히 살아날 정도로 끊임없는 질병에 고통을 당했다. 그의 집안은 할아버지 대로부터 매우 철저한 개신교 신앙을 가진 집안이었는데, 당시 유럽의 여러 나라들이 대부분 가톨릭 사회였던 것에 비하면 개신교 신앙을 지녔다는 것은 매우 드문 경우였다. 그런데 이와 같은 기독교 신앙은 허약하고 어린 케플러를 지탱해 주는 지주가 되었으며, 위대한 천문학자가 된 훗날까지 그의 삶을 인도하는 등불이 되었다.

1577년 어느 날 그의 모친은 하늘에 큰 빛을 뿌리는 굉장한 혜성을 어린 케플러에게 보여 주었다. 그리고 3년 후 그의 부친은 그를 데리고 밖에 나가 달이 지구의 그림자에 가려지는 월식을 보여 주게 된다. 이렇게 어린 시절 일찍부터 하늘의 아름다움에 심취한 케플러, 그에게 있어 결국 그것은 평생의 관심이 되었다.

작은 루터교 집단에 속한 가족 덕분으로 어린 시절부터 경건한 신앙에 익숙한 케플러는 라틴어 학교를 졸업한 후 개신교의 목사가 되기로 결심하게 된다. 13세가 되던 해 매우 경쟁이 치열한 시험에 합격한 그는 그 후 3년 동안 반복되는 질병과 고된 학업 그리고 가난에 시달리면서도 이를 신앙으로 극복하며 학업에 정진하였다.

1589년 가을 케플러는 독일 튀빙겐 대학에 입학하게 되는데 이 대학은 당시 개신교 신학 연구의 중심지로서 과감하고 사색적인 분위기가 충만한 곳이었다. 그는 이곳에서 폭 넓은 교육을 받을 수 있었으며 신학 공부도 계속 할 수 있었다. 그렇지만 여기서도 케플러는 항상 그를 따라다니는 두통과 발진 그리고 사람을 지치게 하는 열병에 시달렸다. 그러나 그럴 때마다 그는 독실한 신앙과 기도로 인내하며 학업을 계속하여 마침내 우수한 성적을 거두게 된다.

여기서 그는 그의 삶에 획기적인 변화를 가져다 준 스승을 만나게 되는데 바로 유럽 전역에서 크게 존경받는 수학과 천문학의 교수인 미카엘 마에스트린이라는 사람이었다. 당시 마에스트린 교수는 지동설로 유명한 코페르니쿠스의 이론을 가르치고 있었는데, 당시로서는 너무 어려운 이 이론을 학생들이 잘 이해하지 못하자 몇몇 유능한 학생들에게만 집중적으로 가르치기 시작했다. 젊은 케플러는 그의 설명에 매혹되었으며 그와의 만남의 기회를 통해 어린 시절부터 끊임없이 관심을 갖고 있던 천체와 별들의 운행에 관한 공부에 몰두하게 되었다. 이렇게 케플러는 과학에 대한 공부와 목회를 위한 신학을 한동안 같이 했던 독특한 인물이었다.

그러나 그의 신학 공부는 1594년 초 오스트리아의 한 신학교에 그가 수학 교수로 부임하면서 중단하게 된다. 그는 그곳의 교사로 일하면서 지방의 수학자(일종의 지방 자치 측량사) 와 달력, 연감의 제작자로도 일을 하게 된 것이다. 당시의 점성 달력은 달의 위상과 차고 이그러짐을 나타낼 뿐만 아니라 날씨와 추수의 시기 그리고 국가의 운명과 전쟁의 승패까지도 가르쳐 주어야 했다. 천문학에는 별로 관심이 없는 당시 귀족들도 점성술에는 깊은 관심을 가지고 있었기 때문에, 달력을 다루는 사람은 당시에 매우 중요시 되었다. 그런데 케플러가 바로 그 방면의 전문가였던 것이다. 농민들의 봉기, 터키인의 침공, 그리고 유례없는 혹독한 겨울 추위에 관한 것 등등 1595년에 일어날 일에 대한 케플러의 예언이 정확하게 들어맞은 것이었다.

그 후 5년 동안 본의 아니게 그는 점성술사로서 귀족들의 대접을 받게 되었다. 그러나 천문학자로서 그리고 독실한 신앙인으로서 그는 점성술을 믿지 않았으며 점성술사라는 명칭을 달갑게 여기지 않았다. 단지 귀족들이 그를 그렇게 부르기 시작한 것이다. 물론 그는 천문학자로서 당시 천체의 움직임이 지구상의 사건에 영향을 미친다고 믿었다. 성경에서 하늘의 공명이 징조와 사시와 일자와 연한을 이룬다고 하신 말씀처럼, 이것은 변질된 점성술과는 엄연히 구별되는 것이었다. 그는 예언이 적중한 것은 단지 전문가로서의 천문학적 자료와 주면 정황의 분석에 따른 통찰력이 맞아 떨어진 것이었을 뿐이었다. 오히려 케플러는 점성술을 가리켜 "고귀하고 합리적인 모체인 천문학에서 태어난 어리석은 딸과 같은 존재"라고 혹평했다. 이런 일들은 모두 가난한 그가 살아가기 위한 하나의 작은 방편이었다. 달력 제작자로서의 그의 모습은 위대한 천문학자 케플러의 평범하면서도 소박한 하나의 또 다른 모습을 보여 준다.

□ 케플러, 천문학에 전념하다
1600년 케플러는 덴마크의 유명한 크리스천 천문학자였던 티코 브라헤와 만나면서 본격적인 천문학자로서 연구에 전념하게 된다. 1599년에 당시 황제 페르디난트 2세는 개신교들을 박해하기 시작했으며, 케플러도 이 때문에 오스트리아의 그라츠 대학에서 추방당해 상당히 어려운 처지에 있던 중에 브라헤를 만난 것이었다. 브라헤는 아리스토텔레스와는 달리 별들이 하늘에 고정된 것이 아니라 움직이고 변화한다는 것을 알았다. 그리고 여러 새별을 발견하기도 한 당시의 위대한 천문학자였다.

그러나 그는 모든 행성들은 태양의 주위를 돌며 태양은 다시 지구 주위를 돈다고 생각했다. 이것은 지금의 천문학 지식으로 보면 틀린 이론이지만, 브라헤에 대한 케플러의 존경심은 브라헤가 죽은 이후까지도 변함이 없었다.

"하나님은 피할 수 없는 운명으로 나와 브라헤를 묶어 주셨고, 아주 어려운 시련 속에서도 나로 하여금 그로부터 끊어지지 않게 해 주셨다."

브라헤는 임종하면서 30세 된 이 청년 과학자에게 자신의 천문학적 자료를 모두 인계하고 자신이 연구해온 일들을 완성해 줄 것을 부탁했다. 브라헤가 임종하자 덴마크 국왕 루돌프 황제는 케플러를 브라헤의 후임인 황제의 수학 담당관으로 임명했는데 이것이 케플러의 연구에 결정적으로 큰 도움이 되었다.

당시 화성에 대한 브라헤의 관측 자료는 매우 정확하였다. 결국 케플러는 유명한 "케플러의 법칙"을 완성하게 된다. 이것을 가리켜 케플러는 '마르스와 치른 개인적인 싸움의 승리'라고 그의 친구에게 보낸 편지에서 표현하기도 했다. 그것은 화성이라는 뜻인 '마르스'가 곧 로마의 군신이라는 의미를 갖고 있기 때문에 그런 유머스런 표현을 써서 말한 것이었다.

화성에 대한 관측으로부터 그는 "혹성의 궤도는 태양을 하나의 초점으로 하고 또 다른 하나의 중심을 가진 타원형의 궤도다."라는 케플러의 제1법칙을 완성하였다. 동시에 "태양을 초점으로 한 혹성의 움직임은 같은 시간에 동일한 면적 궤도를 그린다."는 법칙도 발견하였다. 이것은 바로 태양에 가까워질수록 혹성의 속도가 빨라지며 태양과 멀어지면 혹성의 속도가 느려진다고 하는 매우 중요한 법칙이다.

그 외에도 그는 혹성의 운동에 관한 제3법칙을 발견하였다. 아이작 뉴턴은 그의 유명한 만유인력의 법칙을 영국 왕립협회에 제출할 때 "케플러가 제시한 코페르니쿠스의 가설에 대한 수학적 증명"이라고 그의 법칙을 소개했다. 뉴턴은 케플러의 제3법칙으로부터 만유인력의 법칙을 이끌어 냈던 것이다.

케플러는 결국 당시 과학계를 뒤흔들어 놓고 있던 지동설을 .주장한 코페르니쿠스의 이론을 받아들이고 최초로 그것을 수학적으로 자세히 밝힌 위대한 천문학자였던 것이다. 그러나 이와 같이 위대한 천문학자가 신실한 그리스도인이었다는 것은 과거 다른 여러 그리스도인 과학자들처럼 그다지 잘 알려져 있지 않다.

"하나님의 섭리가 나와 함께하셨기 때문에 사람들이 미처 발견할 수 없었던 것을 우연히 하나님의 도움으로 발견하게 되었다고 믿습니다. 그 이유는, 만일 코페르니쿠스가 말한 것이 참이라면 내가 그것을 입증할 수 있게 해 달라고 하나님께 끊임없이 기도했기 때문입니다."라고 케플러는 그의 책 『우주의 신비』에서 고백하고 있다. 그는 또 은사인 마에스트린 교수에게 위대한 발견을 한 후 이렇게 편지를 쓰기도 했다.

"자연이라는 책 속에서 인정받기를 원하시는 하나님을 위해 제가 발견한 이 사실을 발표하려고 합니다. 저는 한때 신학자가 되려던 사람이었습니다. 그런데 이제 천문학을 통해 하나님께 영광을 돌리고자 합니다."

> 하늘이 하나님의 영광을 선포하고 궁창이 그 손으로 하신 일을 나타내는도다(시 19:1).

시편의 이 말씀은 케플러가 천문학 연구에 있어 일생동안 지켜간 그의 중심 사상이었다. 그는 또 천문학적 지식을 바탕으로 성경 누가복음에 나타난 예수님의 탄생에 대한 연대상의 문제에도 노력을 기울여 히브리와 바벨론 그리고 로마와 희랍의 달력들을 조사한 끝에 라틴 달력에 오류가 익음을 밝혀내고, 예수님께서 실제로는 기원전 4년에 탄생하였음을 주장하기도 했다. 이것은 결국 누가복음의 기록이 정확함을 변호하는 논문이었다.

예수님의 탄생 연대 문제는 현재에도 많은 신학자들 사이에 논란의 대상이 되고 있는데, 예수님이 기원전 4년경에 탄생하셨다는 것이 현재 가장 신빙성이 있는 정설로 인정되고 있다. 1618년 케플러는 「우주의 조화」라는 논문을 완성하였는데 이것을 가리켜 그는 "신성한 설교요, 창조주 하나님께서 받으실 만한 찬송"이라고 고백하고 있다. 특히 "오 하나님! 나는 하나님을 따라서 하나님의 생각을 생각합니다."라고 한 유명한 말은 그 이후로 지금까지 하나님을 믿는 많은 과학자들의 고백이 되고 있다. 아마도 최초의 과학 소설들 중 하나라고 할 수 있는 『달의 문』이라는 과학 소설을 쓰기도 한 그는 참으로 위대한 과학자였을 뿐 아니라 누구보다도 신실하게 하나님을 섬기는 사람이었다.

"우리들 천문학자는 우리들 스스로의 영광을 위해서가 아니라 하나님의 영광을 위하여 자연이라는 책에서 무언가 찾도록 허락된 지극히 높으신 하나님의 종들일 뿐입니다." 이것도 그의 유명한 신앙 고백 가운데 하나이다. 그는 병약한 학자로서 끊임없이 개인적 불행과 가난으로 고난을 겪으면서도 누구도 원망하지 않았다. 물론 이런 성품은 독실한 기독교 신앙으로부터 온 것이었다.

케플러에게 임종이 다다랐을 때 한 사람이 그에게 구원이 무엇으로부터 오느냐고 묻자 그는 확신 있는 어조로 "예수 그리스도를 위하여 봉사하는 것, 오직 그것뿐입니다."라고 대답했다.

그리스도 안에서 이 위대한 천문학자는 진정한 자신의 피난처와 위안을 찾은 것이다. 1630년 11월 15일, 요한 케플러는 영원한 천국으로 갔다. 레겐스부르그 성벽 외각의 성베드로 교회에 있는 그의 작은 묘비에는 그가 임종하기 수개월 전에 스스로 쓴 비문이 다음과 같이 새겨져 있다.

　　나는 천체를 측량하곤 하였네.
　　이제 나는 땅의 그림자들을 측량하려 하네.
　　내 영혼은 하늘로부터 왔지만,
　　내 육신의 그림자는 여기 누워 있네.

존 케플러

블레즈 파스칼
Blaise Pascal

불!
철학자들과 학자들의 하나님이 아닌 아브라함의 하나님,
이삭의 하나님, 야곱의 하나님.
확신, 감격, 기쁨, 평안함 나의 하나님, 곧 당신의 하나님……
의로우신 하나님 아버지,
세상은 당신을 알지 못했어도 나는 알았네……
예수 그리스도!
그분을 나는 떠나 있었네.
나는 그분을 떠나 있었고 부인하였었네,
그리고 십자가에 그를 못 박았네.
이제는 결코 그에게서 떠나지 않으리라.
나는 당신의 말씀을 잊지 아니하리이다.
아멘.

생각하는 갈대 **파스칼**

> 인간은 자연 속에서도 가장 가냘픈 한 줄기 갈대와 같다.
> 그러나 인간은 같다. 그러나 인간은 생각하는 갈대이다.

 사람이 사람 스스로를 표현할 때 즐겨 사용하는 이 말은 세계적으로 손꼽히는 고전 작품인 파스칼의 『팡세』에 나오는 말이다.
 "클레오파트라의 코가 조금만 낮았더라도 세계의 역사는 달라졌을 것이다." 이 유명한 문구도 바로 팡세에 등장한다.

 과학의 천재였으며 누구보다도 따뜻한 성품을 지닌 사람이면서 뛰어난 문학적 조예를 겸비했던 블레즈 파스칼(Blaise Pascal, 1623-1662)은 프랑스 중남부 오베르뉴의 클레몽이라는 곳에서 태어났다. 3세 때 이미 어머니를 여읜 파스칼은 유아 시절부터 극히 병약한 어린아이였다. 하지만 지방의 세무 관리였던 그의 아버지는 기독교적인 깊은 사랑으로 자녀들을 양육하였다. 특히나 형의 죽음으로 인하여 외아들이 된 파스칼은 아버지의 세심한 사랑을 듬뿍

받으며 자란다. 비록 정규 학교에는 다닌 적이 없지만, 파스칼은 어린 시절부터 남다른 관찰력과 집중력이 뛰어난 아이였다. 빈 접시를 막대기나 젓가락 등으로 두드리면 그 울림에 따라 여러 소리를 낸다는 것은 누구나 어린 시절에 한 번쯤 즐겼던 놀이이기도 하다. 그런데 파스칼은 이 사실을 그냥 지나치지 않고 몇 가지 실험을 한 후 간단한 논문을 작성하여 사람들을 놀라게 했다. 그의 나이 11세 때의 일이었다.

12세가 되어서는 수학의 한 분야인 점과 선 그리고 면과 입체 등이 만들어 내는 공간의 성질을 연구하는 기하학에 관심을 갖고 독자적으로 공부하여, 유클리드라는 유명한 수학자가 오래 전에 세운 「유클리드의 제1권 제 32명제」를 증명하기에 이르렀다. 이것은 4년 후 "원추형 곡선에 관한 이론"이라는 수학의 유명한 정리로 발전하였는데 이 평면 기하학의 정리가 바로 오늘날 '파스칼의 정리'라고 널리 알려져 있는 것이다.

많은 사람들이 파스칼의 유명한 『팡세』는 잘 기억하면서도, 과학사에 있어서 누구보다도 중요한 위치를 차지하는 파스칼과 동일인이라는 것은 너무도 쉽게 간과해 버리곤 한다. 더욱이 그가 얼마나 철저한 그리스도인으로서의 삶을 산 사람이었는가에 관심을 갖는 사람은 별로 없다. 10대의 어린 나이에 촉망 받는 수학자로 주목 받기 시작한 파스칼은 이미 어린 시절부터 하나님을 향한 믿음도 함께 자라가고 있었다. '내가 연구하는 일들이 가치가 있는 일들이라면 하나님께서는 이 일들을 계속할 수 있는 힘을 주실 것이다. 그 분

이 주시는 능력만큼은 밀고 나가면 된다.'

얼마나 놀라운 믿음인가! 1639년 17세가 되면서 파스칼은 아버지를 따라 르왕이라는 도시로 이사를 갔다. 아버지가 그곳에서 세무 관계 사무를 맡게 되었기 때문이었다. 어느 날 파스칼은 세금 계산에 분주한 아버지를 보았다. '어렵고 까다로운 계산을 좀 더 쉽고 간편하게 할 수 있도록 아버지를 도와 드릴 수 없을까?' 지역 세무 관료였던 아버지의 짐을 덜어 드리기 위해 시작된 파스칼의 연구는 그 이후 5년 동안 계속되었으며, 다섯 개의 계산기를 완성한다. 비록 덧셈만 가능한 계산기였지만 오늘날 전자계산기의 시발이라고 할 만한 위대한 발명이었다.

이 덧셈 기계는 여송연 담배갑 크기의 기계로 '파스카린' (pascaline)이라고 불렸는데, 다이얼을 돌리면 윗부분 유리창에 숫자가 나타나도록 되어 있었다. 처음에 50개를 제작했다고 알려지고 있는데 지금까지 이 기계 중 일부가 남아 있어 그의 천재성을 우리들에게 알려 주고 있다. 이것은 사람이 기계를 사용하여 덧셈을 시작한 최초의 일이었다. 그러므로 오늘날 컴퓨터의 역사를 다룰 때마다 파스칼의 이름이 오르내리는 것은 결코 우연이 아닌 것이다.

□ '진공에 대한 실험'과 '파스칼의 원리'

무엇보다도 파스칼이 과학자로서 널리 알려지게 된 것은 '진공에 관한 실험'과 '파스칼의 원리'의 발견이었다. 당시 과학자들은 자연의 어디에서도 지공은 불가능하다는 고대 철학자 아리스토텔레스의 말을 굳게 믿고 있었다. 그런데 이탈리아의 유명한 과학자이며 그리스도인이었던 갈릴레이의 제자 토리첼리가 실험적으로 진공이 가득하다는 결과를 조심스럽게 발표하였다.

한쪽 끝이 막힌 유리관에 수은에 가득 넣고 열린 유리관 입구를 수은 통 안에 넣으면 압력에 의하여 수은은 내려오게 되고, 밀폐된 유리관의 윗부분에는 진공이 생기게 된다는 이론이었다. 당시 스승인 갈릴레이가 지구가 움직인다고 주장하여 아리스토텔레스를 신봉하는 학자들과 종교 지도자들에 의해 종교재판을 받은 사실을 잘 기억하고 있던 토리첼리는 위대한 발견을 하고는 아리스토텔레스의 견해를 무조건 따르던 당시의 종교 지도자들과 과학자들의 눈치를 살펴야 했다. 중세 시대에 교회의 권한은 절대적인 것이었다.

1277년 파리의 대주교였던 땅삐에는 교황청의 재가를 얻어 소위 219가지의 금지 명제를 발표하였다. 이중에는 물론 현대 과학의 입장에서 보면 타당한 것도 있지만 틀린 것들도 많았다. 진공에 관한 언급도 바로 그러한 오류 중 하나였다. "진공은 존재할 수 없다." 는 명제였는데, 그 이유는 신께서 진공을 싫어한다는 것이었다. 물론 금지 명제가 발표된 후 시간이 많이 흐르기는 했지만, 교황청의 권한이 대단했던 당시에 과학자 파스칼이 토리첼리의 사망 후 담대하게 자신이 확신한 실험 결과를 발표한 것은 대단한 용기가 필요한 일이었을 것이다. "진공은 틀림없이 가능하다." 이것은 「진공에 관한 새 실험」이라는 논문으로 1648년 발표되었다. 그리고 1653년에는 드디어 파스칼의 원리를 발견했다.

"완전히 밀폐된 용기 중에서 정지하고 있는 액체(유체)의 한 부분에 압력(힘)은 유체 내의 모든 부분에 똑같이 전달된다."

겨우 만 서른 살이 되던 나이에 파스칼의 명성은 유럽에 널리 알려졌다. 하지만 건강하지 못한 그의 육체는 늘 그로 하여금 삶에 대하여 깊은 사색에 잠기게 만들었다. 그리고 수녀였던 그의 여동생 자클린의 이웃을 위한 헌신적인 봉사와 경건한 모습은 그를 크게 감화시켰다. 여동생이 기거하던 바울 로얄 수도원에 가는 길은 그에게 가장 즐거운 일과 중의 하나였다.

23세가 되던 해에 병약한 파스칼은 언 땅에서 미끄러져 엉덩이를 크게 다친 적이 있었는데, 데샹이라고 하는 한 의사와 그의 형제들이 얼마나 극진하게 치료하고 간호를 했던지 이것이 그를 크게 감동시켰다. '이들의 헌신과 사랑은 과연 어디서부터 생겨나는 것일까?' 이들은 개신교파의 일원인 얀세니즘이라고 하는 복음적인 기독교파의 사람들이었는데, 이들의 헌신적 치료와 봉사에 감동한 파스칼은 후에 얀세니즘파의 지도자가 된다.

'자연은 창조주 하나님의 뛰어난 솜씨' 라고 굳게 믿고 있었던 파스칼은 1654년 11월 23일 밤, 드디어 놀랍고도 강렬한 종교적 체험을 하게 된다. 너무도 놀라웠던 이 체험을 그는 조심스럽게 양지피에 기록하여 그의 외투 안에 꿰매어 늘 입고 다녔다. 그가 죽은 다음에야 발견된 이 양피지에는 다음과 같은 극적인 신앙 체험이 담겨 있었다.

불!

철학자들과 학자들의 하나님이 아닌

아브라함의 하나님, 이삭의 하나님, 야곱의 하나님

확신, 감격, 기쁨, 평안함

나의 하나님, 곧 당신의 하나님

—중략—

의로우신 하나님 아버지

세상은 당신을 알지 못하였어도 나는 당신을 알았네

—중략—

예수그리스도!

그분을 나는 떠나 있었네.

나는 그분을 떠나 있었고, 부인하였었네.

그리고는 십자가에 그를 못 박았네

이제는 결코 그에게서 떠나지 않으리라

나는 당신의 말씀을 잊지 아니하리이다. 아멘.

이 놀라운 체험이 거듭남의 체험이었는지 아니면 성령 충만한 경험이었는지 분명하지는 않다. 어쩌면 이 두 체험이 동시에 이루어진 것일 수도 있다. 이제 그의 가장 큰 소망은 사람들의 마음속에 예수그리스도의 사랑을 심어 주는 것이었다.

1656년부터 그는 수년에 걸쳐 방대한 자료를 모으기 시작했다. 이때 그에게는 심한 질병과 고통이 따라다녔지만 거의 1,000개에 이르는 기록과 단편들을 썼는데, 이것들이 훗날 그가 죽은 지 8년 만에 출판된 저 유명한 『팡세』이다. 일상 생활들에서 이끌어 온 이 단편들은 성경이 그 밑바탕이었다.

"성경은 오직 예수 그리스도에 대한 것만이 그 목표다."라고 한 말은 그의 신앙고백이었다. 그는 또한 『죄인의 회심에 관하여』, 『초대 그리스도인과 오늘의 그리스도인』 그리고 당시 기독교의 한 종파인 '예수회'의 잘못된 신학적 부분들을 지적한 『익명의 편지』 등 믿음의 글들을 발표하였다. 허리가 마비되기도 하고 두통과 복통으로 고통스러워하고, 연구를 중단해야 한다는 의사의 처방을 들을 정도로 쇠약한 가운데서도, 파스칼은 과학자로서 또다시 수학 확률론의 기초도 닦았으며, 미적분학의 기초도 마련하게 된다. 참으로 그는 뛰어난 두뇌의 소유자임이 분명하였다.

□ 사업가적인 파스칼

그에게는 사업가적인 색다른 일면도 있었다. 하루는 파스칼이 일터로 나가는 파리의 시민들을 유심히 보게 되었다. '이들이 함께 타고 갈 값싼 수송 수단은 없을까?'

승합 마차의 아이디어는 이렇게 해서 시작된 것으로 마침내 인류 최초의 버스 회사가 탄생되었다. 그리고 1662년 3월 드디어 서민들이 탈 수 있는 승합 마차들이 파리 시내를 달리게 되었다. 회사의 설립으로 파스칼은 선금 일천 프랑을 벌었으며, 그는 이 돈을 추위에 고생하는 블로이스라고 하는 마을의 빈민들에게 보냈다. 그리고 회사에서 나오는 이익금은 파리와 고향 클레몽의 병원에도 보내졌다.

"예수님은 가난한 사람들을 사랑하셨다. 이것이 내가 가난한 사람들을 사랑하는 이유다. 내가 돈을 벌고자 하는 것은 단지 그것이 궁핍한 자를 도울 수 있는 방편이 되기 때문이다."

그는 예수님께서 실천하신 섬김과 나눔의 삶을 따라가려 했던 진실한 그리스도인이었던 것이다. 더 많은 것을 나누기 위해 자신의 것들을 하나 둘 내놓았다. 자기의 마차와 말들을 기꺼이 팔았으며 좋은 가구와 은장식, 그리고 심지어는 자기 도서관까지 팔아서 가난한 이웃을 도왔다. 그가 세상을 떠나기 몇 달 전에 그에게 남은 것은 단지 성경과 성 어거스틴의 책, 그리고 몇 권의 경건 서적뿐이었다.

□ 운명을 달리하다

1662년 6월이 되면서 점차 건강이 나빠지는 가운데서도 가난한 이웃을 그의 집에 함께 살도록 맞아들인 파스칼은 그들 중 한 아이가 천연두를 앓자 혹시 자기를 문병 오는 사람들이 전염될까 염려하여 그 가난한 사람을 자기 집에 그대로 있게 하고 자신은 처남의 집으로 거처를 자청하여 옮기기까지 했다고 한다. 심지어 그는 임종이 가까워 오는데도 자기 방에 가난한 사람들을 위하여 살겠다고 입버릇처럼 말하곤 했다고 전해진다.

고난당한 당한 것이 내게 유익이라 이로 인하여 내가 주의 율례를 배우게 되었나이다(시 119:71).

유난히 성경 시편119편을 즐겨 암송하던 파스칼은 병약한 육체 가운데서도 하나님을 의지하는 믿음이 점점 성숙해 갔다. 그러면서 또 한편으로는 위대한 과학자로서의 삶을 성취한 놀라운 사람이었다. 8월 19일 체력 저하와 육체의 경련으로 파스칼은 숨을 거두었다. 겨우 39세의 삶을 마감한 것이다. 비록 짧은 생애를 살았지만, 그는 누구보다도 진실 된 그리스도인으로서의 삶과 훌륭한 과학자로서의 삶을 함께 성취한 분이었다. 생에띠엔느뉘몽 교회에서 거행된 그의 장례식에는 가족과 친구들 그리고 도요 과학자, 작가들과 그가 도왔던 수많은 그리스도인과 가난한 사람들, 얀세니즘파의 회원들이 군중을 이루어 참석하였다.

예수님의 삶이 짧았듯 그의 삶도 짧았지만, 그의 생도 값진 것이었다. 그 이유는 분명하다. 그는 세상에 그의 이름을 남겼을 뿐만 아니라 영원한 천국을 소유할 수 있었기 때문이었다. "기독교를 제외한 모든 종교를 단호히 거부한다."고 담대히 주장할 수 있었던 파스칼! 그는 삶의 모적이 무엇인가를 아는 과학자였으며, 무엇보다도 그러한 삶을 실천한 신앙인이었다.

> 인간에게는 두 부류만이 존재한다. 하나는 자기를 죄인이라고 생각하는 의로운 사람이며, 다른 하나는 자기를 의로운 사람이라고 생각하는 죄인이다. -파스칼의 『팡세』 중에서-

로버트 보일
Robert Boyle

당시는 16세기, 연금술이 성행하던 때였다. "연금술은 하나님의 창조 원리에 맞지 않는 일이다." 그러나 아이러니컬하게도 보일이 오늘날 화학의 아버지로 불리게 된 것은 바로 연금술에서 기인한 것이었다.

근대 화학의 아버지 **로버트 보일**

하나님께서 바람의 무거움과 가벼움을 정하시며(욥 28:25).

바람에도 무게가 있다는 것이 밝혀진 것은 지금부터 겨우 300여 년 전의 일이었다. 그런데 놀랍게도 지금부터 약 4,000년 전에 쓰여 진 성경이 욥기서에는 하나님께서 바람의 무게를 정하셨다고 이렇게 분명하게 말씀하고 있는 것이다.

고대 그리스의 유명한 철학자 아리스토텔레스는 세상의 물질은 흙과 공기, 불 그리고 물로 구성되었다고 생각했다. 이것을 '4원소설'이라고 한다. 물론 이것은 오늘날의 과학으로 보면 맞지 않다. 그렇지만 오랫동안 많은 사람들은 그의 이론을 믿고 있었다.

그런가하면 아리스토텔레스의 이론과 다른 생각을 지닌 학자도 물론 많이 있었다. 데모크리토스라는 고대 과학자는 물질은 매우 작은 고체 알갱이로부터 시작된다고 지금의 원자론과 매우 비슷한 생각을 하기도 했었다. 또한 17세기에 와서도 많은 사람들은 아리스토텔레스의 이론을 그대로 인정하는 편이었다. 그런데 당시 이 이론에 의심을 가지고 아리스토텔레스가 부정하던 데모크리토스의 이론에 관심을 가진 한 젊은이가 있으니, 그가 바로 오늘날 우리들이 지닌 물질에 대한 기본적인 생각과 공기의 성질에 관한 시비를 과학적으로 밝혀낸 "화학의 아버지"라고 불리는 로버트 보일이다.

□ 보일의 학창시절

로버트 보일(Robert Boyle, 1627-1691)은 아일랜드 리스모아 성의 오랜 귀족 집안의 열네 번째 자녀였으며 사내아이로는 일곱 번째로 태어났다. 아버지 리처드 보일은 백작이자 대법관으로, 많은 사람들의 존경을 받으며 철저한 청교도적인 삶을 살았던 사람이었다. 청교도적 신앙을 지닌 남부러울 것 없는 가정에서 자란 보일은 어린 시절 일찍부터 남다른 재능을 보였다. "로버트는 정말로 큰일을 해낼 아이야. 어린 것이 여섯 나라의 말을 할 줄 알다니!"

"벌써 성경을 원어로 읽는답니다. 아마 위대한 신학자가 될지도 몰라요."

보일은 12세 때 이미 영어뿐 아니라 프랑스어와 라틴어, 그리스어, 시리아어, 수학에도 능통하였으며 뿐만 아니라 구약 성경을 기록한 유대인들이 썼던 히브리어도 공부하여 성경을 원어로 읽을 수 있을 정도였다. 그의 성경을 읽는 습관은 이때부터 시작해서 그의 생애를 통하여 매일 아침 계속되었다고 알려지고 있다.

8세가 되던 해 보일은 지금도 영국에서 유명한 '이튼 학교'에 들어갔다. 많은 영국의 지도자들이 바로 이 학교 출신으로, 당시에는 귀족의 자녀만이 다닐 수 있는 학교였다. 그렇지만 집안이 여유가 있었던 보일은 이외에도 남들이 경험할 수 없는 여러 특권을 누릴 수 있었다. 11세 때 가정교사와 함께 유럽 여러 나라를 여행하였는 가 하면, 14세 때에는 혼자 이탈리아를 여행하였으며, 이튼 학교를 졸업하고 21세가 되어서는 6년간 네덜란드와 프랑스, 스위스, 이탈리아에 유학할 기회도 가질 수 있었다.

이 모든 것들은 부유한 그의 환경과 하나님의 창조세계에 대한 끊임없는 긍의 호기심 때문이기도 했다. 이러한 그의 학문에 대한 욕심은 결혼도 잊은 채 평생 동안 계속되었다. 1644년 아버지가 세상을 떠나자 보일은 많은 유산을 받게 되었다. '우선 고국 아일랜드에 성경을 많이 보내자.' 그가 기도하며 결정한 일은 먼저 성경을 고향에 되도록 많이 보급하는 일이었으며, 그 외에 여러 선교 사업에 헌금도 많이 내 놓았다. 그리고는 1654년 드디어 영국 옥스퍼드에 실험실을 하나 만들었다. 위대한 과학자 보일의 연구가 본격화되기 시작한 것이다. 당시 유럽에는 연금술이 크게 유행하고 있었다. 연금술은 원래 고대 이집트에서 시작된 것인데 구리, 납, 주석, 철 따위의 여러 물질을 한데 섞어서 금이나 은 따위의 귀금속으로 변화시켜 보려는 원시적인 화학 기술이라고 볼 수 있다. 사람들이 이 연금술에 얼마나 기대가 크고 관심이 많았든지 잘만하면 귀중한 불로장생의 약이나 신비한 물질까지도 혹시 만들어낼 수 있지 않을까 생각했다.

그런데 이 연금술이 16세기에 와서 유럽에서 다시 크게 유행하기 시작했던 것이다. 철이나 구리, 납 등과 같은 흔한 금속을 가지고 금이나 은 같은 귀금속을 만들어 어떻게 큰돈을 벌 수 있지 않을까 하는 환상에 젖어 많은 연금술사들이 여러 실험을 계속하고 있었다. "연금술은 하나님의 창조 원리에 맞지 않는 일이다." 성경에 해박한 보일은 이 연금술을 믿지 않았다. 보일은 엄밀한 과학적 방법만이 물질의 원리를 설명할 수 있다고 생각했다. 그래서 아무런 과학적 근거가 없이 무작정 신비한 물질을 얻어내려는 연금술을 신뢰할 수가 없었다. 그런데 보일이 오늘날 화학의 연금술에서 기인한 것이었으니 참으로 세상은 아이러니한 것이다.

1669년 어느 날 독일의 연금술사 헤니히 브란트라는 사람이 다른 연금술사들과 마찬가지로 신비한 물질을 찾기 위해 실험실에서 화로에 불을 피우고는 어떤 액체를 증류기에 넣고 그것을 증발시키고 있었다. 그런데 이상한 현상이 나타났다. 증류기 아래에 하얀 풀 모양의 어떤 것이 남았는데 땅거미가 지고 방이 어두워지자 그것이 신비한 빛을 발하기 시작했던 것이다. '도대체 이게 뭘까?' 브란트는 남아있던 액체 속에서 이 침전물을 끄집어냈다. 그랬던 이번에는 놀랍게도 거기서 불길이 타오르기 시작하는 것이었다. '어쩌면 이 물질이 큰 돈벌이가 될지도 모른다.' 그는 이 신비한 물질을 자랑하기 위하여 바다를 건너 영국의 찰스 2세에게 가지고 갔다. 찰스 2세는 과학과 학문에 관심이 많은 사람이었다. 그러나 그는 찰스 2세에게 이 물질의 근원이 무엇인지는 말하지 않았다.

"보일 선생, 이 물질이 과연 무엇일까요? 브란트는 단지 우리 몸

안에서 얻을 수 있는 것이라고만 하는군요." 찰스 2세는 당시 함께 과학자 모임을 이끌던 보일에게 이 물질이 무엇인지 밝혀 달라고 요청했다. 별다른 사전 정보도 없이 물질의 본질을 밝혀낸다는 것은 그 당시로서는 여간 어려운 일이 아니었다. 그러나 부탁을 받은 보일은 철저한 실험을 통하여 마침내 이 물질이 무엇인지 밝혀냈다. 그것은 우리의 소변 안에 섞여 있는 물질 가운데 하나인 '백린'이라는 물질이었다. 별다른 힌트도 없이 실험과 관찰만으로 이것을 밝혀낸 보일은 정말 뛰어난 과학자였다. 그는 이 업적 하나만으로도 "근대 화학의 아버지"로 칭송을 받기에 충분했다.

□ 보일의 법칙, 근대 과학의 출발점

이보다 더 그를 유명하게 한 업적이 있는데 중학교 교사 과정 중에서 빼놓을 수 없는 과학의 여러 법칙 중 하나이다. "온도가 일정하면 기체의 부피는 압력에 반비례한다." 바로 저 유명한 '보일의 법칙'이다. 그는 동물의 방광을 풍선처럼 만들어서는 종 모양으로 된 단지 안에 넣고는 진공 펌프를 만들어서 공기를 밖으로 뺄 수 있는 장치를 하였다. 그랬더니 진공 펌프에 의하여 압력을 낮추면 방광 주머니가 부풀어 오르고 공기를 넣으면 반대로 주머니가 줄어드는 것이었다.

이 밖에도 그는 J자 모양의 관에 수은을 넣어서 또 다른 방법으로 압력과 부피의 관계를 실험하였다. 그리고 불이 타는 데 공기가 어떤 영향을 주는지, 생물들에게는 무슨 영향이 있는지 알아보는 등 여러 가지 다양한 실험을 하였다. 이런 업적 때문에 사람들은 오늘날 보일을 근대 과학을 탄생 시킨 "과학적 방법의 선구자"라고 부르고 있는 것이다. "원소는 본래 단순한 것이다. 이것은 불순물이 전혀 없는 것이며, 다른 물질로부터 만들어지거나 서로 바꾼다 해도 만들 수 없는 것이다." 1661년 보일이 출판한 『의심 많은 과학자』라는 책에 기록된 이 말은 연금술을 근본적으로 부정하고 있으며, 물질의 근원이 무엇인지 잘 모르던 당시의 사람들에게 물질이 과연 무엇인가 하는 것을 정확히 알려 주는 놀라운 과학적 선언이었다. 이것은 훗날 또 다른 영국의 유명한 그리스도인 과학자 돌턴에 의하여 원자론으로 발전하게 되었다. 이렇게 보일은 근대 과학이 출발하는데 귀중한 역할을 한 사람이었다.

□ 경건한 신앙인으로서의 보일

그러나 보일은 이외에도 일평생 남모르는 선행을 실천하며 경건한 신앙인으로서의 삶을 살았던 분이었다. 당시 영국에는 '보이지 않는 대학'이라는 모임이 있었다. 이 모임은 유명한 학자들이 함께 모여 여러 가지 토론도 하고 연구도 하며 사교도 갖는 그런 모임이었다. 이 모임은 1662년 찰스 2세에 의하여, 지금까지도 계속되는 영국의 유명한 왕립협회로 발전하였는데 이곳의 회원 중에는 당시 보일의 조수로 있었고 현대 물리학의 개척자였던 로버트 훅과 유명한 뉴턴도 있었다.

보일은 뉴턴보다도 열다섯 살이나 위였는데 돈이 없는 뉴턴이

『자연 철학의 수학적 원리』라는 유명한 만유인력의 법칙이 기록되어 있는 책을 낸다고 할 때 선뜻 그 비용을 감당할 만큼 정이 많고 너그러운 마음의 소유자였다. 더욱이 그의 신앙에 관한 열심은 매우 유별나서 앞으로도 밝혔듯이 하루도 성경읽기를 거르는 날이 없을 정도였으며, 성경을 직접 번역도 하고, 기독교 신앙을 옹호하기 위한 '보일 강습소'까지 세울 만큼 열심이었다. 이처럼 보일은 평생을 독신으로 살며 하나님을 사랑하고 하나님이 주신 창조 세계의 질서와 아름다움을 밝혀보고자 혼신의 노력을 다한 사람이었다.

그는 유복한 가정에서 태어났으며 재산도 많이 물려받은 사람이었다. 그가 자신의 탐욕과 쾌락만을 위하여 살려면 얼마든지 그렇게 할 수도 있었을 것이다. 그러나 보일은 결코 자만하거나 방탕하지 않았으며 오히려 자기를 절제하며 하나님이 주신 축복을 값지게 사용할 줄 안 사람이었다. 이렇게 평생 동안 청교도적인 삶을 실천한 보일은 1691년 12월 30일, 66세의 나이로 그의 빛나는 삶을 마감하였다.

아이작 뉴턴
Isaac Newton

"태양과 행성들, 그리고 혜성의 아름다운 체계는 이지적이고 능력 있는 분의 계획과 주관 아래서만 가능하다. 이 분은 세계의 영혼으로서가 아니라 만물의 주인으로 모든 것을 다스린다. 그리고 그러한 사실 때문에 그 분은 주 하나님으로 불린다."

만유인력의 법칙을 발견한 **뉴턴**

1642년 유럽에서는 위대한 과학자 한 사람이 세상을 떠났다. 그리고 그로부터 10여 개월이 지난 같은 해 성탄절에는 또 다른 과학자 한 사람이 태어났다. 세상을 떠난 과학자는 망원경을 발명한 이탈리아의 갈릴레오 갈릴레이였으며, 성탄절에 태어난 과학자는 근대 과학의 아버지라고 불리는 유명한 만유인력의 법칙을 발견한 뉴턴이다.

뉴턴은 영국의 북부 울즈도프라는 곳에서 유복자로 태어났다. 젊은 나이에 죽은 그의 아버지는 작은 농가에서 사던 지극히 평범한 농민이었다. 남편을 잃은 그의 어머니는 뉴턴이 3세가 되던 해에 생활의 어려움을 견디다 못해 재혼을 하게 되었으며, 어린 뉴턴은 할머니의 품에 홀로 남겨지게 되었다. 형제, 자매가 없이 할머니의 보호 아래 자라난 뉴턴은 친구들과 어울리지 않았기에 자연스럽게 독서광이 되었다. 또 혼자서 할 수 있는 놀이를 스스로 고안해 놀거나, 기계를 가지고 움직이는 장난감을 만드는 비상한 재주로 주위 사람들을 놀라게 하곤 했다.

12세가 되던 해에 뉴턴은 근처 그랜담의 올드킹스 학교에 입학하였는데 이 학교는 영국의 명문 캠브리지와 옥스퍼드대학교에 학생들을 많이 입학시키던 당시의 명문 학교였다. 이곳에서 뉴턴은 화학에 특별한 흥미를 보였으며, 또한 학급에서 수석을 차지하는 우수한 학생으로서 풍차와 물시계 등을 만들 줄 아는 손재주 또한 좋은 학생으로 알려졌다.

　의붓아버지의 사망으로 잠시 고향에 돌아와서 어머니의 농장 일을 도와주던 뉴턴은 1661년, 드디어 캠브리지의 트리니티 대학에 입학했다. 그러나 당시의 교육은 지동설을 주장한 코페르니쿠스나 케플러의 새로운 이론들이 여전히 무시되었으며, 갈릴레오의 이론들도 받아들여지지 않은 상태로 여전히 사람들은 지구가 고정되어 있으며 태양은 지구를 돌고 있다고 믿었다. 이런 학문 풍토에서 감수성이 예민한 뉴턴이 올바른 학문을 깨우친다는 것은 참으로 어려운 일이었다.

　당시의 교육은 지동설을 주장한 코페르니쿠스나 케플러의 새로운 이론들이 여전히 무시되었으며 갈릴레오의 이론들도 받아들여지지 않은 상태로 여전히 사람들은 지구가 고정되어 있으며 태양은 지구를 돌고 있다고 믿었다. 이런 학문 풍토에서 감수성이 예민한 뉴턴이 올바른 하문을 깨우친다는 것은 참으로 어려운 일이었다. 그런데 그의 천재성을 일찍이 알아본 사람이 있었다. 바로 그에게 물리학과 수학을 가르치던 바로우 교수였다. ‘바로우’ 교수의 영향을 받아 뉴턴은 잠자고 있던 그의 지성을 일깨우기 시작하였으며 케플러와 데카르트의 책 등 당시의 첨단 과학 서적들을 접할 수 있었다.

케플러가 쓴 빛에 관한 모든 서적을 뒤지다시피 하면서 빛에 관심을 가졌던 뉴턴은 드디어 빛의 스펙트럼을 발견했다. 태양 빛은 순수하고 완전한 것이라고 간주하던 당시의 과학자들에게 있어 프리즘을 통해 나타난 빛의 다양한 색깔은 그야말로 놀라운 기적이었다. 그는 또 거울을 사용하여 반사 망원경을 만들기도 했는데 단순히 렌즈로만 망원경을 만들 수 있다고 생각했던 과학자들에게는 이것 또한 경이적인 발명이었다. 이 모든 일이 그가 대학에 다니는 동안에 이룩한 성과였다.

또한 그는 이즈음 곡선의 면적을 계산하는 방법을 소수점 이하 50자리까지 가능케 하여 근대 수학의 기초가 되는 '미분법'의 근거를 마련하였으며 이 방법은 후에 미분학과 적분학으로 발전하게 된다.

뿐만 아니라 그는 '이항정리'라고 하는 수학에 있어 중요한 한 원리도 발견하였다. 그러니 무엇보다도 뉴턴에 관하여 가장 잘 알려진 이야기는 "만유인력"이라고 불리는 중력에 관한 법칙의 발견에 관한 이야기이다. 사람들 사이에 "뉴턴의 사과"라고 더 잘 알려진 이 이야기는 1727년에 로버트 그린이라는 사람이 출판한 『힘에 관한 저서』에 이렇게 소개되어 있다.

"어느 날 울즈도프에 있는 어머니 집 뜰에 앉아 있던 뉴턴은 사과가 하나 나무에서 뚝 떨어지는 것을 보았다. 그것을 본 그는 '왜 사과는 똑바로 아래로 떨어질까?' 하는 생각에 잠겼다. '왜 수직으로 지면에 떨어지고, 위로 가든가 옆으로는 가지 않는 것일까?' 그는 사과가 가지에서 떨어질 때 밑으로 떨어지는 것은 어떤 힘이 그것을 지면으로 잡아당기고 있기 때문이라는 결론을 내렸다."

1655년경 영국 런던에서는 쥐가 옮기는 전염병인 페스트가 번져서 그 해 여름 런던 인구 전체의 5분의 1이 사망하는 대재앙이 발생했다. 그래서 캠브리지 대학도 휴교를 하게 되었는데, 고향으로 돌아온 뉴턴은 이때 인력에 관한 이론들을 정리하였다고 알려지고 있다. 18세기 말 그의 고향 울즈도프의 뜰에 있는 사과나무 중의 한 나무에는 "사과가 떨어진 나무"라는 표지가 붙게 되었다. 1820년경이 나무는 썩게 되어 베어 버렸으나 그 목재의 일부는 의자로 만들어져서 지금까지 보존되어 있다. 단순한 사물 하나도 무심코 보아넘기지 않는 뉴턴의 통찰력은 사과가 떨어지는 것을 통해서도 어떤 영감을 얻을 수 있었으며, 그때까지 누구도 감히 생각하지 못했던 인력에 대하여 연구하도록 한 것이다. 이 일화에 관해서는 일부 논란이 있지만 뉴턴의 주치의였던 스타클리 박사도 그가 쓴 『뉴턴의 생애』에서 상세히 기록하고 있는 것으로 보아, 뉴턴이 사과가 지면으로 떨어지는 것을 보았기 때문에 인력에 대한 어떤 생각에 잠기게 된 것은 사실인 것 같다. 세심한 과학자였던 뉴턴의 성격을 잘 나타내 주는 일화라고 생각된다.

1667년 고향에서 인력에 관한 생각들에 잠길 수 있었던 뉴턴은 학교가 다시 문을 열자 대학으로 돌아와 석사 학위를 받았고 1669

년에는 스승인 바로우 교수의 자리를 이어받아 교수가 되었다. 1668년 더욱 발전된 반사 망원경을 제작하여 주목을 끈 그는 이것을 국왕에게 바치기도 했다. 그리고 1678년 드디어 그는 그의 유명한 만유인력의 법칙을 체계적으로 세상에 알리게 되는 『원리』라는 책을 그의 친구 레버의 도움으로 출판하게 되었다. 이 책에서 과학자 보일의 도움이 있었다는 견해도 전해지고 있다.

□ 뉴턴의 신앙, 그리고 말년

그 후 그의 명성은 날이 갈수록 높아졌다. 1688년 영국의 명예혁명 때에는 대학의 대표로 국회의원에 선출되기도 했다. 한때 화폐를 만드는 조폐국의 장관을 맡아 화폐의 개량을 주도하기도 한 그는 1703년에는 국왕이 설립한 자연과학자들의 모임인 '왕립협회'의 회장으로도 추대되었다.

다방면에 걸쳐 뛰어난 과학자로서 그리고 그에 따른 여러 명성도 얻은 뉴턴이었지만 과학의 세계만이 결코 그의 삶의 모든 것은 아니었다. 그는 영국국교회의 회원으로 예배에 참석하여 창조주 하나님에 대한 깊은 신앙을 가지고 있었다. 그는 생전에 과학보다도 신학에 더 많은 시간을 쏟았으며, 가난한 자들에게 성경을 보급하기 위하여 헌금을 하는 일, 런던 지역에 50개의 교회를 세우기 위한 일에 봉사하는 등 특별한 사역에 참여 하였다.

그는 또한 성경적인 주제에 관하여 약 130만 자에 달하는 자필 유고를 남겼는데 이것은 그가 죽은 지 200여 년이 지난 1936년에 경매장에 나와 비로소 세상에 알려지게 되었다. 그는 성경을 하나님의 말씀으로 철저히 믿었으며, 며칠 혹은 몇 주간을 성경을 연구하면서 보내기도 하였다. 만유인력을 설명한 『원리』의 마지막 부분에서 그는 이렇게 쓰기도 했다.

> 태양과 행성들 그리고 혜성들의 아름다운 체계는 이지저이고 능력있는 분의 계획과 주관 아래에서만 가능하다. 이분은 세계의 영혼으로서가 아니라 만물의 주인으로 모든 것을 다스린다. 그리고 그러한 사실 때문에 그분은 주 하나님으로 불린다.

이와 같은 그의 믿음의 고백 때문에 알렉산더 포프라는 학자는 이렇게 외치기도 했다. "자연과 자연의 법칙은 오랫동안 어둠 속에 감추어져 있었다. 하나님께서 '뉴턴이 있으라.' 하시매 모든 것이 밝히 드러났도다."

그렇지만 노년이 되어서도 그는 마지막 몇 년 동안을 달의 운동에 대하여 연구하고 『원리』의 개정을 위하여 작업을 계속하는 변함없는 학자였으며, 그가 가장 사랑하는 공부인 성경 연구에 열중하기도 했다.

그가 얼마나 성경 연구에 열중하였던지 한번은 뉴턴의 친구가 그를 찾아가 다시 과학계로 돌아와서 과학에 전념하여 인류를 위해 뛰어난 공헌을 남기기를 권유한 적이 있다. 이에 대해 그는 이런 말을 남겼다고 한다. "내가 왕이신 하나님의 사역에 손을 대었다면 나는 이제 그 일을 함부로 다룰 수가 없는 것이라네."

　일생 동안 사도 바울처럼 결혼을 하지 않았으면서도 80여 년간 놀랍도록 건강을 유지한 뉴턴이었지만 하나님의 섭리는 어김없이 찾아왔다. 1727년 3월 20일 85세를 일기로 생을 마감한다. 그는 웨스트민스터 묘지에 묻히는 최고의 영예를 누렸다. 그리고 지금까지도 뉴턴은 인류의 물리학과 수학 분야에서 최고 명예를 누리고 있다. 그러나 무엇보다도 그는 하나님의 자녀로서의 삶을 살다 간 겸손한 사람이었다. 그는 자신의 성취에 대하여 항상 겸손했던 것이다. 인구에 회자되는 뉴턴의 다음과 같은 유명한 고백으로 이 글을 마치려고 한다.

　　나는 내가 세상에 이렇게 비쳐지는지 알지 못합니다. 그러나 적어도 나에게 있어 나 자신은, 진리의 큰 바다가 아직 밝혀지지 않은 채로 아득히 놓여 있는 바닷가에서 뛰놀면서 좀 더 둥그스름한 조약돌을 찾았거나, 보통 것보다 더 예쁜 조개를 주웠다고 좋아하는 작은 소년에 불과합니다.

　진리의 큰 바다, 아득히 놓인 바닷가를 지으신 분은 과연 누구인가? 인류 최고의 과학자 뉴턴은 그것을 잘 알고 있었던 것이다!

빌헬름 라이프니츠
Gottfried Wilhelm Leibniz

1995년 10월 말, 기독교 한국 루터회에서는 종교개혁 478돌을 맞아 '세계를 빛낸 루터란'을 선정 발표하였다.

· 철학자 임마누엘 칸트
· 본회퍼 목사
· 요한 제바스티안 바하
· 헤겔
· 그룬드비 목사
· 멘델스존
· 기에르 케고르

이 중 라이프니츠는 당당히 첫 번째 루터란으로 선정되었다!

"미적분을 발견하다" 라이프니츠

세계의 역사를 살펴보면 보통 사람들이라면 한 가지도 꿈꾸지 못할 위대한 업적을 다방면에 걸쳐 쌓은 인물들을 가끔 만나게 된다. 사람들은 오늘날과 같은 고도의 산업 기술 사회에서는 그런 일은 절대 불가능하다고 주장한다. 그리고 "팔방미인 중에는 명인이 없다"는 속담이 있다. 그러나 어떤 법칙이라도 항상 예외는 있기 마련이다. 프랭클린이나 캘빈 그리고 레오나르도 다빈치가 바로 그런 인물들이었다. 그런데 그런 예외적 인물 가운데서도 라이프니츠는 가장 두드러진 인물이라고 여겨진다.

다재다능한 인물들이 그러하듯이 라이프니츠도 관심의 분야가 너무도 다양하여 신앙도 그의 관심의 일부분에 불과한 것이 아닐까 생각할 수도 있다. 그러나 그는 하나님의 존재하심을 철저히 믿었을 뿐 아니라 기독교 역사상 몇 가지 중요한 일에 관여하였고 삼위일체 하나님을 옹호하는 글을 쓰기도 했다. 또한 역사상 그가 뉴턴과 더불어 최초의 미적분학 발견에 대한 공로를 가지고 감정적 논쟁을 벌인 것은 오늘날 유명한 일화로 남아 있다.

사실 뉴턴과 라이프니츠가 애초부터 그렇게 사이가 나빴던 것은 아니었다. 어쩌면 두 사람의 사이가 그렇게 갈라진 것은 주위 사람들의 부추김 때문이었는지도 모른다. 또, 여기에는 영국과 독일의 자존심과 민족적 감정이 작용하고 있다고도 본다. 마치 광개토왕비의 해석과 조작 여부를 둘러싼 한국과 일본 그리고 중국의 자존심 싸움과 유사하다고 볼 수 있다.

"세상의 창조 이후부터 뉴턴이 태어날 때까지의 모든 수학을 없애 버려라. 그러면 뉴턴은 다른 분야에서 더욱 훌륭한 일을 많이 했을 것이다." 라이프니츠가 한 이 말은 그가 뉴턴을 얼마나 뛰어난 과학자로 평가하고 있었는지를 보여주는 단편적인 예다.

□ 라이프니츠의 학창시절과 신앙

빌헬름 라이프니츠(Gottfried Wilhelm Leibniz, 1646-1716)는 뉴턴보다 4년 늦은 1946년 7월 1일 라이프치히에서 태어났다. 부친은 라이프치히 대학의 철학 교수였다. 6세 때 라이프니츠는 아버지와 사별하지만, 이미 어린 나이에 역사에 대한 정열을 이어받으면서 아버지가 남긴 수많은 서적 속에서 독학으로 라틴어와 그리스어를 터득하였다. 사실 그의 가족은 독실한 루터교 집안이었다.

1661년에 라이프치히 대학에 들어가 법률학과 철학, 수학을 배운 그는 역사나 논리학에도 커다란 관심을 가지고 있었다. 1666년에는 마르트돌프 대학으로 옮겨, 다음 해의 법률학으로 박사 학위를 받았다. 대학을 졸업한 후 그는 뉘른베르크에 가서 마인쯔 후국의 법조계와 정치에 참여하게 되었다. 1673년에는 물리학의 논문으로 런던 왕립협회의 회원으로 추대되었고, 1700년에는 프랑스 과학 학사원의 외국 회원으로 선출되기도 했다. 그와 동시에 베를린의 학사원 건립을 건의하여 초대 원장이 되기도 한다. 1672년에서 1676년까지의 4년 동안 마인쯔 후국의 외교 사절단의 일원으로 활동하였으며 1676년 말에는 하노버공(公)의 고문관과 도서관장을 지냈다.

라이프니츠가 뉴턴과 서신 왕래를 시작한 것은 이 무렵부터라고 알려져 있다. 뉴턴의 고백에 따르면, 그가 미적분에 대한 착상을 한 것은 1666년 런던에 페스트가 크게 번져 고향에 내려가 있던 시기였다고 한다. 그러나 그의 미적분 체계가 공식적으로 발표된 것은 70년이나 지난 1736년이었다. 그런데 라이프니츠의 주장에 따르면, 그는 1675년에 미적분을 발견하였고 이 이론의 정식 출판은 11년 후인 1677년 7월 11일이었다고 하며, 따라서 뉴턴보다 공식 출판의 연대만 가지고 따진다면 훨씬 빠른 셈이었다. 심지어 뉴턴의 유명한 저서 『프린키피아』(자연 철학의 수학적 원리, 1687)에도 미적분은 전혀 언급되거나 사용되지 않고 있었으니 조금은 이상한 일이다. 그렇지만 미적분의 개요에 대해서는 이미 1669년 무렵부터 가까운 친지들에게 일부 알렸다고 전해지므로 우리는 이 위대한 과학자 뉴턴의 말을 그대로 믿을 뿐이다. 다만 분명한 것은 공식적 발표와 실용화에 있어서는 라이프니츠가 훨씬 빨랐다는 것이 증명되는 셈이다.

뉴턴이 라이프니츠에게 보낸 첫 편지에 보면 "6acc? 4s9t12?" 등

뜻모를 기호가 쓰여 있었는데, 이것은 당시 유행하던 애너그램(철자 바꾸기 놀이)의 수수께끼 문자로 이것을 풀면 바로 라틴어로 미분 방정식의 원리에 관한 설명이 된다고 전해지고 있다. 1677년 라이프니츠는 뉴턴에게 답장을 쓰게 되었다. 여기에는 라이프니츠가 생각한 미분 방법이 dx, dy 등의 기호로 분명하게 기록되어 있었다. 문제는 뉴턴 편지의 애너그램이 미적분을 뜻한다는 것이 사실인가 하는 것이었다. 라이프니츠는 1677에 출판한 적이 있는 미적분의 이론은 1684년 다시 한 번 정식으로 공표하게 된다.

그런데 라이프니츠에게 반감을 지니고 있던 스위스의 수학자 드 듀리에가 1699년에 그만 왕립협회에서 라이프니츠의 미적분이 뉴턴의 생각을 도용한 것이라는 주장을 폈다. 이에 화가 난 라이프니츠는 1705년 뉴턴이야말로 자신의 미적분 개념을 훔쳐간 장본인이라고 말해버렸다. 이렇게 해서 둘 사이의 감정 싸움은 시작되었다. 이번에는 옥스퍼드 대학의 존 케일 교수가 라이프니츠를 원색적으로 비난하였다. 화가 치민 라이프니츠는 케일의 발언을 취소하라고 영국 왕립협회에 제소하였다. 하지만 공교롭게도 당시 왕립협회장은 바로 뉴턴이었다. 뉴턴이 구성한 조사 위원회는 곧 조사에 착수하게 되지만, 1715년 발표된 최종 조사의 결론은 당연히 뉴턴이 미적분의 최초 발명자라는 것이었다. 이렇게 계속된 두 사람의 감정 싸움은 두 사람의 사후까지 지속되어 영국과 독일 양국 국민간의 감정싸움으로까지 번져갔다.

미적분의 발견은 뉴턴이 조금 빨랐으나 발표와 실용화는 라이프니츠가 먼저였다는 것이 오늘날 정설로 여겨지고 있다. 그러나 보다 정확한 정설을 말하자면 이 두 사람이 각각 독립적으로 미적분을 발견했다고 해도 무방하지 않을까? 하지만 필자는 미적분에 관한 공적만큼은 라이프니츠에게 좀 더 돌리고 싶다. 설령 뉴턴이 미적분에 관한 생각을 오래 전부터 가지고 있었다 해도 공식적 발표에 있어서는 라이프니츠의 발표와는 너무 긴 시간적 간격이 있었기 때문이다. 또한 라이프니츠도 자신이 이것을 공표하기 훨씬 이전부터는 이 생각을 가지고 있었을 것이기 때문에, 먼저 발표한 라이프니츠에게 좀 더 무게를 실어주는 것이 타당할 것이다. 만일 미적분이 발견되지 않았더라면 오늘날의 과학적 성과에 있어 여러 부분의 발전이 훨씬 지체되었거나 많은 업적들의 이룩이 불가능하였을 것임이 분명하다.

□ 라이프니츠의 신앙

1687년부터 1690년까지 의욕적인 활동을 계속한 라이프니츠는 독일 전역을 비롯한 유럽 각지를 여행하게 되는데 이탈리아에서는 교황으로부터 바티칸의 사서를 맡아 달라는 부탁을 받기도 했다. 그러나 당시로는 교인 수가 많지 않는 개신교도였던 그로서는 이 일을 승낙할 수 없었을 것이다. 더욱이 그는 카톨릭이 파문한 루터교도가 아닌가!

그럼에도 불구하고 오히려 그는 카톨릭 교회와 개신교의 통합을 위하여 부단히 노력한 독특한 인물이었다. 당시는 양 교회가 분열

괸 지 얼마 되지 않은 시기였으므로 그는 어떤 극적인 화해를 꿈꾸고 있었는지도 모른다. 혹은 30년 전쟁에 따른 인류에 대한 혐오감의 반작용으로 분열된 그리스도인들의 화해의 시도를 통하여 어떤 성취감을 기대했다고도 전해진다.

그러나 역사는 카톨릭과 개신교의 화해가 그렇게 단순한 일만은 아니었음을 증명하고 있다. 1683년에 신구교 통합을 위하여 독일 하노버에서 개최된 회의는 양측이 서로 주도권을 쥐려다가 결국 그만 무산되고 말았다. 사람들은 값있고 선한 일에는 당연히 선한 결말을 기대하지만, 때때로 역사의 흐름이 전혀 엉뚱한 곳으로 흐르는 경우를 자주 목격하게 된다. 이 사건도 오히려 양측에게 더욱 완고한 고집과 상호 비난과 증오심만을 키워준 격이 되고 말았다. 급기야 1688년에는 카톨릭교도와 개신교도간의 유혈 참사가 영국에서 일어나고 만다.

이런 종교적 갈등은 아일랜드를 중심으로 오늘날도 계속되고 있으니 그 끈질기고도 오랜 애증의 관계에 저마다 묘한 감정을 느끼지 않을 수 없다. 이미 성경은 가인과 아벨의 하나님께 대한 '충성 경쟁'에서 비롯된 인류 최초의 살인 사건을 말해주고 있지 않은가!

신앙인 사이의 분열에 대한 그의 애타는 심정은 프로테스탄트 교파인 루터파 교단과 개혁 교회의 통합을 위한 노력으로도 이어졌으나, 이것 또한 카톨릭과의 통합 못지않은 험난한 길임을 곧 깨닫게 되었다.

라이프니츠가 철학에 뜨거운 관심을 가지기 시작한 것은 이런 종교인들의 어두운 모습을 거듭 경험한 이후부터라고 전해진다. 그러나 철학에 몰입해서도 하나님에 대한 그의 관심은 사라지지 않았다. 우주가 무한한 수의 모나드(monad)로 이루어져 있다는 '모나드설'로 잘 알려진 그의 만물 해석 방법은 가장 낮은 무(無)로부터 시작하여 가장 높은 존재로서의 창조주 하나님이 함께 자리하고 있음을 말해주고 있다.

라이프니츠의 생각은 하나님께서 이 우주를 창조하셨으며 그 창조 세계는 자연과 은총이라는 두 질서에 의해 완전성이 유지되고 있다는 '예정 조화설'로 잘 설명되고 있다. 그의 이런 철학적 통찰력은 오늘날 라이프니츠를 독일 철학의 전통적 창시자의 위치에 올려 주고 있다. 물론 이와 같은 그의 철학적 사고는 전통적인 복음주의적인 입장에서는 받아들이기 어려운 것이 사실이다. 개인적으로도 필자는 그와 같은 입장에 전혀 동의하지 않는다. 그러나 그것이 하나님의 존재에 대한 부정을 의미한다거나 하는 것은 아니다. 더군다나 서문에서도 밝혔듯이 이 책이 추구하는 것은 누구를 판단하거나 정죄하는 데 그 목적이 있는 것이 아니다. 신앙의 질적 판단을 떠나서 누구에게나 사랑받고 존경받는 인류가 배출한 위대한 과학자들의 하나님에 대한 인식과 고백을 다루려는 데 목적이 있으므로, 그것은 이 책의 의도를 벗어나는 것임을 재삼 밝혀둔다.

지난 1995년 10월말 기독교 한국 루터회(루터회 총회는 매년 10월 마지막 주일을 종교개혁의 주일로 정하고 있다)는 종교개혁 478

돌을 맞아 '세계를 빛낸 루터란'을 선정 발표한 적이 있다. 철학자 임마누엘 칸트와 최초로 한국을 방문한 개신교 선교사 구츨라프, 두 차례에 걸쳐 히틀러를 암살하려고 했던 본 회퍼 목사, 음악가 요한 제바스티안 바하, 변증법으로 유명한 헤겔, 덴마크의 시인이자 국민 교육자 니콜라이 그룬드비 목사, 덴마크의 유명한 동화 작가 안데르센, 낭만파 작곡가 멘델스존, 유명한 기독교 실존 철학자 키에르 케고르 등이 선정되었다.

라이프니츠는 이중 당당히 첫 번째 루터란으로 선정되었다. 이로써 루터교에서 차지하는 그의 위치를 알 수 있지 않은가! 오늘날 루터도 복음주의적인 입장에서 본다면 카톨릭적인 요소가 많은 것이 사실이다. 그렇다고 루터를 하나님이 쓰신 사람이 아니라고 말하는 개신교인이 있는가? 또한 루터란들을 개신교인이 아니라고 말하는 사람들이 어디 있는가? 마찬가지로, 라이프니츠에 대해서도 글쓴이는 독자들이 그런 눈으로 보아 주기를 기대하는 것이다. 물론 이것은 이 책에 소개된 모든 과학자들에게 해당하는 말이기도 하다.

이외에도 라이프니츠가 넘나든 분야는 수학과 종교와 법학과 철학 이외에도 역사, 정치, 문학, 논리학, 형이상학에 이르기까지 다방면이었다. 그는 뛰어난 계산기를 발명하기도 했다. 그의 사고의 폭과 넓이를 헤아린다는 것은 실로 간단한 일이 아니다. 이런 다재다능한 라이프니츠의 말년이 우리의 예상과는 달리, 범인의 그것과 지극히 다를 바 없었다는 것은 다소 신기함을 불러일으킨다. 그러나 오히려 라이프니츠의 천재성과 독특한 신앙적 통찰력은 시간이

지나면서 점점 더 조명을 받고 있으니, 그는 정녕 사후의 훗날까지
도 내다보았던 팔방미인이 아니었을까? 그는 정말 훌륭한 루터란이
었던 것이다.

벤자민 프랭클린
B. Franklin

"전능하신 하나님 아버지, 자비로우신 하나님이시여, 참된 지혜를 더하여 주소서, 나의 결단에 힘을 더하여 주시고, 지혜가 명하는 대로 행할 수 있는 결심을 갖게 하여 주소서. 당신의 다른 자녀들에게 내 마음 속의 임무를 받아들이게 하소서. 이것이 하나님의 끊임없는 은혜에 대해 내가 행할 수 있는 한 가지 보답이옵나이다."

피뢰침을 발명한 프랭클린

누구든지 조금만 자세히 오늘날 교회의 철탑과 십자가를 바라보면 그 위에는 반즈시 피뢰침이 먼저 하늘과 가까이 뻗어 있음을 볼 수 있다. "오늘 할 일을 내일로 미루지 말라." 피뢰침을 발명하여 우리들에게 잘 알려진 프랭클린이 말한 이 간단한 격언을 통하여 우리는 그의 삶이 어떠했는지를 조금은 짐작할 수 있다. 사실 필자는 프랭클린을 이 책에 실어야 할지 많이 망설였다. 누구나 어린 시절 한 번쯤 읽어 본 그의 전기를 필자도, 무작정 존경하던 적이 있기는 했지만, 오늘날 우리의 '한국적 신앙의 틀'로 본다면 그가 결코 신앙적 입장에서는 다루기가 쉬운 인물이 아니었기 때문이다. 이런 이유로 인하여 '프랭클린도 다루어야 하는가 다루지 말 것인가' 하고 계속 망설여야만 했다. 그럼에도 불구하고 결국 그를 다루기로 한 것은 우리들의 '작은 신앙적 틀' 때문에 우리 그리스도인들에게 반드시 필요한 훌륭한 삶을 이어 간 인류사의 위인을 외면해 버리는 과오를 범하는 것은 더욱 마음에 내키지 않았음을 미리 밝혀 둔다.

1771년부터 쓰기 시작한 그의 자서전은 오늘날 위대한 인물들이 기록한 세계의 자서전 중에서도 가장 뛰어난 자서전으로 알려지고 있다. 그런데 프랭클린의 자서전은 자신의 신앙적 입장에 대해서도 아주 솔직하고 자세하게 기록하고 있음을 보게 된다.

"나는 장로교회의 일원으로서 경건한 가르침을 받고 자라 왔다. 하나님이 살아계신다는 것, 하나님께서 이 세상을 창조하시고 그분의 섭리에 따라서 다스려지고 채워진다는 것, 영혼은 없어지지 않는다는 것, 모든 죄와 악행은 이 세상이나 내세에서 반드시 보응받는다는 것을 나는 결코 의심해 본 적이 없다. 나는 공식적인 예배에는 거의 참석하지 못했으나 필라델피아에 단 하나 있는 장로교회에 대해서, 목사와 그 집회를 후원하기 위하여 해마다 규칙적으로 헌금을 잊지 않고 보냈다."

□ 프랭클린의 성장배경

"오늘날 미국의 정신은 프랭클린의 정신이다"라고 할 만큼 미국인들로부터 추앙받는 벤자민 프랭클린(B. Franklin, 1706-1790)은 미국의 보스턴에서 가난하고 이름 없는 한 청교도 집안에서 태어났다. 그가 태어날 당시 미국은 영국의 식민지로서, 그의 아버지 조 사이어 프랭클린도 영국 사람이었다. 영국에서 일찍부터 종교개혁 운동에 참여하던 그의 조상들은 가톨릭에 완강하게 저항하여 위험한 고비도 여러 번 넘기곤 했다고 그는 자서전에서 적고 있다. 당시 가톨릭에서는 일반인들 성경을 소유하고 읽는 일을 금지시켰다. 그래서 그의 조상들은 성경책을 조립식 의자의 깔개 밑에다 펼친 채로 넣어서 끈으로 묶어 감추어 두었다고 전해진다. 그리고 성경을 볼 때에는 혹시 종교 재판소의 관리들이 들이닥치지나 않을까 염려하여 가족 중 어린 아이 하나가 창가에서 망을 보게 하고, 그의 4대 조부 되는 분이 조립식 의자를 거꾸로 하여 무릎 위에 올려놓고는 성경을 노끈 아래로 책장을 넘겨 가면서 가족들에게 읽어 주었다고 한다.

이런 영향 아래에서 영국 법에 의하여 금지된 비국교도 목사의 가르침을 받던 그의 큰아버지와 아버지는 1682년에 종교의 자유 하나만을 위하여 미국의 뉴잉글랜드 땅으로 건너온 사람들이었다. 이런 환경에서 프랭클린은 열일곱 자녀 중 열한 번째로 태어났다.

그의 형들은 일찍부터 기술을 배워 생활 전선에 나가게 되었는데 프랭클린은 열 아들 중 하나는 하나님께 바쳐야 된다는 그의 아버지와 큰아버지의 소원에 따라 8세가 되던 해에 목사를 양성하는 라틴어 학교에 들어가게 되었다. 특히 믿음 좋은 큰아버지는 자신이 고안한 속기술로 기록해 놓은 모든 설교집을 벤자민에게 속기를 가르쳐서 모두 넘겨주겠다고 나설 만큼 조카에게 커다란 기대를 가졌었다고 한다. 하지만 극심한 가난은 벤자민이 공부만 하도록 그냥 내버려두지 않았다. 겨우 2년을 다니다가 학교를 그만둔 프랭클린은 아버지의 양초 만드는 일을 돕다가 12세가 되던 해에는 배 다른 형 제임스가 경영하던 인쇄소에 견습공으로 들어가게 된다.

어린 시절부터 책을 좋아하던 프랭클린은 16세 때부터 신문에

"사일런스 덕 우드 부인"이라는 익명으로 연재를 시작하게 되는데, 이러한 그의 저술 활동은 훗날 문학과 과학 뿐 아니라 예술, 정치, 종교, 교육, 철학에까지 미치게 되었다. 그의 저작 중 유명한 『가난한 리처드의 달력』은 26세부터 시작되었는데 여기에는 해가 뜨고 지는 위치, 기상 예보 뿐 아니라 교회 예배일과 기념 행사 등을 담고 있었다. 이 달력은 1758년까지 계속되었는데, 여기에는 10대 시절 일찍부터 형 제임스가 발행하던 신문인 〈뉴잉글랜드 신보〉의 발행인이 되는 등 여러 경험을 쌓은 것이 도움이 되었다.

10대 시절 이미 영국 런던을 방문하면서 견문을 넓히기도 했던 프랭클린은 21세 때 젊은 기술자들과 기업인들의 토론 모임을 만드는데 이것은 오늘날 미국 철학회의 시발이었다. 또한 그가 만든 조합 도서관은 필라델피아 도서관의 시발이었고 1736년에는 난로를 개량하여 열효율을 크게 높인 오픈 스토브도 발명했다.

뿐만 아니라 미국 최초의 보험회사인 필라델피아 화재 보험 공동 금고를 만드는가 하면 젊었을 적부터 인쇄소에서 일하던 자신의 손뼈 통증을 통하여 이것이 납 중독에 의한 것임을 밝혀내게 되는데, 오늘날 커다란 문제가 되고 있는 직업병이나 공해의 문제를 지금으로부터 200여 년 전에 지적했다는 것은 실로 놀라운 일이 아닐 수 없다. 이 모든 것들은 그가 얼마나 다방면에 관심을 지닌 인재였으며 뛰어난 천재였는지를 보여주는 자료들이다.

□ 프랭클린의 업적과 신앙

1752년 드디어 프랭클린은 유명한 연을 이용한 실험을 통하여 번개와 전기의 발전은 동일한 것임을 증명하게 된다. 그리고 바로 그 해에 이것은 번개의 피해를 막는 피뢰침으로 필라델피아에서 실용화되었고, 세계 각국으로 신속히 전파되어 나가 번개로부터 수많은 인명과 재신의 피해를 줄일 수 있게 되었다. 또한 전기의 '플러스' 와 '마이너스' 라는 용어를 최초로 사용한 장본인도 바로 그였다. 이런 여러 가지 공로로 인하여 프랭클린은 영국 왕립협회의 회원과 프랑스 과학 아카데미의 회원도 되었다.

1753년에는 영국의 식민지였던 미국의 최초 우체국장이 되어 미국 우편 제도의 기초를 닦기로 하는데, 우체국 수를 대폭 늘리고 역마차를 도입하여 소포 업무를 개시한 것도 그였다. 이런 경력으로 인하여 프랭클린은 훗날 독립 후 노령의 나이로 체신부 장관을 역임하기도 했으며, 이때부터 프랭클린의 미국 독립 의지가 구체적으로 싹트기 시작했다. 1757년에는 펜실베니아의 이익을 위하여 영국에 다시 파견되어 식민지 자주 과세권을 요구하기에 이르렀으며 1764년에도 영국을 방문하여 인지 조례의 철폐를 주장하기도 하였다. 여러 번 영국을 방문하면서 프랭클린은 산소를 발견한 영국의 유명한 과학자이며 비국교파의 목사였던 프리스틀리와 교제를 갖기도 하고, 퀘이커교도에게도 호감을 갖는가 하면, 사순절을 굳게 지키는 등 신앙과 관련된 여러 계기를 갖게 되지만, 그의 믿음에 어떤 극적인 변환이 이루어진 증거를 찾아보기는 어렵다. 다만 프리스틀리 목사와의 만남은 프리스틀리가 훗날 프랑스 혁명의 여파로 영국에서 신변이 위태롭기까지 했던 위기에서 벗어난 후, 신앙의 자유가 있는 미국에 망명하는 계기가 되었다.

이 책에서도 상세하게 다루고 있는 프리스틀리 목사는 사실 오늘날의 시각으로 본다면 정통주의 목사로 보기는 어려운 사람임을 밝혀둔다. 프리스틀리는 프랭클린의 영향으로 전기와 관련된 여러 논문을 쓰기도 했다. 1739년에는 필라델피아를 방문한 아일랜드 출신의 선교사였던 휘트필드의 설교에 크게 감동하여 호주머니에 있는 돈을 모두 털어 헌금하는가 하면, 그의 설교에 감화된 주민들의 변화된 모습을 감동적으로 그의 자서전에서 묘사하고 있다.

그렇지만 그는 신앙 하나 때문에 뉴잉글랜드로 이주한 그의 부모의 청교도적 믿음을 따라가지는 못했던 것으로 보인다. 그러나 그는 스스로 13가지의 계율을 정해 놓고 이것을 지키려고 애쓰며 살았는데, 이것을 보면 그가 얼마나 도덕적이며 깨끗하고 정의로우며 진실되고 근면하며 좌우로 치우치지 않고 절제된 삶을 살려고 했는지 잘 알 수 있다. 이것은 분명 오랜 신앙적 훈련으로부터 온 것이었다.

더욱이 그는 마지막 계명으로 "겸양의 모범으로 예수님과 소크라테스를 따르자"는 계명을 기록해 놓고는 이 모든 것이 습관이 되도록 끊임없이 노력하였다고 한다. 어쩌면 이런 것들이야말로 오늘날 우리 사회에 필요한 덕목들인지도 모른다. 좀처럼 신앙적 고백을 하지 않은 그는 지혜의 근원이 하나님이심을 고백하며, 그러므로 하나님께 도움을 청하는 것은 당연하다고 솔로몬의 잠언을 인용하면서 고백을 하기도 했는데 이것이 바로 그의 신앙의 독특성을 찾아볼 수 있는 한 가지 증거가 될지도 모르겠다.

> 전능하신 하나님 아버지, 자비로우신 하나님이시여, 참된 지혜를 더하여 주소서. 나의 결단에 힘을 더하여 주시고, 지혜가 명하는 대로 행할 수 있는 결심을 갖게 하여 주소서. 당신의 다른 자녀들에게 내 마음 속의 임무를 받아들이게 하소서. 이것이 하나님의 끊임없는 은혜에 대해 내가 행할 수 있는 한 가지 보답이옵나이다.

자신이 정해 놓은 계율에 따라 하루 24시간을 어떻게 보낼 것인가 적어 놓은 그의 작은 수첩에는 하루의 시작이 전능하신 하나님 안에서의 기도로 시작됨을 분명히 기록해 놓고 있음도 볼 수 있다. 이런 자세한 내용이 적힌 자서전의 집필을 시작한 것은 프랭클린이 65세가 되던 1771년이었다.

그리고 1776년 미국의 독립전쟁 시에는 가장 나이 많은 혁명가로서 활약하며 미국 독립선언서의 기초 위원이 되었고, 그 해 청교도의 국가 미국이 탄생하면서 프랭클린은 가장 큰 공로를 세운 사람 가운데 하나로 알려지게 되었다. 그러면서 미국의 독립 이후에는 파리 조약의 전권 대사로도 활약하고 펜실베니아 주지사로서 미국 헌법을 만드는 최초의 헌법 회의에도 참가하게 된다.

"하나님이 하루를 지금의 두 배로 만들어 주신다면 얼마나 좋을까?" 라고 그의 아내에게 했다는 고백을 보면 프랭클린이 얼마나 삶을 열심히 살았는가를 알 수 있다. 또 "일생을 다시 시작할 수만 있다면 지나온 일생 중에서 잘못된 부분을 고쳐서 다시 살고 싶다." 고 말할 만큼 프랭클린은 욕심도 많고 나름대로 충실한 삶을 살았다. 그리고 이것은 그가 가끔 기도문으로 이용하였다는 영국 시인 톰슨의 다음 기도문에서도 찾아볼 수 있다.

> 빛과 생명의 아버지, 나에게 선한 것을 가르쳐 주시고 주님의 형체를 보여주소서. 어리석은 것, 덧없는 것, 약한 것, 모든 비천한 것에서 나를 구해 주소서. 지혜와 평화와 순결의 덕으로 제 영혼을 채워 주소서. 거룩하고 충실하며 결코 시들지 않는 축복을 주소서.

프랭클린은 어린 시절 존 번연의 『천로역정』을 가장 즐겨 읽었다고 고백한 적도 있다. 하지만 앞에서도 밝혔듯이 프랭클린의 그의 부모나 윗세대만큼 청교도로서 신앙적 의미의 치열한 삶을 살지는 않았다는 것은 분명한 것 같다. 그러나 그의 정신에는 가장 미국적인 청교도 정신이 살아남아 있음도 또한 사실이다. 이 점이 조금은 우리를 안타깝게 한다. 그렇기는 하지만 모든 것은 하나님께서 판단하실 일이라고 본다.

기독교인이 전 인구의 30퍼센트 가까이 된다는 최근 우리 사회의 도덕과 윤리가 흔들리는 모습을 보면서 치열한 삶을 이어간 그의 생을 다시 한 번 돌아보게 된다. 우리의 학교 교육이 기계적으로 영어나 수학 문제를 하나 더 풀어주는 것보다 한 시간만이라도 위인들의 모범된 삶을 통하여 학생들을 교훈하는 것은 어떨까? 프랭클린의 자서전을 한 시간만이라도 읽어 주었다면 우리 사회가 이처럼 삐걱거리지는 않았을지도 모른다는 부질없는 생각을 해 본다. 참으로 오늘날 우리 사회는 프랭클린과 같은 철저하고 정직한 인물이 필요한 것이 아닐까? 1790년 프랭클린이 늑막염으로 사망하자 온 미국 국민은 진심으로 슬퍼하였으며, 미국 정부는 국장으로 장례를 치러 그의 서거를 애도했다.

카를로스 린네
Carolus Linnaeus

"영원 불멸하신 하나님께서 창조하신 수만큼의 많은 종이 존재한
다. 새로운 종은 전혀 없다."

종의 기원 **린네**

> 생물은 본래 하나님의 인도하심에 따라 아담이 그 이름을 지었다고 성경은 말해 준다(창 2:19).

오늘날 생물은 그 종류가 약 200만 종 가까이 되는데 멸종된 동물을 포함하면 그 숫자는 훨씬 더 늘어나게 될 것이다. 그래서 진화론자들은 도대체 무슨 재주로 아담이 그렇게 많은 생물들의 이름을 붙일 수 있느냐고 반박하기도 한다. 그러나 분류학자 린네가 홀로 8,000가지의 식물과 4,162종의 동물을 자세히 관찰하고(1758년) 분류하였다는 것을 안다면 아마도 아담이 모든 동물의 이름을 명명하였다는 것을 이해할 수 있을 것이다. 더욱이 140년이 지난 1898년 뫼비우스는 41만 5,600종을 기록하였다.

성경에 의하면 아담은 홍수 이전의 다른 사람들처럼 930세까지 장수하였다고 기록하고 있다. 하나님이 그에게 주신 지혜를 통해 900세 이상 살면서 그가 동물들의 이름을 부르는 것은 그다지 어려운 일이 아니었을 것이다. 미국의 분류학자 에른스트 마이어에 의

하면, 200만 종 가까이 되는 생물 중 100만 종은 식물이며 새우, 게, 물벼룩과 같은 81만 5천 종에 달하는 절지동물을 포함한 90만 종 이상의 해양 생물이 있다고 한다.

심프슨 등에 의하면 물론 지구가 형성되고 생물이 출현한 수 지금까지 생존하다가 멸종한 동물의 수가 많게는 5억 종 이상에 이를 것이라고 한다. 현재도 지구상에 서식하면서 기록되지 않은 종을 포함하면 300-1,000만 종의 생물이 있을 것이라고 추산하는 학자도 있다. 그러나 교배가 가능한 생물들을 종의 범위에서 제외하면 이야기가 달라진다. 분류학에서는 교배가 가능한 생물들을 단순한 기능적 차이를 가지고 다른 종으로 분류하게 된다. 즉 변종들이 다른 종으로 편입되는 것이다. 예를 들면 교배가 가능한 개 안 있는 다양한 변종 개들이 각기 다른 종류로 불리는 것이 그것이다.

성경적 방법대로 교배가 가능한 생물을 같은 종류로 통합하면 그 수는 훨씬 줄어드는 것이 당연하다. 그럴 경우 아담이 일차적으로 명명한 동물의 숫자는 마이어의 분류법대로 한다고 해도 3,500종의 포유동물과 8,000여 종의 조류 등 1만 5,000종 내외였을 것이다. 이것은 대상 동물의 숫자를 비교적 많게 잡은 것으로 여겨진다. 어찌하든 하나님께서 주신 뛰어난 재능을 모두 가지고 있었던 아담이 동물들에게 이름을 지어주는 행위는 그다지 어려운 일이 아니었을 것이다. 그런데 바벨탑 사건 이후 언어가 혼란스럽게 되면서 생물들의 이름 또한 민족마다, 나라마다 다양하게 바뀌었다.

아담 이후 이렇게 혼란스러워진 생물의 이름을 사람들이 저마다 잘 기억할 수 있도록, 하나님께서는 신실하면서도 뛰어난 생물학자를 한 사람 보내 주셨다. 바로 오늘날 식물학의 시조이며 생물 분류학의 아버지라고 불리는 카를로스 린네(Carolus Linnaeus, 1707-1778)였다.

린네는 기독교인들이 모여 살던 스웨덴의 라슐트라는 작은 마을에서 목회를 하던 보수적인 분위기 집안의 아들로 태어났다. 그는 뛰어난 과학자가 지닐 수 있는 대부분의 소양을 갖춘 하나님께서 특별히 세우신 인물임이 분명했다. 모태 신앙인으로서 그는 어린 시절부터 하나님께서 주신 자연의 아름다움에 유난히 관심이 많았으며 관찰력과 분석력이 뛰어났고 끊임없는 호기심과 인내심을 지니고 있었다. 일찍부터 과학자로서의 재능을 보이며 웁살라 대학에서 공부하던 그는 1729년 식물의 번식에 관한 관찰을 정리하여 최초의 책을 쓰게 된다. 하지만 이것은 그가 평생 동안 저술한 180여 권의 서적 중 시작에 불과했다. 1730년 한 식물학 교수의 조교가 된 린네는 식물원의 관리를 맡게 되면서 수년간 식물 조사 연구를 위해 라플란드를 비롯한 여러 지방을 다녔으며 또 영국을 포함한 많은 나라들을 방문하기도 하였다. 1732년에는 네덜란드에서 의학으로 박사 학위를 받게 되었으며 1742년에는 모교인 웁살라 대학의 식물학 교수겸 의학 교소로 다시 돌아왔다. 훗날 린네는 분류학과 식물학에 있어서 그의 뛰어난 업적으로 스웨덴 최초의 귀족 과학자 칭호를 받게 되는데 이때(1761년)부터 그의 이름은 귀족을 상징하는

"칼 폰 린네"로 불러졌다.

오늘날 분류학의 시조로 불리는 린네는 생물을 분류하고 연구 하는데 있어 그가 취하는 확고한 기본 입장이 한 가지 있었다. 이것은 모태 신앙으로 목사인 아버지 밑에서 자연스럽게 물려받은 신앙의 유산 덕분이었다. 오늘날도 쓰이고 있는 린네가 창안한 명명 방식은 "이명법"(二名法)이라고 불리고 있는데, 이는 매우 간단하면서도 뛰어난 것이다.

예를 들어 우리 인류를 가리켜 "호모 사피엔스 린네"라고 부르는데, "호모"는 속명을 "사피엔스"는 종명(種名)을 나타낸다. 그리고 맨 뒤의 "린네"는 이 학명을 지은 사람을 의미한다. 이것은 라틴어 표기를 원칙으로 하며 속명의 첫 글자는 항상 대문자로 쓰고 전체는 반드시 이탤릭체로 표기한다.

린네가 이명법을 도입하기 전 브리손이라는 학자는 사자를 "꼬리의 끝에 뭉치가 달려 있는 고양이" 등으로 불렀다고 하니, 생물에 통일된 이름을 붙이는 일이 얼마나 번잡스러운지 짐작이 간다. 여기에 비하면 린네의 명명법은 얼마나 뛰어난 것인가! 라틴어 성경에 능숙했던 린네는 영어 성경에서 "종류"(kind)로 표기된 창세기에 나타난 히브리어 "민"(우리 말 성경에는 "종류"로 표기된 말)을 그의 라틴어로 된 분류 체계의 종명과 일치되도록 의도하였다고 한다. 일단 종을 나눈 다음 그 종 안에서의 특성으로 생물을 구별해 보고

자 했던 린네의 분류 방법은 참으로 성경적이라고 하지 않을 수 없다. 그는 철저한 창조과학자였던 것이다. 이러한 그의 철저한 성경적 믿음에 관하여 진화론을 서술한 어느 책에서의 그를 이렇게 묘사하고 있다.

불행하게도 린네는 종이란 변하지 않고 고정되어 있다는 확신을 가지고 있었다. 성경의 정확한 해석에 따라서 모든 종들을 특별히 그리고 완전하게 창조된 것으로 보았다. 이러한 관점으로, 진화란 있을 수도 없으며 변화된 형태란 발견될 수고 없다고 생각하였다. 이런 철학에 따라서 린네와 초기의 여러 분류학자들은 각 종류를 고정시켜 유연성 없는 분류 체계에 의해 분류하는 데만 몰두했었다. 그런데 분류학이라는 것은 보통 생물학 연구의 출발점이 되므로 린네의 철학은 진화라는 개념의 발전에 장애물이 되어버렸다.

또한 린네는 이런 주장을 펴기도 했다. "영원 불멸하신 하나님께서 창조하신 수만큼의 많은 종이 존재한다. 새로운 종은 전혀 없다."

그는 분명 아담이 생물을 명명한 이후에 바벨탑의 언어 혼잡에 의하여 흩어져 버린 생물의 이름을 회복시키기 위하여 하나님께서 특별한 사명을 주신 과학자였는지도 모른다. 린네는 스웨덴의 한 과학자로서 뿐만 아니라 오늘날 생물학 역사상 가장 중요한 인물 중의 한 사람으로 여겨지고 있다. 그런데 오늘날 하나님을 거부하는 많은 생물학자들은 린네가 그토록 원했던 하나님의 주신 생물의 종류를 분리해 보고자 시도된 분류학을 거꾸로 종류가 진화되어 간다는 진화론의 도구로 바꾸어 버렸으니, 린네가 오늘날 살아 있다면 과연 무어라고 외칠지 궁금하다.

그만큼 오늘날 진화론자들을 진화론에 불리한 내용들이나 기독교적인 것들은 의도적으로 하나하나 문헌들에서 제거해 왔다고 볼 수 있다. 이것을 회복시키고자 하는 것이 창조 과학의 활동이며 이 책의 의도라고도 볼 수 있다.

□ 다양한 재능의 소유자

뿐만 아니라 그는 뛰어난 수집가로서의 재능도 지니고 있었는데, 여러 곳을 여행하면서 수많은 식물과 곤충 그리고 광물의 표본을 무수히 많이 모았으며 또한 그것을 박물관을 만들어 보존하였다. 그런데 훗날 그가 모으고 연구한 귀중한 자료들은 그가 죽은 후 몇몇 우여곡절을 거친 끝에 모두 영국으로 넘어가 버리게 되었다. 이때 린네가 남긴 연구 자료와 소장품은 모두 스물여섯 상자나 되었는데 3,000여 권이나 되는 책은 여섯 상자에 담겨졌고, 식물이 다섯 상자, 광물이 네 상자, 곤충 표본이 두 상자에 달했으며 조개껍질과 물고기, 상호의 표본이 각각 세 상자에 달했다고 역사는 기록하고 있다.

린네의 귀중한 자료들을 손에 넣은 영국인 제임스 에드워드 스미스라는 사람은 그가 배운 의학을 버리고 린네가 남긴 자료를 가지고 평생을 생물학 연구에 바쳤을 뿐 아니라 명성과 명예도 얻게 되었다고 한다. 린네에 대하여 여러 가지 마음의 짐을 가지고 있던 스미스는 1788년 마침내 린네를 기념하여 '린네 학회'까지 창립하게 되었는데 그는 이 일로 오히려 훗날 영국의 귀족들에게 주는 나이트 작호까지 받게 된다. 그러나 린네의 귀중한 유산이 한순간의 실수로 인하여 영국으로 넘어가 버린 사건은 스웨덴으로서는 두고두고 서운한 일이었다. 이런 안타까움을 스웨덴의 한 작가는 1957년 자신의 글에서 이렇게 묘사하고 있다.

> 그것은 분명 스웨덴 사람들에게는 가슴 아픈 일이었다. 그러나 린네 학회가 린네를 위하여 베푼 것은 린네의 보물들의 값어치 이상이었다. 이것들이 런던과 같은 세계적인 과학의 중심지에 보관됨으로써 세상의 많은 사람들에게 린네의 중요한 업적을 알리는 데 이루 말할 수 없는 공헌을 한 셈이었다.

마치 프랑스 박물관에 보관되어 있는 우리의 고서적에 관하여 어느 학자가 "차라리 관리가 철저한 그곳에 그대로 두는 것이 나을지도 모른다"라고 한 탄식조의 말과 너무도 흡사하지 않은가! 그의 분류 체계는 아주 편리하여 그가 쓴 『분류학』(1758)은 지금도 동물의 명명법에 대한 기초가 되고 있으며, 『식물의 종류』(1753)는 현대 분류학의 기초가 되고 있다. 우리나라 진화론적 교과서에 실린 이 말은 그가 분류학의 창시자임을 명백히 알려 준다. 그는 생물에게 통일된 이름을 주기 위하여 아담 이후 하나님께서 선택하신 특별한 생물학자임이 분명한 것이다. 다만 그가 개발한 분류학의 체계를 오늘날 진화론의 도구로 산고 있는 일부 생물학자들을 보면 하나님을 굳이 외면하고자 하는 인간의 보편적 심성에 대해 안타까움을 느끼지 않을 수 없게 된다(롬 1:28).

1778년 그는 고향 땅에서 평안히 안식하였다. 19세기 중반 다윈의 진화론이 등장하기까지 100년 동안 그는 하나님이 종류대로 생물을 창조하셨다는 사실을 사람들이 당연히 받아들이도록 깨우쳐 준 위대한 생물학자였다. 진화론이 온 학문을 뒤덮고 있는 오늘날 린네의 훌륭한 믿음과 뛰어난 통찰력은 다시금 우리들에게 경종을 울리고 있는 것만 같다.

레오나드 오일러
L. Euler

"선생님, (a+b)/n=x, 그러므로 하나님은 존재합니다.
질문에 대답해 주시지요."
디드로는 갑작스런 이 수학자의 엉뚱한 질문에 당황하기
시작했다. 이 모습을 본 궁정의 사람들 사이에서 커다란
폭소가 터져 나왔다.
물론 이것은 디드로가 풀 수 없는 문제요, 디드로의 교만
을 누르기 위한 수학자가 만들어낸 수학이었던 것이다. 이
일이 있을 후 디드로는 자신의 고향인 프랑스로 두 말 않
고 그대로 가버렸다고 한다.

현대 수학의 개척자 오일러

하나님은 질서의 하나님이셨다. 성막과 성전과 노아의 방주는 하나님의 치밀한 명령에 따라서 만들어졌다. 우주에 편만한 조화와 대칭과 상호 의존성은 하나님이 질서의 하나님이심을 보여준다. 그런데 이와 같은 질서에는 반드시 수학적 해석과 설명이 가능하기 마련이다. 그렇다면 수학이야말로 하나님의 솜씨를 증거하기 위하여 하나님께서 인류에게 베풀어주신 계시오, 은혜요, 표적인지도 모른다.

영국의 젠킨스는 창세기 1장 1절에 놀라운 수학적 질서가 담겨 있다고 주장한다. 그의 주장대로라면 창조의 선포인 이 창세기의 말씀은 수학을 직접 만드신 분이 아니고서는 도저히 계시할 수 없는 엄숙할 정도의 질서가 그 안에 담겨 있는 것이다. 생물 가운데 오직 사람만이 수학을 사용한다. 이것은 오직 인류에게만 종교심이 있다는 것과도 일맥상통한다. 수학적 질서로 이 세상을 창조하신 하나님이시라면 우리는 하나님께서 하나님의 사람을 통하여 사람들에게 수학적 안목을 베푸실 것이라는 소박한 희망을 가져볼 수 있다.

그렇다! 그것은 사실일지도 모른다. 그리고 그것이 사실이라면 오일러야말로 하나님께서 선택한 수학자였다.

오늘날 근대 수학사에 있어 그 기본 체계의 가장 많은 부분이 오일러에 의하여 이루어졌다는 데 이의를 제기하는 사람은 아무도 없다. 오늘날 수학책에서 많이 쓰이는 대부분의 기호는 오일러가 도입한 것인데, 그 중에서 대표적인 것은 수학에서 가장 유명한 기호 가운데 하나인 그리스 문자 파이(π)를 지름(직경)에 대한 원주율로 표시하는 것이다. 즉 원주율 파이(π)는 원주의 길이와 지름과의 비율을 말하는데, 원 둘레라는 뜻의 그리스어의 머릿글자를 오일러가 사용한 것이다.

□ 오일러의 성장기

레오나드 오일러(L. Euler, 1707–1783)는 스위스의 바젤에서 목사의 아들로 태어났다. 그의 수학적 안목은 아버지에 의하여 싹튼 것으로 알려지고 있다. 아버지 파울 오일러는 칼뱅파의 목사였다. 13세가 되던 1720년 오일러는 아버지와 본인의 의사에 따라 유명한 바젤 대학에 입학하여 신학을 공부하였다. 그러나 오일러는 곧바로 자신의 사명이 신학에 있지 않다는 것을 깨닫고는 어린 시절부터 아버지를 통하여 흥미를 가지고 있던 수학을 공부하게 되었다. 그의 수학적 재능은 동향의 유명한 수학자 베르누이(그의 아들 다니엘 베르누이가 바로 유체 운동을 수학적으로 나타낸 "베르누이 정리"를 발견한 사람이다)의 눈에 띄게 되었고, 약관 20세에 러시아의 성 페테르스부르그 과학 아카데미의 회원이 되기도 했다.

23세가 되던 1730년에는 페테르스부르그 대학의 물리학 교수를, 26세인 1733년에는 다니엘 베르누이의 후임으로 수학과 주임을 맡게 되었다. 이렇게 보면 그는 그저 단순히 뛰어난 과학자의 한 사람으로만 보일 것이다. 그러나 오일러는 누구보다도 역경을 신앙으로 극복하며 과학자의 길을 걸어간 사람이었다.

오일러가 소년기에 받았던 신앙 교육은 그의 평생에 영향을 주었다. 그는 일평생 칼뱅파 신앙을 조금도 버리지 않았으며, 나이가 들면서는 아버지의 천직으로 되돌아가서 전 가족을 위한 기도회를 주관하고 설교를 정기적으로 하는 등, 어느 면에서는 목회자나 다름없었다. 다음의 일화는 오일러의 독실한 믿음을 전해주고 있다.

한번은 러시아의 여제 에카테리나의 궁정에 프랑스의 무신론 철학자 두니디드로가 초대된 적이 있었다. 디드로는 이때 프랑스의 궁정 신하들에게 하나님은 존재하지 않는다고 전하기 시작했다. 이 무렵 오일러는 러시아를 두 번째 방문 중이었고, 에카테리나는 오일러가 이 교만한 철학자를 골려 주기를 바랐다. 그는 이 일을 쾌히 승낙했다. "신의 존재를 수학적으로 증명함" 곧 이런 소식이 궁정에 알려졌다. 디드로도 이 소식을 듣고는 그 내용을 알려고 참가하였다. 궁정의 모든 사람들이 모이자 오일러는 정중하게 디드로에게 다가가 다음과 같이 말했다.

"선생님, $(a+b)/n=x$, 그러므로 하나님은 존재합니다. 질문에 대답해 주시지요." 디드로는 갑작스런 이 수학자의 엉뚱한 질문에 당황하기 시작했다. 이 모습을 본 궁정의 사람들 사이에서 커다란 폭소가 터져 나왔다. 물론 이것은 디드로가 풀 수 없는 문제요 디드로의 교만을 누르기 위한 수학자가 만들어낸 수학이었던 것이다. 이 일이 있을 후 디드로는 자신의 고향인 프랑스로 두 말 않고 그대로 가버렸다고 한다.

사실 오일러는 하나님이 계시며 영혼은 물질이 아니라는 논문도 썼는데, 이 두 가지 증명에 관한 논문은 당시의 신학 논문지에도 실렸었다. 수학자로서 오일러의 믿음은 이렇게 확고했던 것이다.

> 고난당한 것이 내게 유익이라 이로 인하여 내가 주의 율례를 배우게 되었나이다(시 119:71).

28세 때 그는 한쪽 눈을 잃게 된다. 그리고 1766년에는 다른 하나의 눈마저 잃게 되었다. 그래서 그는 그의 생애 마지막 17년간을 완전한 장님으로 보내야만 했다. 그는 또한 13명의 자녀를 두었으나 8자녀를 어려서 잃는 비운을 맛보기도 했다. 유난히 아이들을 사랑하여, 어린 아기를 무릎에 안고 큰 아이들은 주위에서 뛰놀게 하면서 연구 보고서를 쓰곤 했던 그에게 자녀들의 죽음은 크나큰 시련이었다. 이런 고난 가운데서도 그가 현대 수학사에 있어 가장 뛰어난 금자탑을 이루었던 것은, 그가 한때 신학을 공부했을 만큼 독실한 칼뱅주의자였기 때문이었다. 그는 고난을 신앙을 통한 불굴의 의지와 인내로 극복할 수 있었던 것이다.

　□ 오일러의 업적

　오일러는 특히 수학의 미적분학, 미분 방정식, 무한 급수, 해석 기하학 등에 흥미를 가졌고 또한 많은 공헌을 남겼다. 역학에 있어서의 오일러-라그랑주의 방정식, 무한 급수에 있어서의 오일러의 변환, 오일러의 정수, 오일러의 수, 강체 운동에 있어서의 오일러의 각, 오일러의 방정식, 오일러의 공식, 오일러의 동차 함수의 정리, 탄성 이론에 있어서의 베르누이-오일러 법칙 등은, 고등학교 교과 과정에서 없어서는 안될 중요한 것들이다. 이 밖에도 사실 그의 관심은 수학이 적용될 수 있는 거의 모든 분야에 미쳤다.

　18세기에 이미 그는 빛의 파동설을 주장했는가 하면, 천문학에 있어서도 상당한 수학적 접근을 시도하고 있었다. 32권의 책을 저술하는가 하면 750편 이상의 논문을 발표할 만큼, 오일러는 고난 가운데서도 구학적 통찰력을 끊임없이 분출된 과학자였다. "오일러는 사람이 숨을 쉬듯, 독수리가 공중을 날듯, 겉으로 보기에는 마치 아무 힘도 들지 않는 듯 계산을 해냈다." 도미니크 프랑소아즈 아라고라는 학자는 이렇게 오일러의 뛰어난 수학적 재능을 칭찬했다. 또 콩도르세라는 사람이 쓴 『찬사』라는 책에 보면 다음과 같은 말이 있다.

　오일러는 사는 것과 계산하는 것을 함께 멈추었다

오일러의 평생 삶이 얼마나 수학과 밀접했는지를 말해주고 있다. 이런 모든 과학적 열매들이 과연 우연히 스위스의 한 과학자를 통하여 이루어질 수 있었던 것이었을까? 어쩌면 오일러의 수학적 발견들은 그가 아니었더라도 훗날 누군가가 성취할 수 있었는지 모른다. 그렇지만 한 가지 분명한 것은, 하나님은 신학을 원했던 칼뱅파 목사의 아들 오일러를 위대한 수학자로 부르셨다는 말일 것이다.

요셉 프리스틀리
Joseph Priestley

"프리스틀리 목사님, 목사님께서 이렇게 뛰어난 과학적 통찰력을 갖고
 계신다니 놀랍습니다."
　"과학에 관심이 많기는 하지만 저는 지금 하나님의 종입니다."
　"아닙니다. 목사님, 저도 지금은 미국의 독립을 위하여 영국에
와 있는 외교관이지만 과학자가 아닙니까? 하나님께서 목사님
에게 많은 달란트를 주신 것 같습니다."
　프랭클린의 격려에 용기를 얻은 그는 마침내 최초로 청량음료
를 만들고 산소를 발견할 수 있었다.

최초로 청량음료를 만들고 산소를 발견한 **프리스틀리**

정말로 값진 것들은 대부분 값없이 우리들에게 주어진다. 성경은 오직 예수님을 믿으면 누구든지 천국에 들어갈 수 있다고 말한다. 날마다 숨쉬는 공기도 아무런 값 없이 하나님께서 우리들에게 주신 귀한 것 중의 하나다. 만일 3분만 숨을 쉬지 못하게 한다면 이를 견딜 수 있는 사람은 거의 없을 것이다. 숨쉬는 공기는 여러 가지 기체로 구성되어 있다. 그 중에서 생물의 호흡에 필요한 것은 산소다.

공기 중에 가장 많은 기체는 질소인데, 모든 공기 성분의 거의 80% 가까이나 된다. 이 질소 성분은 식물체의 단백질을 만드는 주요 성분이다. 우리들의 호흡에 필요한 산소는 질소 다음으로 공기 중에 많은 기체다. 이 산소는 공기의 5분의 1가량이 되며, 이는 지구상에 있는 생물이 살기에 아주 적합한 양이다. 하나님께서는 처음부터 알맞은 양의 공기를 생물이 사는 지구에 주신 것이다. 만일 공기 중의 산소가 지금보다 조금만 더 많아도 산불이 나면 화재를 진압할 수 없을 것이다. 또 반대로 지금보다 공기 중 산소의 양이 적으면 물 속에 녹아있는 산소가 너무 부족해서 수중 생물들이 살 수가 없을 것이다. 수중 생물이 없다면 모든 물들은 바로 썩어버리고, 결국에는 땅에 사는 생물들도 깨끗한 물을 먹지 못하게 되어 살 수 없게 된다. 이처럼 생명을 유지하는 데 중요한 산소는 18세기 중반까지만 해도 사람들에게 전혀 그 존재가 알려지지 않았다.

이 산소를 발견한 위대한 과학자는 "영국 화학의 아버지"로 불리는 요셉 프리스틀리(Joseph Priestley, 1733-1804)다. 영국 리즈의 밀렌교회에서 목회를 하던 프리스틀리는 어느 날 깊은 생각에 잠긴 채 혼자 길을 걷고 있었다. 영국 요크셔 지방의 가난한 직물공의 아들로 태어난 프리스틀리는 몸이 약한 관계로 정규 교육은 제대로 받지 못했지만, 훌륭한 신앙 덕분으로 19세가 되던 해에 신학교에 입학했고, 23세에는 목사가 되어 니덤마켓이라는 곳에서 목회를 시작했다. 그리고 28세가 되던 해에는 웰링턴 신학교의 교수가 되었다. 그렇지만 그에게는 늘 가시와도 같은 남모르는 고민이 있었다. 단지 신앙이 훌륭하다는 이유로 목사가 되기는 했지만 그의 진정한 관심을 다른 데 있었기 때문이었다. 더욱이 그는 말을 심하게 더듬었기 때문에 항상 심한 강박 관념에 사로잡히곤 했었다.

물론 하나님께서는 입이 뻣뻣하고 혀가 둔하다고 변명하던 모세도 들어서 큰 일꾼으로 사용하셨다는 성경의 말씀에 용기를 얻어 마침내 목사가 되었고 하나님의 일을 감당하던 그였지만, 당시 미국의 유명한 과학자였던 프랭클린을 만난 후부터는 부쩍 생각이 많아진 것이다.

"프리스틀리 목사님! 목사님께서 이렇게 뛰어난 과학적 통찰력을 갖고 계시다니 정말 놀랍습니다." "과학에 관심이 많기는 하지만 저는 지금 하나님의 종입니다." "아닙니다, 목사님! 저도 지금은 미국의 독립을 위하여 영국에 와 있는 외교관이지만 과학자가 아닙니까? 하나님께서 목사님에게 많은 달란트를 주신 것 같습니다."

피뢰침을 발명한 미국의 유명한 정치가요 문필가이면서 위대한 과학자였던 프랭클린은 당시 영국의 식민지였던 미국의 독립을 위하여 아버지의 고향인 영국에 와 있었다. 프랭클린의 격려에 프리스틀리는 실험과 연구에 대한 용기를 얻었다. 이때는 프랭클린이 영국에 온 지 3년째 되는 1767년이었다.

□ 과학자로서의 프리스틀리

당시 프리스틀리가 목회를 하던 리즈에는 커다란 맥주 공장이 있었다. 맥주를 만들려면 보리와 효모와 호프라는 것을 바트라고 하는 커다란 통나무에 넣어 만들었다. 호프는 맥주의 특별한 쓴 맛과 향기를 내는 데 필요한 것이고, 보리는 당분을 만들에 알콜의 원료로 쓰인다. 그런데 여기서 효모는 바로 액체를 발효시켜서 거품을 일으키는 미생물을 말한다. 이 거품은 이산화탄소라는 기체인데 당시에는 그 정체가 아직 밝혀지지 않고 있었다. 이 기체는 냄새도 맛도 없었기 때문에 프리스틀리도 이것이 무엇인지는 몰랐다. 그런데 불이 붙은 나뭇가지를 가만히 대었더니 불이 살며시 꺼지는 것이었다.

18세기 당시의 의사들은 이 이산화탄소가 함유된 광천수를 소화제로 사용했었다. 이산화탄소에 의한 풍부한 거품과 상쾌하게 톡 쏘는 맛이 소화 불량에 큰 효과가 있다고 생각한 것이다. 가장 유명한 광천수는 독일의 피어몬트라는 곳에서 나오는 광천수였는데 병에 담아 판매되었으며 영국에도 수입이 되어 비싼 값에 팔리고 있었다.

　프리스틀리는 이 광천수가 맥주의 발효 시와 마찬가지로 거품을 낸다는 것에 착안하여 간단한 실험을 고안했다. 두 개의 물 컵을 준비하여 하나에는 물을 가득 채우고 다른 한 쪽 컵은 빈 상태로 발효 중인 맥주 거품의 아래에 두었다. 그리고는 물이 든 컵을 들고 위쪽에서부터 서서히 거품을 지나 밑에 둔 컵을 흘러내렸다. 잠시 후 그는 거품이 풍부하고 상쾌한 맛을 내는 물을 얻었다. 그 맛은 피어몬트수와 비교해도 조금도 차이가 없었다. '이 방법을 잘 개발하면 비싼 피어몬트수를 수입해 마시지 않아도 되겠구나.'

　교회를 옮기게 되면서 이곳 맥주 공장을 더 이상 활용할 수 없게 된 프리스틀리는 새로운 방법을 찾는 연구를 시작하여 마침내 석회석에 산을 가하면 이산화탄소를 얻을 수 있다는 것을 발견하였다. 그리고 이 방법을 사용하여 피어몬트수의 50분의 1이하의 가격으로 탄산수를 공급하기 시작했다. 이 탄산수는 매우 인기가 있어 상업적으로 성공하였을 뿐 아니라 심지어 괴혈병 등의 치료제로도 사용되었다. 괴혈병은 비타민 C의 결핍으로 잇몸에 자주 피가 나고 빈혈이 생기는 병으로 탄산수와는 아무런 관계가 없었는데도 당시의 사람들이 약효를 의심하지 않은 것을 보면 이 탄산수의 인기를 짐작하게 한다. 당시 소다수라고 불렸던 이 탄산수는 그 후 향료 등을 첨가하고 맛을 더욱 향상시켜서 바로 오늘날 사이다, 주스, 콜라 들 청량 음료의 탄생을 가져온 것이다. 탄산수의 개발은 프리스틀리를 유명한 과학자로 인정받게 했다.

그의 연구에 대한 열정은 끝이 없었다. "프리스틀리, 이 볼록 렌즈가 자네의 연구에 도움이 되었으면 좋겠네!" 그의 연구열에 감동한 한 친구가 어느 날 지름이 30센티미터나 되고 초점 거리가 50센티미터나 되는 커다란 볼록 렌즈를 선물했다. 그런데 이 볼록 렌즈를 통하여 1774년 8월 1일 마침내 그의 위대한 발견이 이루어졌다. 이날도 그는 실험실에서 볼록 렌즈를 통하여 여러 가지 물질들을 태워 보다가 우연히 붉은 수은 화합물을 태우게 되었다. 그런데 여기서 이상한 현상을 발견했다. 발생한 기체에 불을 붙이자마자 특이한 반응을 보인 것이다. 바로 산소가 발견되는 순간이었다. "말로는 설명할 수 없을 만큼 놀라운 상황이 일어났다. 이 새로 발견한 기체에 우연히 양초를 갖다 댔을 때 불꽃이 아주 세차게 타오르기 시작하는 것이었다. 만일 이 새로운 기체에 양초를 가져다 대지 않았다면 이 기체는 관심조차 받지 않았을지도 모르지요. 이 모두는 하나님의 은혜입니다." 프리스틀리의 연구는 계속 이어졌다.

그의 새로운 연구는 '공기보다도 가벼운 이 기체 속에서 생물은 어떠한 반응을 보일까?' 하는 것이었다. 이 실험은 생물학과 화학의 역사에 있어서 가장 유명한 실험 중의 하나였다. 산소를 유리 병

속에 잘 넣은 다음 외부의 공기가 들어가지 않게 물속에 넣어 둔다. 그리고 적당한 나무 상자를 물 위에 띄우고, 생쥐를 잡아 철사 올가미를 이용하여 물에 젖지 않도록 유리병 안에 잘 집어넣었다. 만일 이 기체가 생물에 유독한 것이라면 생쥐는 몸부림을 치다가 죽을 것이다.

그런데 보통의 공기를 넣은 유리병 속의 생쥐는 15분을 견디지 못하는 데 비해 이 기체를 넣은 유리병 속의 생쥐는 30분이 지나도 조용히 있었다. 그가 생쥐를 꺼내자 생쥐는 죽은 듯이 가만히 있었다. 쥐의 몸이 차갑게 굳어 있었다. 이 생쥐를 따뜻한 난로 옆으로 데려가서 보호하니 이내 생쥐는 생기를 되찾았다. 여러 번의 실험을 거친 끝에 이 기체는 전혀 해를 미치지 않음을 알게 되었으며, 이 기체를 넣은 유리병에서는 공기를 넣은 유리병에서보다도 대체로 3배 이상 생쥐가 잘 견디는 것을 알아냈다.

그는 생쥐뿐 아니라 식물도 쥐들과 함께 넣어 실험하기도 했는데, 이것은 오늘날 광합성과 호흡 작용에 대한 최초의 생물 화학적 실험으로 널리 알려지고 있다. 프리스틀리 목사는 이 기체를 직접 마셔 보기도 했다. 처음에는 보통 공기와 별반 차이를 느끼지 않았으나 여러 번 마시자 한참 동안 폐가 가볍고 기분이 상쾌해지는 느낌을 가지게 되었다. 그는 이 새로운 기체가 탄산수와 같은 기호품이 되지 않을까 생각해 보기도 했다. 그리고 의학에도 도움이 될 것이라고 예언했다. 최근에는 산소를 담아 오염에 찌든 도시인들에게 상품화하여 팔기도 한다고 하니, 프리스틀리의 200년 전 예측이 오늘날 조금은 엉뚱한 형태로 기호품을 만든 것이 아닐까?

이 밖에도 프리스틀리는 전기의 전문가인 프랭클린과의 교류를 통하여 전기에 관한 실험도 많이 하였고, 암모니아, 염화수소, 마취제로 쓰였던 산화 질소, 이산화황 등 20여 가지 기체를 발견하기도 했다. 이들 발견들은 화학의 역사에 있어서 참으로 놀라운 성과였다. 이제 프리스틀리 목사는 위대한 과학자로서 영국 사람들에게 알려졌다.

그런데 당시 프랑스에서는 절대 왕조를 무너뜨리는 시민 혁명이 일어났다. 1789년에 일어난 이 혁명은 온 유럽 사람들에게 새로운 생각과 자유에 대한 소망을 갖게 했으며, 또 한 편에서는 이런 일들에 저항하는 무리들도 생겨났다. 영국도 마찬가지였다. 프랑스의 혁명이 영국에 미칠 영향을 두려워하는 사람들은 폭도가 되어서는 자유주의자들과 개혁을 원하는 사람들은 무자비하게 잡아들이고 죽이기까지도 하였다.

프리스틀리 목사는 프랑스 혁명이 일어났을 때 버밍검이라는 영국의 중남부 도시에 살고 있었다. 그런데 영국인 폭도들은 프랑스의 혁명을 핑계삼아, 프리스틀리의 놀라운 과학적 발견들도 혁명이 일어나도록 한 원인이 되었다고 다그쳤다. 그러나 많은 사람들이 프리스틀리를 옹호해 주었다. 다행히 프리스틀리는 죽음을 면하기는 했지만, 영국에서의 생활에 어느 정도 실망이 느껴졌다. 개혁과 실험 정신을 오히려 불순한 의도라도 수군대는 사람들이 싫어진 것이다. 마침내 프리스틀리는 1794년, 프랭클린이 이야기해 주던 신앙과 자유의 나라 미국의 필라델피아로 이주하였다. 미국은 1776년 프랭클린 등이 중심이 되어 결국 독립을 쟁취한, 그가 원하던 청교도의 국가였던 것이다. 그리고 그곳에서 조용히 신앙 생활을 하다가 1804년 하늘나라로 갔다.

물론 프리스틀리는 오늘의 눈으로 보면 정통적인 신앙을 지닌 교파의 목사라고 보기 어려운 점이 많이 있다. 그는 영국 유니테리언 교파의 유명한 목사였던 것이다. 그에 대한 비판은 교회사에 나타난 유니테리언파들의 활동을 참조하기 바란다. 여기서는 단지 그가 보인 과학에 대한 정열로 보아 주기를 원할 뿐이다. 이 유니테리언 교파는 1816년 유명한 하버드대 신학부를 창설하였고 그곳은 곧바로 유니테리언 사상의 중심지가 되었다. 비록 말년이 가까워서 떠나 버린 조국 영국이지만, 오늘날 영국 국민들은 그를 위대한 "영국 화학의 아버지"로 지칭하면서 변함없이 자랑스러워하며 존경하고 있다. 그러나 프리스틀리는 영국뿐만 아니라 전 인류의 화학 역사의 큰 기초를 닦은 뛰어난 화학자였다.

존 달톤
John Dalton

"화학 결합이나 분석이라는 것은 단순히 원자들은 서로 분리시키
거나 합치는 과정에 불과하다. 물질을 새로 창조하거나 아
주 없애 버리는 일은 과학이 할 수 있는 일이 아니다."

물질의 신비를 밝힌 달톤

'오늘은 저 양말을 꼭 어머님께 사다 드려야지.'

존은 거리의 진열장에서 유심히 보아 둔 양말을 한 켤레 샀다. 늘 뜨개질한 양말만을 신고 다니시는 어머니가 안쓰러워 보였기 때문이었다. "존, 참 멋진 양말이구나. 그렇지만 이 양말을 신고 교회에 가지는 못하겠구나." 존이 대답했다. "어머니께서 교회에 신고 가실 수 있도록 푸른 빛이 도는 점잖은 색으로 골랐어요." "아니란다. 이것은 붉은색 양말이란다." "예? 아닌데요! 제 눈에는 분명히 푸른 빛이 도는 점잖은 색인데?"

오늘날에도 이처럼 어떤 특정한 색깔은 잘 구별하지 못하는 사람들이 있다. 이것을 색맹이라고 한다는 것은 이미 많은 사람들이 잘 알고 있는 사실이다. 그런데 이것을 학문적으로 관심을 가지고 연구한 사람은 존이 처음이었다. 그가 바로 물질의 원자론을 처음으로 주장한 존 달톤이다. 오늘날 붉은색과 녹색을 잘 구별하지 못하는 색맹을 "달터니즘"이라고 부르는데, 바로 그의 이름에서 따온 것이다.

□ 끊임없이 연구하는 사람, 달톤

존 달톤(John Dalton, 1766-1844)은 어느 추운 겨울 영국 컴벌랜드주 이글스필드라는 마을의 한 작은 초가집에서 태어났다. 그의 아버지는 농사도 지으면서 옷감을 직접 손으로 짜서 파는 직물공이었다. 어머니 데보라는 "오직 하나님과 남편을 위하여 산다"고 입버릇처럼 말하던 기독교의 한 분파인 경건한 퀘이커교도였다. 그래서 일찍부터 달톤도 퀘이커교의 학교에 다닐 수 있었다. 달톤은 어릴 적부터 매우 끈기가 있고 영리한 학생이었다. 이 학교의 로빈슨 교장 선생님은 곧잘 학생들에게 어려운 수학 문제를 내주었었는데, 모두들 포기하는 문제를 달톤은 끝까지 풀어내곤 했다.

"존, 우리 함께 학교를 운영해 보자."

졸업한 달톤에게 형 조나단은 퀘이커 학교를 설립해서 함께 운영할 것을 제안했다. 당시 영국은 국교를 정해 놓고 같은 기독교라도 국교에 속한 기독교파의 사람들이 아니면 특정한 학교의 입학을 허락하지를 않았었다.

"그렇게 하지요. 하나님을 잘 믿는 훌륭한 일꾼들을 만들어 봐요."

두 형제는 학교를 운영하면서 지역의 농부들에게 글도 가르치고 농사에 필요한 일기 예보도 알려주곤 했다. 이 모든 일들은 그들에게 하나님을 전하기 위한 방편이었다. 일기 예보를 위해서 이때부터 달톤은 57년 동안 일기를 쓰기 시작했다. 기상에 관한 달톤의 기록은 20만 종이나 되었는데, 이것은 그가 얼마나 철저한 과학자였는가를 보여 준다.

어느 날 달톤은 장로교 교단이 맨체스터에 새로운 대학을 설립했다는 소식을 들었다. 이 대학은 퀘이커 교도를 비롯한 비국교파의 여러 학생들이게도 입학을 허용한 진리와 자유와 신앙을 교훈으로 하는 대학이었다. '하나님의 뜻이라면 이 학교에 혹시 강사의 자리가 있을지 모르겠다.' 별다른 배경도 없었지만 달톤은 이 학교에 지원하여 강사의 자리를 얻을 수 있었으며 자연 과학과 수학을 가르치게 되었다.

"하나님은 우주의 만물에 질서를 주셨습니다. 수와 무게 등으로 측정할 수 있게 해주신 것이지요." 그는 학생들이 먼저 만물을 창조하신 하나님을 알기를 원했다. 그러나 이곳에서의 생활이 그가 생각하던 대로 신앙의 자유와 진리만을 가르친 수 있는 것은 아니었다. 학교라는 조직에 보이지 않는 많은 제약이 있었던 것이다. '자유롭게 연구할 수 있는 예전 생활로 돌아가자.'

그는 사표를 내고 학교를 나오게 되었다. 그리고는 학생들에게 개인 교습을 하면서 연구를 시작했다. 마침내 꾸준히 써 온 일기를 토대로 기상학에 관한 논문을 완성했다. 그리고 곧바로 최초로 색맹에 관한 연구 논문을 발표했다. 이제 누군가 그에게 연구할 여건만 마련해 준다면 그는 훌륭한 과학자가 될 수 있었다. 그런 그에게 하나님께서는 참으로 특별한 준비를 해놓으셨다.

어느 날 달톤이 길을 걷다가 잘 아는 목사님의 어머님을 만나게 되었다. "달톤 선생님, 요즘은 통 놀러오시지도 않고 어쩐 일이세요?" "죄송합니다. 그렇지 않아도 이번 기회에 제가 아주 존스 목사님댁에 들어가 살려고 하는데 어떠세요?" 참으로 엉뚱한 대답이었지만 솔직한 성격의 달톤을 잘 아는 할머니는 달톤이 함께 살 수 있도록 모든 배려를 해주었다. 그리고 실험과 연구를 하는 데도 모든 도움을 아끼지 않았다.

하나님께서는 이렇게 생각지도 못한 방법으로 달톤이 연구할 여건을 마련해 주신 것이다. 교회에 가는 일과 일기를 쓰는 일을 제외하면 이른 아침부터 그의 모든 일과는 실험과 연구하는 일이었다. 열에 대한 각종 가스와 액체, 고체의 영향에 대하여 실험하였으며, 당시까지는 잘 알려져 있지 않았던 여러 원소들의 신기한 현상을 찾아내려고 조사했다.

이때 물리학에서는 뉴턴이 물질의 입자들은 원자량에 따라 서로 끌어당기는 힘이 다르다는 연구 결과를 발표했다. '본래 화학 물질도 입자인 원자가 아닌가? 그렇다면 화학에도 물리학의 법칙이 적용되지 않을까?' 달톤의 이런 생각은 당시로서는 매우 놀라운 일이었다. 그는 마침내 화학의 역사에 있어 중요한 발견을 했던 것이다. 물질의 원자론을 주장한 것이다. "기체 상태에서 원소들은 항상 일정한 비율로만 합친다." "각 원소의 원자량을 알면 이들이 결합할 때의 비율이나 무게를 알 수 있다." 이제 달톤의 이론에 의하여, 철을 금으로 바꿀 수 있다거나 심지어 죽지 않는 약도 만들 수 있다고 장담하던 연금술사들의 생각은 완전히 사라져 버리게 되었다.

"화학 결합이나 분석이라는 것은 단순히 원자들을 서로 분리시키거나 합치는 과정에 불과하다. 물질을 새로 창조하거나 아주 없애 버리는 일은 과학이 할 수 있는 일이 아니다."

그리고 1808년에 발표한 『화학의 새로운 체계』라는 책에서 원자설을 이렇게 설명했다.

> 모든 물질은 원자라고 부르는 더 이상 나눌 수 없는 작은 알갱이로 되어 있다. 모든 원자들은 새로 만들어질 수 없으며 깨트려질 수도 없다. 같은 종류의 원자들은 모두 성질이 같으며 무게도 같다. 이들 원지의 주위에는 지구를 구름이 덮고 있듯이 많은 열 원소가 둘러싸고 있다.

□ 소박한 과학자

이제 그는 유명해졌다. 맨체스터의 문학 및 천문 철학회 회장으로 선출되었는가 하면 영국 각지에서 강연 요청이 연이어 들어왔다. 그 중에는 런던에 있는 유명한 지식인 모임인 과학 지식 보급회도 있었다. 그러나 그는 런던 상류 사회의 분위기를 좋아하지 않았다. 나라에서 인정한 종교를 믿는 런던의 상류층들과는 달리 시골의 경건한 퀘이커 교도였던 것도 한 가지 이유가 되었다. 그래서 런던의 귀족들은 어색하고 세련되지 못한 그의 행동에 대해 흉을 보곤 했다. 당시의 귀족들은 사교의 수단으로 으레 담배를 피우곤 했는데 달톤은 이런 형식이 싫었다.

"담배를 피우지 않는다는 건 학자로서 그의 큰 약점이야." 런던의 귀족들은 이런 식으로 그들과 잘 어울리지 못하는 달톤을 흉보곤 했다. 정규 교육도 제대로 받지 못한데다가 퀘이커 교를 믿는 그를 사람들이 달가워할 리가 없었다. 오히려 달톤의 위대성을 먼저 알아차린 사람은 프랑스 사람들이었다.

그럼에도 불구하고 달톤의 위대한 과학적 업적들은 결국 그를 영국학사원과 프랑스 한림원의 회원으로 선출되게 했다. 당시 영국의 위대한 과학자였던 험프리 데이비 경은 그에게 국왕의 훈장을 수여하기도 했다. 그러나 형식을 싫어하고 훈장을 좋아하지 않는 퀘이커 교도였던 그는, 왕이 주는 훈장에 조금도 관심을 보이지 않아 수상식장을 매우 어색하게 만들기도 했다.

한번은 프랑스의 벨티에라는 유명한 학자가 원자설을 창시한 이 대과학자를 만나보려고 맨체스터를 방문했다. 벨티에는 이렇게 생각했었다. '달톤 선생 같은 대과학자는 지금쯤 분명 커다란 대학에서 많은 학생들을 앞에 놓고 강의 중일 거야.' 막상 이 도시에 도착해 보니 아무도 그를 모르는 것 같았다. 간신히 물어물어 그는 작은 골목을 지나 작고 허름한 집의 뒷방으로 안내되었다. 거기서 그는 돌판 위에 쓴 계산 문제를 풀고 있는 어린 아이를 돌보고 있는 한 초라한 노인을 발견했는데, 그가 바로 달톤이었다. "달톤 선생님, 말씀 좀 여쭐 수 있을까요?" 벨티에가 물었다.

"잠시만 기다리시지요. 이 아이가 계산한 것을 좀 고쳐 주고요."

달톤의 대답이었다.

그의 가난한 생활을 안타깝게 생각하던 험프리 데이비 경이 영국 해군이 지원하는 극기 탐험에 그를 초청한 적이 있었다. 이 일은 상당한 수입도 올릴 수 있고 명성도 얻을 수 있는 기회였다. 그러나 그는 철저히 하나님을 믿으며 예수님을 따르는 삶을 실천하는 퀘이커 교도였으므로 정중히 사양하는 편지를 험프리 데이비 경에게 보냈다. 그는 다른 일에는 조금도 눈을 돌리지 않고 일평생 신앙과 학문에만 온 힘을 기울인 참다운 과학자요 신앙인이었다.

1844년 77세가 된 이 노과학자는 죽는 날까지 실험실을 지키며 연구를 계속했다. "오늘, 비가 조금 내리다. 밤."

매일 밤 9시 15분이면 정확히 기록되었던 그의 마지막 일기장을 이렇게 마감하고 있었다. 달톤이 죽자 그의 눈은 유언대로 친구인 의사 랜섬에게 보내졌다. 색맹이었던 그는 자기가 죽으면 연구 자료로 써 달라고 그의 안구를 기증했던 것이다.

그가 퀘이커 교를 믿었다는 사실에 대해 시비를 거는 사람이 물론 있기는 하다. 하지만 위대한 과학자 달톤은 이렇게 하나님께서 자기에게 허락하신 일들을 평생동안 묵묵히 실천한 사람이었다.

마이클 패러데이
Michal Faraday

"성경의 내용은 지금까지 한 번도 사람들에 의하여 더하여지거나
보태진 적이 없었다. 그러나 그 자체로 모든 시대와 환경
가운데서 사람들에게 유일하면서도 충분한 안내서였다.
예수님의 신성과 하신 일을 믿을 수 있다는 것은 하나님의
선물이다. 예수님을 믿는 증거란 예수님이 명하신 일들에
순종하는 것이다."

전기 문명의 시대를 연 마이클 **패러데이**

역사상 인류가 찾아내고 만든 것들 가운데 우리들의 일상생활에 가장 큰 변화와 영향을 준 것은 전기의 이용이라고 할 수 있다. 오늘날의 교통 통신 문명이나 대형 빌딩, 공장, 아파트 등은 모두 전기 문명의 덕택인 것이다. 컴퓨터, 텔레비전과 같은 전자 제품들도 전기의 덕분이고, 가정의 모든 일상생활도 이제는 전기가 없으면 하루도 견디기 어려울 만큼 전기는 우리 곁에 가까이 있다.

이렇게 인류가 전기를 이용하기까지에는 많은 사람들의 수고가 있었다. 이탈리아 사람 '볼타'는 전기 분해에 의하여 나트륨, 칼륨 등과 같은 알칼리 금속을 발견했다. 그리고 그는 광산에서 쓰는 안전등도 만들었다. 그렇지만 이것으로는 현대의 전기 문명이 시작되기에는 충분치 못했다. 이보다 훨씬 더 많은 양의 전기를 만들어낼 수 있는 어떤 방법이 필요했던 것이다. 누군가 이런 말을 한 적이 있다.

험프리 데이비의 가장 위대한 업적은 바로 그의 제자 마이클 패러데이를 찾아낸 것이었다.

이것은 패러데이야말로 오늘날 찬란한 전기 문명의 시대를 일궈
낸 진정한 공로자이기 때문이다. 아인슈타인도, 역사상 갈릴레이와
뉴턴과 어깨를 나란히 견줄만한 또 한 분의 위대한 과학자는 바로
패러데이 뿐이라고 그의 업적을 극찬한 적이 있다.

□ 신실한 아이 패러데이

마이클 패러데이(Michal Faraday, 1791-1867)는 영국 런던 근처
에 있는 뉴인튼 보츠라는 작은 마을의 대장장이였던 제임스 패러데
이의 셋째 아들로 태어났다. 어린 시절 가난한 패러데이에게는 가
지고 놀 만한 장난감이나 그림도 하나 없었으며, 놀이라고는 형들
과 어울리거나 그가 태어나기 전에 돌아가신 아버지가 일하던 대장
간을 우두커니 구경하는 것이 고작이었다. 그렇지만 어린 마이클에
게도 신나는 일이 한 가지 있었다. 샌디매니안이라고 하는 작은 교
파에 속하지만 성경을 철저히 믿는 한 작은 교회에 온 가족과 함께
나가는 일이었다. "마이클, 오늘도 참 일찍 나왔구나." "마이클처럼
주님을 사랑하는 아이는 처음 보았어요." 주일학교 선생님들은 어
린 패러데이의 순수하고 맑은 신앙을 칭찬하곤 했다. 패러데이는
훗날 이렇게 고백하고 있다.

"성경의 내용은 지금까지 한 번도 사람들에 의하여 더하여지거나
보태진 적이 없었습니다. 그러나 그 자체로 모든 시대와 환경 가운
데서 사람들에게 유일하면서도 충분한 안내서였습니다. 예수님의
신성과 하신 일을 믿을 수 있다는 것은 하나님의 선물이지요. 예수

님을 믿는 증거란 예수님이 명하신 일들에 순종하는 것입니다.”

그렇지만 패러데이의 어린 시절은 고난의 연속이었다. “마이클, 우리 집 형편이 무척 어렵구나. 네가 학교를 그만두고 집안 일을 도와야겠다.” 패러데이는 학교 공부가 즐거웠지만 어머니의 뜻에 따를 수밖에 없었다.

◻ 기회를 잡게되다

초등학교도 제대로 마치지 못한 패러데이는 신문 배달원이 되었다. 당시의 신문 배달이란 한 집에서 다 읽으면 얼마 후 도로 찾아다가 또 다른 집으로 그 신문을 배달하는 그런 식이었다. 마이클은 이 일들을 되풀이한 것이다. 그리고 열세 살이 되던 해에는 좀더 돈벌이가 되 조지 리바우라는 사람이 경영하는 책 만드는 제본소로 자리를 옮기게 되었다.

제본소에서의 7년은 그에게는 커다란 행운이었다. 수많은 귀한 책들을 읽을 수 있었기 때문이었다. 『대영백과사전』을 탐독할 수 있었으며, 제인 마셀 부인이 지은 『화학 이야기』라는 책은 패러데이가 과학에 눈을 뜨는 계기를 마련해준 책이었다. 그러던 그에게 큰 행운이 찾아왔다.

“패러데이, 자네가 과학에 큰 흥미가 있는 것 같으니 험프리 데이비의 강연을 한번 들어 보게나.”

어느 날 한 손님이 당시 영국의 유명한 과학자로서 왕립협회의 교수였던 데이비의 공개강좌 4회분 입장권을 그에게 선물한 것이었다. 패러데이에게는 존경하던 데이비의 강연을 듣는다는 것이 말할 수 없는 기쁨이었다. '이렇게 훌륭한 강의를 그저 듣기만 하지 말고 노트를 만들어 보자.' 패러데이는 강의 대용을 하나도 빠짐없이 적어 나갔다. 그리고는 한데 묶어서 일하던 제본소에서 386페이지나 되는 책으로 만들었다. 패러데이는 데이비 경에게 이 책을 선물하면서 편지도 함께 썼다. "존경하는 데이비 선생님, 선생님의 강의에 큰 감명을 받고 여기 그 내용을 정리한 책을 보내드립니다. 비록 배운 것은 없지만 선생님께서 원하신다면 선생님의 일을 도와드리며 과학을 좀 더 공부하고 싶습니다." 자신의 강연을 이렇게 듣고 세밀히 정리하여 책을 만들어냈다는 데 대하여 데이비는 크게 감동했다. "실험실의 병 씻는 일이라도 데려다 시켜 보게. 그 친구, 무슨 일이든 시키면 당장이라도 할 만한 괜찮은 조수가 되겠어."

성탄절이 다가오는 1812년 겨울, 편지를 받아 본 데이비가 친구에게 패러데이의 편지를 보여주자 그가 한 말이었다. 그리고 1813년 마침 실험실 사환과 실험 기구 제작상이 사소한 다툼으로 사환이 파면되는 일이 발생하자 데이비는 곧바로 패러데이를 채용했다. 적은 보수에다 패러데이가 하는 일이란, 데이비가 강의를 분지하는 데 도움을 주거나 실험 기구를 장치하고, 실험 일지를 적고 청소를 하는 등 온갖 궂은일이었다.

사실 훗날 데이비와 패러데이는 다 같이 영국이 자랑하는 과학자가 되었다. 그리고 두 사람 사이의 나이는 불과 10여 살 차이가 날 뿐이었다. 데이비의 부인과 관련된 두 사람 사이의 불화에 대해서도 전해지는 에피소드가 있기는 하지만 여기서는 생략하기로 한다.

□ 과학의 발견

패러데이는 금세 능력을 인정받았으며, 점점 더 중요하고 새로운 일들이 그에게 맡겨졌다. 1821년에는 같은 교회의 일원이던 사라 버너드라는 처녀와 결혼도 하게 되었다. 생활이 안정되자 그의 연구는 놀랍게 성취되기 시작했다. 1823년 염소의 산화에 대한 연구로 마침내 그는 왕립협회의 회원이 되었으며, 1824년에는 동 실험실의 소장이 되었다. 오늘날 화학 공업에서 없어서는 안 될 가장 중요한 화합물 가운데 하나인 벤젠도 그가 발견했다.

'데이비 선생의 강연회를 통해서 오늘날의 내가 있게 된 것이 아닌가! 어린이들을 위한 쉽고도 재미있는 과학 강연회를 마련해 보자.'

1827년 성탄절을 맞아 그는 왕립협회의 주관으로 어린이들을 위한 과학 강연회를 개최하기로 했는데, 이 행사는 오늘날까지도 영국의 텔레비전을 통하여 계속되고 있다. 1831년 드디어 패러데이는 오늘날 전기 문명의 시대를 연 발전기의 기본 원리가 되는 전자 감응 현상을 발견했다. "코일에 자석을 가까이 가져가면 코일에 전류가 흐르게 된다. 자기를 전기로 바꾸는 일은 가능하다." 지금은 과학을 조금만 아는 학생이라면 누구나 잘 아는 이 작은 현상이 바로 전기 문명의 시발을 알리는 패러데이의 발견이었던 것이다.

1833년 패러데이는 전기 화학당량에 관한 유명한 "패러데이의 법착"을 발견했고 1837년에는 "전자장론"의 기초도 확립했다. 하나님을 열심히 섬기던 그는 마침내 1840년에는 샌디매니안 교회의 장로가 되기도 했다.

그의 설교는 하나님의 말씀인 성경을 어찌하든 최대한 인용하려는 것이었다.

50세 때부터 교회의 정규 설교자가 된 그의 설교를 들은 어떤 사람이 훗날 패러데이의 설교를 평한 것이다.

□ 겸손한 사람 패러데이

1845년 패러데이는 '패러데이 효과'라는 것을 발표했다. 이것은 전파가 한 방향으로 통과하는 것이 이론적으로 가능하다는 것을 처음으로 밝혀낸 중요한 그의 업적 가운데 하나였다. 그리고 그는 이때 벌써 영국의 산업화에 의하여 영국 템즈강의 오염을 걱정할 만큼 통찰력이 뛰어난 과학자였다. 이 밖에도 허다한 연구 업적을 남긴 패러데이였지만, 그는 한 번도 그의 연구 성과에 관하여 자만하거나 교만해 하지 않았다. 심지어는 발명에 대한 특허도 한 건 내지 않았다. "과학적 발견은 누구나 공유해야 합니다. 그것은 어느 개인의 것이 아니라 우리 모두에게 유익한 것이어야만 하지요."

만일 특허를 냈다면 패러데이는 엄청난 부와 명예를 누릴 수도 있었다. 그렇지만 그는 조금도 그럴 마음이 없었으며 한평생 검소한 삶을 살았다. 청교도의 한 교파였던 그의 교회는 교인들이 부자가 되기 위해 저축을 하는 일도 금지할 정도로 엄격히 절제된 삶을 성도들에게 요구하였던 것이다. 1858년, 영국의 빅토리아 여왕은 보다 못해 77세가 다 된 이 노과학자를 위하여 런던에 한 저택을 마련해 주었다. 그러나 그는 또한 매우 겸손한 사람이었다. "나는 초등학교도 제대로 못 나온 사람입니다. 그럴 만한 자격이 제게는 없습니다."

유럽의 여러 나라들이 이 위대한 과학자에게 여러 가지 학위와 상을 주려고 노력했지만 그때마다 그는 이렇게 겸손히 사양했다. 1867년 8월 25일, 세상을 떠날 때에도 패러데이는 영국의 위대한 인물들이 묻힌 웨스트민스터 사원을 굳이 사양하고, 하이게이트라는 작은 묘지에 묻히기를 소망했다.

보이는 소망은 소망이 아닙니다(롬 8:24).

그는 진정한 소망이란 이 땅에 있지 않다는 것을 누구보다도 잘 아는 사람이었다.

사무엘 모르스
Samuel F.B.Morse

그것은 오직 하나님의 작품이다. 오직 그 분만이 나의 이 모든 시
도를 통하여 지금의 나를 이 위치에 이르게 하셨을 뿐이
다. 영광 받으실 분은 오직 우리 주님뿐이다.

전신기를 발명한 모르스

우리나라 젊은이들이 장차 근무하기를 가장 선호하는 직장은 과연 어디일까? 수년 전 한 통계 조사에서 모든 이들의 예상을 뒤엎고 젊은이들은 대재벌이 아닌 한국통신을 꼽아서 큰 화제가 된 적이 있었다. 그 후 지금까지 통신분야는 젊은이들이 가장 취직하고 싶어 하는 직장 가운데 하나가 되어 있다. 당시 한국 통신이 정부 투자 기관이라는 안정성에도 매력이 있을 수 있겠지만, 무엇보다도 전기통신 분야가 앞으로 미래를 이끌어갈 대표 업종이라고 생각하고 있는 것이 분명하다.

이처럼 오늘날 정보 통신 분야는 세상을 빠르게 변혁시키는 가장 큰 원동력이 되고 있다. 모르스는 바로 지금부터 꼭 150년 전에 전신기를 발명하여 이 정보 통신 산업의 시발을 알린 사람이었다.

□ 그의 성장 배경

사무엘 모르스(Samuel F.B.Morse, 1791-1872)는 미국 매사추세츠주 찰스타운이라는 곳에서 유복한 기독교 가정의 장남으로 태어났다. 사무엘이라는 이름에서도 느껴지듯, 그의 아버지 제디디아 모르스(Jedidiah Morse)는 유명한 성직자이면서 동시에 지리학자였다. 그가 쓴 지리학 서적은 미국의 최초 지리학 교과서로 채택되어 25판이나 인쇄할 정도로 권위와 인기를 끌었다. 흥미 있는 것은 이 지리학 교과서가 노아의 홍수를 강력하게 옹호하고 있으며 성경적 연대기를 그대로 지구 역사에 도입하고 있다는 점이다. 그 외에도 노아의 방주 안에 과연 어떻게 모든 동물을 실을 수 있었는지를 학문적으로 논하는 등, 한마디로 성경적 관점으로 일관된 책이었다. 이것을 통해 볼 때 독립 초기의 미국은 청교도 정신에 따라 모든 교육이 성경적 관점에서 행해지고 있었으며, 자연 과학의 해석도 진화론적 관점이 아닌 성경적, 창조론적 관점에서 다루어지고 있었음을 알 수 있다.

사실 미공립학교에서 진화론이 자유롭게 교육될 수 있는 법적인 근거가 마련된 것은 1925년 스콥스 재판 이후였다. 오늘날 우리의 초 · 중 · 고등 검인정 교과서 창조론은 커녕 진화론을 비판하는 내용을 조금도 싣기 어려운 현실을 생각하면 참으로 격세지감을 느끼지 않을 수 없다. 이러한 부친의 신앙을 따라 사무엘을 포함하여 그의 세 아들들은 기숙사 생활을 하며 철저한 기독교 학교와 기독교 대학인 예일대에서 공부를 했다. 이것은 사무엘이 한평생 그리스도인으로서, 발명가로서 커다란 업적과 발자취를 남길 수 있게 한 밑거름이 되었다.

사무엘 모르스가 자신이 발명한 전신기를 사용해 최초로 송신한 내용이 성경 구절이었다는 것은 유명한 일화로 전해 내려오고 있다. 훗날 전신기를 개발하기까지 여러 고난과 경제적 어려움과 주위의 냉대 가운데서도 그는 하나님만을 의지하였으며, 선교 사업과 성직자 양성 기관을 후원하며 평생을 한결같이 하나님께 충성한 열심 있는 신앙인이었다.

□ 미술에 남다른 관심과 재능을 보였던 모르스

모르스는 어린 시절 미술에 남다른 관심과 재능을 보였던 아이였다. 전신기의 개발에 눈을 돌리지 않았다면 어쩌면 모르스는 세계적인 화가가 되었을 수도 있었을 것이다. 실제로도 그는 화가와 조각가로서 상당한 경지에 오르기도 했었다. 그의 아버지는 장남인 사무엘의 이런 예술적 취향을 좋아하지는 않았지만, 아들의 고집을 꺾을 수가 없어 마침내 그를 영국으로 유학을 보내게 되었다. 사무엘의 나이 20세 되던 1811년의 일이었다. 모르스의 예술적 재능은 바로 이 영국 유학에서 꽃피우기 시작하였으며 사람들에게 명성도 얻게 되었다. 〈헤라클레스의 죽음〉이라는 작품을 이름난 조각전에 출품하여 특선을 차지한 것도 이때였다.

그가 제5대 미국 대통령 제임스 먼로의 초상화와, 프랑스 태생으로 미국 남북전쟁의 영웅으로 알려진 라파엣 장군의 초상을 그린 것이나, 25세 되던 1815년에 국립 미술관의 초대 관장을 역임한 것만 보아도 그의 예술적 재능이 어느 정도였는지를 알 수 있다. 어쩌면 그런 예술적 재능이 고도의 과학적 재능으로 옮겨져 위대한 발명을 할 수 있지 않았던 것이 아닐까? 하는 생각도 해 보게 된다.

□ 미술에서 과학으로

그런데 이런 예술적 재능을 가졌던 그가 무슨 이유로 조금은 엉뚱하게 느껴질 만큼 전혀 생소한 전신기의 개발에 매달리게 되었던 것일까? 여기에 관해서는 몇 가지 일화가 전해진다.

1832년 12월 모르스는 유럽으로부터 대서양을 횡단하여 미국으로 가는 눌리호라는 배를 타게 되었다. 눌리호는 사람과 우편물을 함께 태우고 다니는 여객선이었다. 여기서 모르스는 찰스 잭슨이라는 한 미국인 의사를 만나게 된다. 그런데 그 의사는 당시로서는 참으로 희한한 사람이었다. 여객들 틈에서 전자석과 전기 실험에 관한 잭슨의 이야기를 말없이 경청하던 예술가 모르스에게 어떤 청사진이 하나 떠오르기 시작했다. '전기의 흐름과 전자석을 이용해서 먼 곳으로 신호를 보내는 통신 수단에 이용할 수는 없을까?' 그의 머릿속에는 이미 설계도가 마련되고 있었고 그것은 점점 구체화되었다.

"선장님, 이제 얼마 후에는 세계가 깜짝 놀랄 전신기의 개발 소식을 듣게 될 것입니다. 그러면 그 발명품이 바로 이 눌리호 안에서 이루어졌다는 것을 기억하십시오."

그는 이렇게 선장에게 작별 인사를 했다고 전해지고 있다. 이 일화는 어느 정도 사실에 근거한 것으로 여겨진다. 왜냐하면 이때부터 그의 전신기 개발이 본격화되기 시작했기 때문이다. 그러나 그는 전신기에만 매달린 것은 아니었다. 그다지 알려지지 않은 사실이지만, 그가 고향 교회에서 시작한 주일학교는 미국 최초의 주일학교가 되었다고 한다. "종교가 없는 교육은 기독교의 건전한 규범을 무모한 이론으로 바꾸어 버릴 위험이 있습니다." 이렇게 그는 기독교 교육에도 관심이 많은 사람이었다.

☐ 전신기 개발, 그 에피소드

전신기 개발을 본격화하기 훨씬 이전, 모르스는 전신기의 발명에 대한 소명과 동기가 이미 있었던 것 같다. 미술을 공부하러 그가 영국의 런던에 도착하던 1811년은 미국과 영국 사이에 금방이라도 전쟁이 일어날 듯한 군사적 긴장이 고조되던 시기였다. 당시 영국은 미국 선박들이 적성국인 프랑스에 물품을 공급하는 것으로 간주하고 미국 선박들을 선제공격하였다. 그리고 나서 영국은 미국과 화해를 모색하게 되지만, 대서양을 건너 수개월 후에 이 메시지가 미국에 전달되었을 때에는 이미 미국은 영국에 대하여 선전 포고를 한 이후였다.

결국 이 분쟁은 2년이 지나서야 끝이 났지만, 평화 협정이 서명된 이후에도 양국의 일부 군함들은 분쟁이 해결되었다는 정보를 듣지 못한 채 싸움을 계속하는 어처구니없는 상황이 계속 발생하고 있었다. 결론적으로 신속한 통신의 부재가 이런 비극을 초래한 것이다.

1825년에는 개인적인 불행도 맞게 된다. 미국 코네티컷주의 뉴헤븐이라는 곳에 있던 그의 젊은 아내가 급작스럽게 사망하게 되었는데, 당시 그는 아내가 있던 곳으로부터 500킬로미터나 떨어진 곳에 있어서 장례식에 참석할 수가 없었다. 편지가 일주일이나 지난 후에야 비로소 그에게 배달되었기 때문이다. 만일 통신이 발달되었더라면 이런 모든 일들은 발생하지 않았을 일들이었다. 이런 거듭된 일들이 그에게 전신기를 개발하는 데 촉매가 되었음은 물론이다.

발명가로서 모르스의 또 다른 일면을 보여주는 것으로, 그의 동생 시드니와 함께 개발한 물 펌프와 대리석 절단 기계가 있다. 또한 그는 당시 프랑스에서 시작된 사진 기술을 배워 미국에 전한 미국 최초의 사진사이기도 했다. 당시에는 인물 사진을 찍으려면 10분 이상을 꼼짝없이 서 있어야만 했다. 그러므로 사실상 인물 사진을 찍는다는 일은 불가능한 일이었다.

모르스는 뉴욕대학의 동료 교수 존 드래퍼와 공동 연구하여 사진 찍을 때의 노출 시간을 1분으로 단축하였으며, 은판 사진 기구를 개발하기도 했다. 한마디로 모르스는 당시 학생들에게는 별난 것에 관심이 많은 괴짜 미술 교수였다.

1982년 전자 통신에 대한 구체적인 아이디어를 갖고 유럽 여행에서 돌아온 모르스는 뉴욕대학의 미술과 조각 교수로 있으면서 5년 동안 같은 대학 화학 교수로 있던 레오나드 게일 교수의 도움을 받아 연구에 전념하게 된다. 연구가 진행되면서 그에게 하나 더 필요한 것은 바로 실험에 따르는 재정 문제였다. 그는 돈 많은 사람들과 미국 정부에 이 일의 중요성을 설명하고 자금 지원을 요청했지만 어느 누구도 이 일에 재정적으로 후원하겠다고 나서는 사람은 없었다. 심지어는 영국 등 유럽을 오고 가면서 동분서주했지만 아무런 소득도 얻을 수 없었다. 재정적 어려움과 더불어, 그가 하는 일이 하나같이 실패의 연속이었다. 그는 완전한 무일푼이 되어 끼니를 걱정할 정도로 방황을 거듭하게 되었다.

이런 고통스런 기간은 무려 11년 동안이나 지속되었다. 그렇지만 그는 결코 하나님을 원망하거나 떠난 적이 없었다. 마치 애굽을 떠난 이스라엘 백성들이 고난이 닥칠 때마다 모세와 하나님께 그렇게 불평을 해도 모세는 묵묵히, 때로는 부르짖어 하나님께 기도하였듯이 모르스도 인내하며 계속 하나님을 찾았던 것이다. 이때의 상황을 그는 이렇게 적고 있다.

"이렇게 일이 풀리지 않는 것이 도무지 이해할 수 없는 일이지만, 이 모든 것도 하나님의 인도하심에 따른 섭리 가운데 있다는 것을 나는 확신하고 있었다."

□ 모르스 부호의 탄생

참으로 놀라운 믿음의 고백이 아닐 수 없다. 1843년 끈질긴 노력 끝에 결국 모르스는 전신기에 관한 정부의 관심을 이끌어내는 데 성공한다. 그리고 그가 개발한 전신기를 사용하게 된다. 드디어 최초의 전선이 수도 워싱턴으로부터 약 64킬로미터 떨어진 볼티모어까지 연결되었다. 1844년 5월 24일 금요일, 마침내 역사적인 날이 왔다. 많은 사람들이 이 신기하고 놀라운 발명품을 구경하려고 몰려들었다. 모르스는 조금은 긴장되면서도 감격된 표정이었지만 먼저 전신기 앞에 앉아 조용히 묵상 기도를 드렸다. 최초로 전송되는 공식 문장은 믿음 좋은 그의 오랜 친구의 어린 딸에게 선택권이 주어졌다. 물론 그녀는 자신의 아버지와 모르스 아저씨를 통하여 사무엘 모르스의 일생을 지탱하고 그에게 영감을 불어넣어준 분이 과연 누구인지 너무나 잘 알고 있었다. 바로 하나님이셨던 것이다. 당연히 그 내용은 하나님께 대한 감사와 믿음의 고백이었다. "하나님의 행하신 일이 어찌 그리 크뇨."

민수기 23장 23절 후반절의 이 말씀은 이렇게 최초로 전신기를 통하여 모르스의 부호로 볼티모어에 전해졌다. 모르스 부호는 점과 선으로 알파벳을 표현한 아주 과학적인 기호였다. 전신기는 이 부호들을 종이에 써내려갔다. 그리고 이 내용을 수신한 볼티모어에서 다시 똑같은 내용을 워싱턴으로 보냈다. 통신이 완벽하게 이루어지는 순간이었다. 이 커다란 사건은 단번에 모르스를 유명한 사람으로 만들어 버렸다. 그리고 전신기가 산업화 되는 데 따른 엄청난 물질적인 부도 그를 기다리고 있었다.

그를 시기하는 일부 사람들은 발명가로서의 그에게 로열티를 지불하지 않으려고 소송을 걸기도 했었지만, 오히려 미국 대법원은 모르스야말로 1837년 이래 완벽한 전신기를 개발한 유일한 발명가임을 재삼 확인시켜 주었다. 그렇지만 그는 결코 자만하거나 이 모든 과정을 인도하신 하나님의 은혜를 조금도 망각하는 사람이 아니었다. "그것은 하나님의 작품이다. 오직 그분만이 나의 이 모든 시도를 통하여 지금의 나를 이 위치에 이르게 하셨을 뿐이다. 영광받으실 분은 오직 우리 주님뿐이다."

이렇게 자신의 동생에게 고백했다고 한다. 만일 그가 최초로 송신한 말이 "미국 국민 만세!" 식의 지극히 평범한 감격의 표현이었다면, 아마도 그는 평범한 과학자로 남아 이 책을 통해 여러분과 만나지 못했을지도 모른다. 뒤돌아보면, 이렇게 사소한 결정이 역사에 커다란 발자취를 남기는 경우를 우리는 상당히 많이 목격하게 된다. 그야말로 지극히 작은 일에 관심을 가지신 우리 하나님이 아니신가(눅 16:10, 마 25:40)!

사무엘 모르스가 전신기를 통하여 최초로 송신한 말이 하나님께 대한 신앙고백이었다는 것은 미래의 전기 통신 시대와 더불어 앞으로도 영원히 기억되고 기념될 것이다.

매튜 머리

매큐 머리가 아파서 침대에 누워 있을 때, 그의 아들이 아버
지의 부탁으로 밤마다 성경을 읽어 주었다. 시편 8편
을 읽을 때였다.
"공중의 새와 바다의 어족과 해로에 다니는 것이니이
다." 그 순간 그의 뇌리를 스치고 지나가는 것이 있었
다. '하나님께서 해로가 있다고 말씀하셨다면 틀림없
이 있을 것이다.'

해양학의 아버지 **매튜 머리**

　오랜 옛날부터 자주 바다를 항해하는 사람들은 바닷물이 가만히 고여 있는 것이 아니라 일정하게 흐르고 있다는 것을 잘 알고 있었다. 임진왜란 당시 이순신 장군이 10여 척의 배로 130척이나 되는 왜적의 배를 물리쳐서 유명해진 명랑대첩 때 이용했다는 울돌목의 빠른 물살도 바로 해류의 일종이었다.

　□ 해양학의 아버지 매튜 머리

　오늘날 이와 같은 바다의 길을 최초로 학문적으로 연구하여 해양학의 아버지라고 불리는 인물은 바로 매튜 머리(Matthew Maury, 1806-1973)다. 미국 버지니아주에서 태어나 어릴 적부터 바다에 큰 관심을 갖고 있던 그는 일찌감치 선원이 되었다. 그런데 그만 항해 중 불의의 부상을 입게 되는데, 그때부터 머리는 해양 연구를 시작하게 되었으며, 1842년에는 워싱턴에 있는 해양 관측소의 소장이 되었다. 독실한 기독교인이었던 그가 바다의 길을 발견하게 된 데에는 다음과 같은 성경에 관련된 유명한 일화가 전해지고 있다.

1927년 찰스 루이스라는 사람이 쓴 미 해군 연구소에서 출판한 『해류의 발견자 매튜 머리』라는 책에 보면 그가 아파서 침대에 누워 꼼짝 못하고 있을 때 그의 아들이 아버지의 부탁으로 밤마다 그에게 성경을 읽어 주었다고 한다. 그러던 어느 날 아들은 그날도 여느 날과 마찬가지로 아버지에게 성경을 읽어 주었는데, 그날의 성경 내용은 시편 8편이었다. 시편 8편은 하나님의 창조 섭리를 잘 보여 주는 여러 시편 말씀 중의 하나이다. "공중의 새와 바다의 어족과 해로에 다니는 것이니이다"라는 8절의 말씀을 듣는 순간 머리는 '하나님께서 해로가 있다고 말씀하셨다면 틀림없이 있을 것이다. 병상에서 일어나면 바로 그것을 찾아야겠다.'고 생각했다. 그는 대서양 바닷물의 온도와 해류 그리고 바람의 흐름에 대한 광범위한 연구를 시행하여 바람과 해류의 순환 사이에 상호 관련이 있다는 것을 처음으로 밝혀냈다.

1855년 그는 항해 일지를 참고하고 바람과 해류에 관한 보다 자세한 연구 끝에 북대서양을 가로지르는 항로와 기상도를 작성했다. 이 항로는 후에 국제 협정의 기초가 되었다. 이것은 최초의 해도(海圖)와 해상 기상도였다. 그의 업적으로 인하여 해운 회사들은 항해 일수의 단축에 의한 엄청난 비용을 절감하게 되었으며 사고도 크게 줄일 수 있게 되었다.

멕시코만은 "미국의 지중해"라고도 불리는 미국 남동부의 바다다. 이곳에도 적도의 북쪽을 흐르던 해류가 쿠바의 남쪽에 위치한 카리브해를 거쳐 흘러 들어와서는 플로리다 해협을 지나 대서양으로 나가게 된다. 이 해류는 적도 부근의 따뜻한 바닷물을 몰고 와 대서양을 거쳐 멀리 서유럽에까지 이르게 되는데, 서부 유럽의 온화한 기후는 바로 이 해류가 만들어내고 있다. 이 해류를 멕시코만류라고 부르는데 바로 매튜 머리가 발견한 것이다.

1923년 머리가 태어난 버지니아주의 리치몬드와 고센 지방에서는 그의 동상을 세워 그의 업적을 찬양하였다. 고센에 있는 머리를 기념하는 동상의 비명에는 독실한 신앙인이었던 그가 성경을 읽음으로써 영감을 얻게 되었다는 다음과 같은 구절이 쓰여 있다.

> 해로의 발견자인 그는 대양과 바다로부터 처음으로 그 법칙을 찾아낸 천재였다. 오고 가며 바다를 항해하는 모든 세대의 항해자들은 해도를 볼 때마다 당신을 생각하리라.

특히 성경의 시편 8편 8절과 107편의 23, 24절, 전도서 1장 7절이 그에게 영감을 주었음을 밝힌다. 이처럼 오늘날 대양 사이를 많은 배들이 큰 어려움 없이 오고 가며 세계가 뱃길을 통하여 하나가 될 수 있게 된 데에는 해양학의 선구자 매튜 머리의 노고가 있었으며, 그는 바로 이 뱃길을 찾는 데 놀랍게도 성경에서 그 아이디어를 발견한 것이다. 1873년 2월 1일, 매튜 머리는 고향 버지니아주 렉싱턴에서 조용히 주님 곁으로 갔다. 하지만 오늘날에도 뱃사람들은 바다를 오가면서 바닷길을 개척한 그의 공로를 영원히 기억하고 있을 것이다.

심프슨 경

James Simpson

하나님은 완벽한 마취 시술자였다.
"여호와 하나님이 아담을 깊이 잠들게 하시니 잠들매 그가
그 갈빗대 하나를 취하고 살로 대신 채우시고 여호와 하나
님이 아담에게서 취하신 그 갈빗대로 여자를 만드시고 그
를 아담에게로 이끌어 오시니."
그리고 그 기술을 심프슨 경에게 물려주셨다.

마취제 클로로포름을 발견한 **심프슨 경**

만일 당신이 급성 맹장염으로 곧 수술하지 않으면 안 될 상황에 이르렀다고 가정해 보자. 그런데 마취제가 없어 그대로 수술대 위에 오른다면 아마도 당장에 비명을 지르거나 정신을 잃을지도 모른다. 그러나 마취를 하고 수술을 한다면 일단은 안도의 한숨을 내쉴 수 있을 것이다.

19세기 이전만 해도 마취라는 것은 일반화되지 않았었다. 그래서 그 당시 외과적 수술을 하려면 요동치지 못하도록 사람을 소나 돼지처럼 수술대 위에 단단히 잡아매 두어야만 했다. 마취가 없이 행하여졌으니 얼마나 고통스러웠을까 하는 것은 독자 여러분들의 상상에 맡긴다. 마취는 환자의 의식을 잃게 하여 고통을 없애 준다. 마취가 진행되는 동안 환자는 아주 깊은 잠에 빠지게 되는 것이다.

마취를 하게 되면 환자는 설령 자신의 살을 도려내고 뼈를 잘라도 의식하지 못한다. 고통은 마취가 풀리면서 시작된다. 이와 같이 오늘날 의학에 있어 필요 불가결한 마취제는 19세가 영국의 심프슨 경(James Simpson, 1811-1870)에 의해서 보급되기 시작했다.

□ 마취제의 발견

영국의 산부인과 의사였던 심프슨 경은 1811년 영국 스코틀랜드의 바드케이트라는 지방에서 빵을 만드는 가난한 집 아들로 태어났다. 그러나 영리한 심프슨은 14세 때 에딘버러 대학에 입학하여 의학을 배우고 1832년에 졸업하였으며, 곧바로 병리학의 조수와 동시에 산과학의 강사가 되었고, 1840년에는 29세의 젊은 나이에 에딘버러 대학교의 산과학 교수가 되기도 했다. 성경을 읽던 심프슨 경은 당시 많은 외과 수술을 하면서 수술 중 환자가 받는 고통에 대하여 깊은 성찰을 하던 가운데, 다음과 같은 창세기 2장 21절, 22절 말씀에 상당한 감명을 받게 되었다.

여호와 하나님이 아담을 깊이 잠들게 하시니 잠들매 그가 그 갈빗대 하나를 취하고 살로 대신 채우시고 여호와 하나님이 아담에게서 취하신 그 갈빗대로 여자를 만드시고 그를 아담에게로 이끌어 오시니.

매우 희화적인 위의 하와의 창조 이야기를 심프슨 경은 그대로 진지하게 받아들였다. 의사의 지식으로 볼 때 갈비뼈 하나를 떼어 내는 것은 매우 큰 수술인데, 그 수술을 받은 아담은 잠에서 깨어나서는 고통을 전혀 느끼지도 못한 듯 다음과 같이 탄성을 울렸던 것이었다.

이는 내 뼈 중의 뼈요 살 중의 살이라(창 2:23).

'하나님이 아담을 잠재우시듯, 환자를 잠재워 고통을 느끼지 못하게 하고 무사히 수술을 끝낼 수는 없을까?'

더욱이 환자가 수술 중 고통 때문에 움직이는 것은 수술시 매우 위험한 일이기도 했다. 심프슨 경은 위 성경 구절에서 영감을 받아 수술용 마취제의 개발에 노력을 기울이고 있었는데, 실제로 마취제는 아주 우연한 기회에 발견되었다.

18세기 말경에 이르러 여러 가지 기체들이 알려지기 시작했는데, 그중에는 오늘날 치과에서 이를 뺄 때 사용하는 이산화탄소(NO_2)도 있었다. 그러던 중 미국의 윌리엄 모튼(1819–1868)이라는 치과 의사가 1846년에 이산화질소 대신에 에테르라는 물질을 사용하여 아프지 않게 이를 뺄 수 있다는 것을 알게 되었다. 이 물질을 곧 영국의 외과 의사들에 의해서도 사용되기 시작했다. 그러나 이 에테르는 불쾌한 부작용이 있었다. 그리하여 심프슨 경은 '좀 더 안전하게 사용될 수 있을 만한 다른 물질이 없을까?' 하고 새로운 것을 모색하기 시작했다.

1847년 11월의 어느 날 심프슨 경은 그의 조수이자 친구였던 키이스 박사, 던컨 박사와 함께 클로로포름이라는 무거운 액체를 시험하게 되었다. 클로로포름은 1831년에 벌써 발견된 것이었지만 오랫동안 아무도 그 용도를 찾지 못해 그 동안 쓰이지 않고 있는 것이다. 심프슨 경과 그의 동료들은 컵에 클로로포름을 붓고 그 증기를 조금씩 마셔 보았다.

그러나 그들은 보통 때 느끼지 못했던 유쾌한 기분이 되었다. 그들의 눈은 빛났고, 매우 행복해 보였으며, 수다스러워졌고, 말끝마다 이 향긋한 향기를 칭찬하였다. 그 기체에는 약간의 단 맛이 있었던 것이다. 그런데 이 기체를 마신 사람들은 모두 곧바로 바닥에 쓰러져 버렸다.

이 실험을 통하여 클로로포름이 안전한 마취제라는 확신을 갖게 된 심프슨 경은 에딘버러 왕립 병원에서 이것을 실험하기로 했다. 그 뒤 얼마 지나지 않아 심프슨 경은 분만의 고통을 더는 데도 클로로포름을 사용하였다. 최초의 환자는 그의 친구인 동료 의사의 딸이었다. 결과는 대 성공이었다. 이 성공은 무통 분만법을 확립하는 데 큰 공헌을 하였으며, 이후로도 그는 수십 회 이를 활용하기 시작했다. 이와 같은 마취제의 성공적 활용은 1853년 영국의 유명한 빅토리아 여왕이 여덟 번째 자녀인 레오필드 왕자를 분만할 때 활용되기에 이르렀으며 급속도로 전파되기 시작하였다.

오늘날 의사들은 클로로포름에서 더욱 발전된 마취제를 쓰고 있다. 그럼에도 마취에 의한 의료 사고는 심심치 않게 일어나곤 한다. 이것도 현대 의료인들의 고민이기도 하다. 사람의 마취 능력에는 분명히 한계가 존재하는 것이다. 그러나 하나님은 실수 없는 마취 시술자였다. 아마도 우리 인류의 마취 시술과는 질적으로 전혀 다른 방법이었을 것이다. 다만 인류는 비슷한 흉내 내기를 하고 있을 뿐이다. 아무튼 심프슨 경이야말로 마취제 활용의 선구자였으며 그 시작의 근원은 바로 성경이었다.

성경 말씀을 한낱 설화나 신화 또는 단순한 교훈서로 생각한 것이 아니라 문자 그대로, 그야말로 일점일획도 틀림이 없는 하나님의 말씀으로 믿고 따른 한 진실한 외과 의사에 의하여 인류는 많은 고통스런 수술에서 벗어나게 되었으며, 보다 안전한 수술에 의하여 건강한 모습으로 하나님을 섬길 수 있게 된 것이다. 그러나 심프슨 경은 자신의 가장 위대한 발견은 마취제가 아니라 구주 예수 그리스도를 소유한 것이라고 고백한다.

> 그러나 나는 나의 대속물이 되시며 나를 위해 징벌 받고 십자가 위에서 죽으신 예수님을 찾았다. 그리고 알았다. 나는 찾았고 부르짖었으며 용서함을 받았다. 그러므로 구주 예수 그분을 전하는 것은 나의 의무다.

그가 쓴 신앙에 관한 고백록에서 심프슨 경은 위와 같이 고백하면서 다음의 성경 구절을 소개하고 있다.

> 그가 찔림은 우리의 허물을 인함이요 그가 상함은 우리의 죄악을 인함이라 그가 징계를 받음으로 우리가 평화를 누리고 그가 채찍에 맞음으로 우리가 나음을 입었도다 우리는 다 양 같아서 그릇 행하여 각기 제 길로 갔거늘 여호와께서는 우리 무리의 죄악을 그에게 담당시키셨도다(사 53:5-6).

심프슨 경은 위대한 과학자이자 진실된 신앙인이었다.

그레고리 요한 멘델
Gregory John Mendel

누가 그랬는가?
　　멘델의 유전 법칙은 진화론을 증거 하는 것이라고.
　　사실 멘델의 유전 법칙은 하나님께서 모든 생물을 종류대
　　로 만드셨다는 '종의 불변' 을 인정하는 이론인 것이다.

유전 법칙을 발견한 **멘델**

자주 꽃 핀 건 자주 감자
파 보나마나 자주 감자
하얀 꽃 핀 건 하얀 감자
파 보나마나 하얀 감자

　일제 시대 저항 시인이었던 권태응 선생은 우리 대한민국과 일본
은 결코 하나의 나라가 될 수 없다는 것을 이렇게 감자 꽃에 비유하
여 노래하였다. 모든 생물은 각자 자기의 낳은 어미를 닮게 된다. 사
람도 민족마다 생김새가 달라서 각 민족의 특징을 갖게 된다. 만일
고양이가 개를 낳는다거나 소를 낳는 등의 이상한 일들이 벌어진다
면 세상은 얼마나 혼란스러워질까? 우연하게 이 세상의 동물들이
생겨나게 되었다면 그런 일들이 혹시 가능할 수도 있을 것이다. 그
러나 성경은 하나님께서 모든 생물을 종류대로 만드셨으며 동물의
각 종류마다 육체도 다르게 하셨을 뿐 아니라 그 영광도 다르게 하
셨다고 말씀하고 있다(고전 15:38-41).

오랫동안 과학자나 의사들은 어떻게 이런 일들이 가능한지 궁금하게 생각하고 이를 풀려고 노력해 왔다. 부모의 성격이나 외모같은 것들이 어떤 일정한 법칙에 의하여 그 자녀에게로 전달된다는 이 위대한 유전 법칙을 최초로 발견한 사람은 바로 멘델이었다.

□ 농부의 아들 멘델

그레고리 요한 멘델(Gregory John Mendel, 1822-1884)은 오스트리아의 하이젠돌프라는 마을에서 한 농부의 아들로 태어났다. 그의 아버지는 오랫동안 군대 생활을 한 뒤 고향에 정착한 조상 대대로 내려오는 전형적인 농부였고, 어머니는 과수원집 딸로 자란 훌륭한 원예 전문가였다. 이런 부모 밑에서 멘델은 자연스럽게 농사와 원예의 일들을 배우게 되어 장차 위대한 식물학자가 될 바탕을 일찍부터 마련할 수 있었던 것이다. 꿀벌을 기르고 과일 나무의 가지를 잘라 주고, 나무를 접붙이는 등의 일들을 어린 멘델은 일찍부터 부모님들의 어깨 너머로 배우게 되었으며 유난히 이런 일들에 관심도 많았다.

어려운 가정환경 가운데서 외아들에 대한 부모님의 관심과 누님의 도움으로 공부를 계속한 멘델은 오늘날의 초급 대학과 유사한 올위츠 대학을 마치게 되었다. "요한, 자네는 학업 성적도 매우 뛰어날 뿐 아니라 성실하고 믿음도 훌륭하니 수도원 학교에 가는 것이 좋겠구나." 학교의 은사 프란츠 선생은 제자 멘델을 알트브렌에 있는 성 아우구스티누스 수도원 학교에 추천했다. 1843년 이곳에 입학하면서 멘델은 그레고리라는 새로운 이름도 받게 되었다. 이것은 어떤 어려움이 있더라도 믿음 가운데 하나님께 일생을 헌신하겠다는 다짐과도 같은 것이었다.

당시의 수도원 학교에서는 신학만 배우는 것이 아니라 매우 다양한 교육을 받았다. 그중에는 문학과 철학 그리고 멘델이 관심을 가진 자연 과학의 여러 분야도 있었다. 그런데 이곳 수도원 학교에는 멘델이 입학하기 전부터 잘 가꾸어진 훌륭한 식물원이 하나 있었다. 그리고 이곳에는 타일러 신부라는 아주 괴짜 신부가 한 명 있었는데, 너무도 술을 좋아하여 멘델이 수도원에 들어오기 바로 전에 그만 세상을 떠나고 말았다. 그런데 그가 대단한 식물학자였으며 식물원도 바로 그가 가꾸어 놓은 것이었다. 하나님은 이렇게 멘델을 위하여 철저한 준비를 해주신 것이다.

⬚ 본격적인 연구를 시작하게 되다

식물원은 멘델의 호기심을 충족시키기에 알맞은 곳이었다. 이곳 수도원 학교에서 공부하며 여러 화초도 기르고 식물을 관찰하며 지내던 멘델은 마침내 1847년 정식 사제가 되었다. 그런데 계속해서 공부할 수 있는 기회가 주어졌다. 1851년 그는 오스트리아의 빈 대학에 입학하여 식물학과 곤충학 등을 더 배울 수 있게 된 것이다. 1853년 마침내 대학을 졸업한 그가 한 일은 이제 하나님의 사제로서 충성하는 일과 그가 평생을 두고 관심을 가져 왔던 하나님께서 창조하신 식물이 어떤 원리에 의하여 태어나고 자라나는가를 밝혀내는 일이었다. 당시 학자들은 키가 큰 아버지와 키가 작은 어머니 사이에 태어나는 자녀는 모두 키가 중간쯤 되는 것이 정상이라고 생각했다. 그런데 실제로는 이상하게도 이런 법칙이 잘 들어맞지 않았다. 같은 형제간에도 키가 다 다른 경우가 많은 것이었다. 그렇지만 그 원인이 무엇인지는 명확히 알려진 것이 없었다. 가장 간단한 것을 통해서도 진리는 발견될 수 있다. 식물의 유전 현상을 연구하면 사람의 유전에 관해서도 분명히 어떤 해답을 찾을 수 있을 것이다.' 그는 이렇게 생각했다.

멘델의 연구는 이 모든 것의 원인을 밝혀 주었다. '수도원 밭에 많이 자라는 완두콩을 이용하자.' 멘델은 크기와 색깔과 모양이 다양한 완두콩을 선정하여 꽃가루받이를 했다. 이 일은 자그마치 225회의 인공 교배를 거쳐 1만 2,980종에 달하는 잡종을 만들 때까지 계속되었다. 드디어 그는 이들 완두콩의 교배를 통하여 완두콩의 다음 세대의 자손에게 나타나는 어떤 일정한 법칙이 있음을 알게 되었다.

맨 처음 키가 큰 완두콩과 작은 완두콩을 섞어 꽃가루받이를 하였더니 모두 키가 큰 완두콩이 나왔다. 이들 새로 나온 키가 큰 완두콩을 가지고 다시 실험해 보았더니, 이번에는 신기하게도 키가 큰 완두콩이 3개 나올 때 작은 완두콩은 1개 나오는 즉 3:1의 비율로 나타났다. 멘델은 이렇게 처음 나타나는 성질을 우성이라고 불렀다. 그리고 처음에는 나타나지 않았지만 나중에 2차로 나타나는 작은 완두콩과 같은 성질을 열성이라고 하였다. 이렇게 3대째에 이르면 키가 작은 완두콩에서는 키 작은 완두콩만 나오게 되고, 키가 큰 완두콩에서는 키가 큰 것과 키가 작은 것이 함께 나오게 되었다. 완두콩의 색깔에도 이런 법칙은 그대로 성립되었다. 색깔 교배에 있어서는 녹색이 우성으로 나타났으며 노란색의 완두콩은 열성이었다.

예를 들어 녹색의 완두콩과 노란색의 완두콩을 섞으면 처음에는 녹색의 완두콩만 나오게 되고, 이것을 2차로 교배하면 녹색과 노란색의 완두콩이 3대 1의 비율로 나오게 되는 것이었다. 이것을 정리한 것이 바로 그 유명한 멘델의 '유전 법칙'이다. 이 위대한 발견을 그는 1865년 알트브렌의 박물학회에서 「식물의 잡종에 대한 연구」라는 제목으로 발표하였다.

그러나 이틀 동안 심혈을 기울여 설명하는데도 어느 누구 하나 일대 수도사 멘델이 발표하는 이 위대한 논문을 귀 기울여 들으려고 하지를 않았다. 당시 유럽에서는 생물이 오랜 시간에 걸쳐 우연히 진화하였으며 그러기에 사람도 무언가 다른 동물로부터 진화되어 왔다고 주장하는 영국사람 다윈의 진화론을 과학적 사실이라고 막 인정하기 시작할 무렵이었던 것이다. 멘델은 다윈을 찾아가서는 자기가 발견한 이 유전 법칙을 설명하고 다윈의 도움을 요청했다. 그렇지만 다윈도 멘델이 발견한 이 법칙을 귀담아 들으려 하지 않았다.

오늘날 사람들은 마치 멘델의 유전 법칙이 진화론을 증거하는 것으로 단정해 버리는 경향이 있다. 그러나 전혀 그렇지 않다! 오히려 그 반대인 것이다. 사실 멘델의 유전 법칙은 하나님께서 모든 생물을 종류대로 만드셨다는 종의 불변을 인정하는 이론이다. 그러므로 다윈이 이 이론을 인정한다면 자기의 진화론이 틀렸다는 것을 인정하는 셈이었다. 그런데도 오늘날 마치 멘델의 이론이 진화론을 인정하고 있는 듯한 이론을 펴는 진화론자들의 입장은 다소 문제가 있는 것이다. 만일 당시에 과학자들이 이 위대한 과학자가 발견한 법칙이 얼마나 놀라운 것인지 바로 알아차릴 수만 있었다면 다윈의 진화론은 지금처럼 세상 사람들에게 과학적 사실로 받아들여지지 않았을지도 모른다. 아니면, 당시 사람들은 다윈의 진화론을 무조건 믿으려 하였으므로, 진화론을 부정하는 듯한 멘델의 이론을 부정하고 싶었는지도 모른다. 무엇보다도 그 당시 가장 위대한 식물 생리학자로 사람들에게 알려져 있던 네겔리라는 사람이 그의 논문을 인정하려 들지 않았던 것이다. "멘델의 연구는 과학적으로 값어치가 없다."

멘델은 이 일로 크게 실망했다. 그렇지만 겉으로는 내색하지 않고 묵묵히 성직자로서 자신의 의무를 다할 뿐이었다. 그는 누구에게나 다정다감하였으며 유달리 어린이들을 좋아하였다. 이렇게 항상 성실하였던 멘델은 1868년 마침내 알트브렌 수도원의 원장으로 추대되었다. 수도원의 원장으로서 매우 분주해진 멘델은 자신이 발견한 유전 법칙을 좀 더 연구하고 다듬을 시간이 없어졌다. 그러는 사이 이 위대한 발견은 사람들의 관심에서 점점 사라져갔다. 그리고

1884년 안타깝게도 멘델은 이 위대한 발견에 대한 세상의 빛도 보지 못한 채 세상을 떠나고 말았다. 그러나 결국 진리는 밝혀지게 마련이었다.

멘델이 죽은 지 16년이 지난 1900년, 그러니까 그가 세상에 유전 법칙을 발표한 지 35년이 지나서야 비로소 사람들이 이 위대한 법칙을 알아차리게 된 것이다. 네덜란드의 유전학자 드 프리스와 독일의 생물학자 코렌스, 그리고 오스트리아의 생물학자 체르막 등 역사상 유명한 생물학자들이 제각기 연구 끝에 멘델의 유전 법칙의 정당성을 밝혀낸 것이다.

세상은 그를 알아주지 않았지만 멘델은 결코 겉으로 실망하거나 불평하지 않았다. 오히려 작은 체구에도 불구하고 언제나 명랑하게 어린이들을 사랑했던 멘델은 참으로 예수님이 우리에게 베풀어 주신 사랑을 깨닫고 실천한 보기 드문 성직자였다. 누군가 언젠가는 자신의 진정한 공을 인정해 줄 것이라는 것을 묵묵히 혼자 소망하면서……. 성직자로서뿐 아니라 멘델은 오늘날의 첨단 과학인 유전학의 시발을 알리는 위대한 과학자였던 것이다.

루이 파스퇴르
Louis Pasteur

'성경에 보면 분명히 하나님께서 6일 동안에 모든 세계와 생물들을 창조하시고 7일째는 쉬셨다고 말씀하셨는데, 지금도 생명이 자연적으로 발생한다면 성경의 말씀과 모순되는 것이 아닌가? 어떻게 종교 지도자들까지 자연발생설을 믿는 것일까?
자연발생설은 성경의 내용과는 맞지 않아. 이것을 밝히는 직업이 하나님께서 내게 원하시는 일인지도 모른다.'
파스퇴르의 유명한 실험은 이렇게 해서 시작되었다.

미생물 학자 파스퇴르

에이즈(AIDS)는 20세기 현대인들이 가장 두려워하는 질병 중 하나다. 그런데 이 질병의 원인이 무엇인지 아무도 모르던 80년대 중반에 에이즈를 옮기는 바이러스를 발견하여 최초로 세상에 알린 곳이 있었는데, 프랑스의 파스퇴르 연구소였다. 에이즈 바이러스 발견 공로에 대한 시비가 조금 있었으나 이제는 누구도 그 공로가 파스퇴르 연구소의 몫이라는 데 이의를 제기하는 사람은 없다.

파스퇴르가 나이 66세 되던 해인 1888년에 설립된 이 연구소는 개의 무서운 전염병인 광견병의 예방법을 발견한 파스퇴르의 업적을 기념하여 시작된 것으로, 현재는 18개의 연구소가 프랑스뿐 아니라 각 나라에 설립되어 있다. 근대 의학의 창시자였던 파스퇴르의 명성은 이렇게 현대에 이르기까지 계속되고 있는 것이다.

우유를 처음 젖소에서 짜내는 일을 착유라고 한다. 방금 짜낸 우유에는 미생물이 거의 없지만 우유는 영양이 풍부한 음식물이어서 곧 많은 세균이 달라붙어 번식하게 된다. 우리 눈물 방울만큼의 우유에만 해도 500만 마리가 넘는 세균이 존재한다. 또 이 미생물들은 생육에 유리한 조건만 주어지면 금세 엄청난 숫자로 불어나 버리게 된다. 여기에는 사람들에게 유익한 미생물도 있고 해로운 미생물도 있다. 그래서 이 해로운 미생물 때문에 우유 가공 공장에서 살균을 하게 되는 것인데, 살균 방법에는 세 가지가 있다.

그 중에서 가장 낮은 온도에서 하는 살균법을 '저온 살균법'이라고 하는데, 이것은 '파스퇴르 살균법'이라고도 하며 바로 이는 파스퇴르의 이름에서 따온 것이다. 살균법이 발전한 오늘날에도 파스퇴르 살균 우유는 값이 비싼 편이다. 파스퇴르 우유는 양질의 고급 우유다.

□ 파스퇴르의 학창시절
경건한 믿음의 사람이면서 인류의 질병의 예방과 치료에 있어서 역사상 가장 뛰어난 공헌을 남긴 미생물학자였던 루이 파스퇴르 (Louis Pasteur, 1822-1895)는 프랑스 동쪽에 있는 작은 도시 도르에서 태어났다. 나폴레옹 당시 직업 군인으로 오랫동안 일하다 퇴역하여 가죽 공장에서 일하던 그의 아버지는 애국심이 강하고 의지가 뛰어난 사람이었다. 군인인 남편을 잘 따르던 그의 어머니는, 제대로 교육을 받은 적은 없었지만 인내심이 강한 신앙인으로서 주님이 가르쳐 주신대로 자녀들을 지극히 사랑하는 사람이었다. 그렇지만 초등학교 시절의 파스퇴르는 남들보다 뛰어난 면을 보인 적은 없었다. 그저 평범하기만 하였고, 단지 그림 그리기에 남다른 재주를 보였을 뿐이었다. "루이는 앞으로 훌륭한 화가가 될지도 모르겠어."

주위의 어른들은 파스퇴르의 그림 솜씨에 종종 감탄하곤 했다. 지금도 프랑스 파리의 파스퇴르 연구소에는 그가 그린 그림들이 여러 편 걸려 있는데 특히 어머니를 그린 매우 섬세한 초상화는 그가 얼마나 어머니를 사랑했는지를 잘 말해 주고 있다. 중학교 시절에 파스퇴르는 잠시 병을 앓아 학업을 중단한 적이 있었다.

"하나님, 우리 루이는 침착하고 예수님을 사랑하는 아이입니다. 속히 건강을 회복하고 하나님께 영광을 드리는 아이로 자라나게 해 주세요." 어머니의 간절한 기도 덕분에 곧 건강을 되찾은 파스퇴르는 파리의 유명한 고등 사범학교에 진학하게 되고, 이곳에서 그는 당시 '불소'라는 원소를 발견하여 유명해진 화학자 안토니 바라드 교수의 조수가 된다. 이때 그는 수학과 화학에 흥미를 보이기 시작하여 젊은 나이에 이학박사가 되었으며, 시골 중학교를 거쳐 스트라스부르그 대학 화학과 조교수가 된다.

그곳에서 또한 파스퇴르는 아내 마리 로랑을 만나게 되는데 끈질긴 구혼 끝에 대학 총장의 딸인 그녀와 결혼하는 행운을 얻을 수가 있었다. 그의 아내는 파스퇴르의 연구를 힘닿는 데까지 돕고 조수의 역할도 감당하는 훌륭한 내조자였다. 그뿐 아니라 그녀는 훌륭한 그리스도인이었다. "루이! 오늘은 다른 날도 아니고 바로 자네의 결혼식 날일세." 결혼식 날 주례 목사님이 예식을 알리는 데도 파스퇴르는 실험실에 틀어박혀 하던 실험을 유유히 마치고는 친구 샤피가 재촉을 해서야 느긋하게 식장에 나타날 만큼 괴짜 과학자였다. 그가 이러한 에피소드를 남긴 이때는 27세 되던 해 5월이었다.

□ 본격적인 연구를 시작하다

생활이 안정되면서 파스퇴르의 연구는 본격화되기 시작했다. 파스퇴르는 1854년 리우에 새로 세워진 이과대학의 교수로 자리를 옮기게 된다. 리우 지방에는 포도주 제조 공장이 있었는데, 이곳에서 그는 연구에 있어서 커다란 계기를 마련하게 되었다. "파스퇴르 교수님, 포도주가 자꾸 신맛이 나곤 하는데 무슨 해결 방법이 없을까요?"

포도주 제조업자는 파스퇴르에게 연구를 부탁하였다. '포도주가 시게 되는 이유가 무엇일까? 우유가 시게 되는 것이 포도주와 같은 이유가 아닐까? 혹시 현미경으로 보이는 이 작은 미생물들 때문은 아닐까?' 파스퇴르의 이러한 착상은 그 당시로서는 놀라운 일이었다. 지금은 효모라고 불리는 미생물이 작용해서 포도주나 맥주와 같은 발효주들이 만들어진다는 것이 널리 알려져 있지만, 17세기까지만 해도 미생물은 그 존재조차 알려지지 않고 있었기 때문이다. 심지어 벨기에의 헬몬트라는 과학자는 쥐처럼 큰 동물도 우연히 생겨날 수 있다고 주장하던 시절이었다.

"젖은 셔츠와 밀알을 항아리 속에 넣어두었더니 셔츠에서 생기는 습기 때문에 밀에서 쥐가 생겨났다. 작은 생물들도 조건만 된다면 자연적으로 우연히 생겨날 수 있다."

밀을 먹으려고 항아리 속으로 들어간 쥐를 두고 발생한 우스꽝스러운 일이었지만 당시에는 모든 사람들이 자연스럽게 받아들인 생각들 중 하나였다. 그러나 17세기 중반을 넘어서면서 이 이론이 허황된 것이라는 증거가 하나 둘 나타나기 시작했고 그 이후 파스퇴르는 이와 같은 자연발생설을 결정적으로 뒤엎어 버리게 되었다. 그는 미생물이 맥주나 포도주를 상하게 하고 동물이나 사람에게 병을 일으킨다는 것을 밝혀냈다. 뿐만 아니라 맥주나 포도주가 되게 하는 미생물과 포도주를 시게 만드는 미생물이 서로 다르다는 것도 증명하였다.

포도주가 시게 되는 것은 젖산이라는 물질 때문인데, 이것은 탄수화물이라는 영양소에 젖산균이 작용해서 만들어지는 것이다. 술의 신 맛이나 부패된 빵의 신 맛도 모두 젖산 때문이고, 김치의 신 맛이나 요구르트의 신 맛 등도 모두 젖산 때문이다. 파스퇴르는 이들 신 맛을 일으키는 미생물의 번식을 막으면 부패 현상을 막을 수 있을 것이라고 생각했다. 그는 포도주를 끓여서 미생물의 번식을 막고, 다른 포도주는 그대로 저장한 다음 여러 달이 지난 후 맛을 비교해 보았다. 그랬더니 끓여서 저장한 포도주는 신 맛이 훨씬 덜했다. 신 맛을 일으키는 미생물이 죽었기 때문이었다. 이것이 바로 저온 살균법인 파스퇴르 살균법의 시작이었던 것이다.

그런데 17세기 말에 부정되는듯하던 생물의 자연발생설이 어찌된 일인지 18세기가 되면서 다시 고개를 들기 시작했다. 당시 종교 지도자들이 생물의 자연발생설을 옹호했으며 심지어 영국의 성직자였던 존 니덤은 노골적으로 미생물이 자연적으로 발생한다고 주장하기까지 했다. 1745년에 발표된 니덤의 논문은 많은 소동을 일으켰다.

"염소 고기를 삶은 즙을 플라스크에 넣고 공기 중에 있는 미생물들이 못 들어가게 마개를 닫았다. 그리고 가열한 후 며칠을 두었더니 플라스크 안에 온통 미생물이 번식했다. 생명은 분명히 자연 발생한다."

여기에는 종교 지도자들도 합세하였다. 그 이후 아무런 결론도 나지 않은 채 100년이 지났다. 미생물을 연구하던 파스퇴르는 이 일에 큰 의문이 생겼다. '성경에 보면 분명히 하나님께서 6일 동안에 모든 세계와 생물들을 창조하시고 7일째는 쉬셨다고 말씀하셨는데, 지금도 생명이 자연적으로 발생한다면 성경의 말씀과 모순되는 것이 아닌가? 어떻게 종교 지도자들까지 자연발생설을 믿는 것일까?' 그리스도인으로서 그는 이것을 믿을 수가 없었다. '자연발생설은 성경의 내용과는 맞지 않아. 이것을 밝히는 작업이 하나님께서 내게 원하시는 일인지도 모른다.'

그의 유명한 실험은 이렇게 해서 시작되었다. 그는 목이 긴 유리그릇을 만들어서는 S자 형으로 목을 구부렸다. 그리고 이것은 백조의 목처럼 생겼다고 해서 백조 목 플라스크라고 하였다. 여기에 고기즙을 넣고 가열한 후 그릇의 마개를 닫지 않고 공기 중에 방치하였다. 목을 구부려 놓았기 때문에 미생물들이 안으로 들어갈 수가 없을 것이라고 그는 생각했다. 이 생각은 들어맞았다. 공기 중에 떠

돌아다니던 미생물들은 구부러진 목에 걸려서 유리그릇 안으로 들어갈 수가 없었으며, 그릇 안의 즙에는 아무런 변화도 생기지 않았던 것이다.

이번에는 솜에다 공기를 불어넣어서 관찰해 보았는데, 솜에 미생물들이 번식한 것이 보였다. 그리고 이것을 즙에 넣어 보았더니 마찬가지로 금방 부패하는 것이었다. 이번에는 솜을 가열한 다음 넣어 보았다. 즙은 다시 상하지 않았다. 이 유명한 실험은 이렇게 끝이 났다.

이 실험으로 생물의 자연발생설은 완전히 부정되었으며 생물은 생물로부터만 발생한다는 생물 발생설이 정식으로 인정받게 되었다. 1864년 파스퇴르는 파리 소르본느 대학에서의 강의에서 다음과 같이 말하였다. "자연발생설은 이 단순한 실험으로 치명상을 입었으며 다시는 고개를 들지 못할 것이다."

이 이야기는 중·고등학교 교과서에서도 소개되고 있는 유명한 실험이다. 지금은 어느 누구도 미생물이 자연적으로 발생한다고 믿지 않는다. 오히려 미생물들도 큰 동물들 못지않게 복잡한 구조를 가진 생물들임이 밝혀지고 있다. 사람의 몸 안에 있는 대장균만 해도 길게 늘어놓을 경우 1밀리미터가 되는 유전 정보를 몸 안에 지니고 있다. 그러나 실제 대장균의 길이는 그보다 1,000분의 1밖에 되지 않는 매우 작은 미생물이다.

이들 1밀리미터 길이의 유전 정보의 명령을 따라서 대장균은 자그마치 2,800종류나 되는 단백질을 몇초 만에 만들어 낼 수 있다.

그렇다면 눈에도 보이지 않는 이 작은 미생물은 어떻게 그렇게 많은 양의 정교한 단백질을 만들 수 있을까? 정말로 오랜 시간에 걸쳐서 우연히 진화하여 그렇게 된 것일까?

오늘날 과학이 발달하였다고 하지만, 이 작은 미생물이 만드는 단백질 하나도 생물학자들은 실험실에서 만들어내지 못하고 있다. 진화론이 맞는다면 하찮은 대장균이 만들어내는 단백질 한 개 쯤은 가장 진화되었다는 사람들이 쉽게 만들 수 있어야 하지 않을까? 우리는 왜 대장균이 만드는 단백질 하나도 만들 수 없는 것일까? 우리 사람의 몸 안에는 자그마치 10만 종류나 되는 단백질이 있는데 이는 또 어떻게 만들어진 것일까? 도대체 이 모든 것을 가능하게 하신 분은 누구일까?

> 지혜로 하늘을 지으신 이에게 감사하라 그 인자하심이 영원함이로다(시 136:5).

파스퇴르는 이 말씀과 그 사실을 잘 아는 과학자였다. 다만 부정되는듯하던 생명의 자연발생설이 20세기에 들어와서, 그래도 생물은 자연 발생되었다고 생각하는 소련의 생화학자 오파린의 화학 진화설에 의하여 다시 고개를 든 것은 참으로 안타까운 일이 아닐 수 없다.

> 또한 저희가 마음에 하나님 두기를 싫어하매 하나님께서 그 상실한 마음대로 내어버려 두사 합당치 못한 일을 하게 하셨으니(롬 1:28).

177

사람이 마음에 하나님 두기를 싫어할 때, 생명이 어디로부터 왔는가 생각해 낼 수 있는 이론은 진화론뿐이라는 것은 분명한 사실이다. 이렇게 생명은 생명으로부터만 가능하다는 유명한 생물 속생설을 증명한 파스퇴르이지만, 그의 업적은 여기서 그치지 않는다. 마마, 또는 두창이라고도 부르는 천연두가 있는데, 이 천연두는 천연두 바이러스에 의하여 일어나는 무서운 전염병으로 과거에는 이 병에 걸려 수많은 사람들이 죽었었다.

수년 전에 세계의 의학자들은 이 병이 지구상에서 완전히 사라져 버린 질병이라고 선언하였는데, 이는 에드워드 제너(그는 목사의 아들이었다)라는 영국의 한 의사가 발견한 예방 접종에 의하여 우리 몸에 이 질병을 이길 수 있는 면역이라는 것이 생겼기 때문이다.

예방 주사를 맞으면 가벼운 병에 먼저 걸리게 되어 우리 몸에 그 병에 대한 저항력이 생겨나게 된다. 그런데 천연두뿐 아니라 다른 전염병에도 이와 같은 예방 접종을 하면 질병을 예방할 수 있다는 것을 밝혀 낸 사람이 바로 파스퇴르다. 먼저 가벼운 병을 일으켜 면역을 얻게 하려면 특별한 배양균을 만들어야 하는데 이것을 백신이라고 부른다.

백신이나 예방 접종이라는 말을 처음 사용하기 시작한 것도 바로 파스퇴르였다. 예방 주사가 아니었다면 지금도 우리 인류는 여러 가지 전염병으로 큰 고통을 당하고 있을 것이다. 물론 파스퇴르의 이와 같은 명성은 저절로 쉽게 얻어진 것이 아니었다. 그가 가축들 사이에 유행하던 무서운 탄저병에 대한 백신을 개발했을 때 그 당시 많은 의사들과 수의사들은 그가 만든 백신을 믿지 않았다.

"의사도 아닌 파스퇴르가 조금 유명해졌다고 마치 예방 주사로 모든 전염병을 물리칠 수 있는 것처럼 떠벌리다니 도저히 믿을 수가 없어."

주로 면양과 소, 말 등의 초식 동물들에게 많이 발생하던 탄저병은 다리가 몹시 약해져서 무리를 따라다니지 못하게 되고 비틀거리다가 갑자기 죽어버리는 병이었다.

"탄저병은 이 병에 걸려 죽은 동물들에게 살던 세균이 벌레 등을 통하여 주위의 풀들을 오염시켜서 이 풀을 먹은 다른 동물들이 전염되는 것입니다. 내가 개발한 백신을 맞으면 탄저병을 막을 수 있습니다."

"파스퇴르의 주장은 엉터리야. 이번에야말로 우리들이 파스퇴르의 코를 납작하게 만듭시다."

파스퇴르의 업적을 시기하던 많은 과학자들은 그가 개발했다는 백신을 믿지 않았다. 오히려 이번 기회야말로 파스퇴르의 명성에 큰 상처를 입힐 수 있는 호기라고 생각했다. 당시 의학 협회에서는 그가 무엇을 발표하면 의사들은 아무도 그의 말을 들으려 하지 않았다. 심지어 줄 개랭이라는 의사는 파스퇴르와 얼마나 사이가 나빴던지, 주먹 다툼 일보 직전까지 가고 공식 결투까지 신청할 정도였다. 이렇게 의사들은 그의 연구 성과들을 불신했던 것이다.

오늘날까지도 그의 업적에 대해 시비를 거는 사람들이 일부 있다. 그런 오해를 품은 사람들의 대부분은 그의 성격과 인격을 들먹거리곤 한다. 그러나 오히려 이는 개척자로서 그가 얼마나 많은 오해와 불신을 이기고 위대한 과학자가 되었는가를 보여주는 대목이다.

　□ 공개적인 실험의 성공
　1881년 5월 5일, 파스퇴르는 연구와 실험 뿐 아니라 오해와 시기 그리고 남들이 알아주지 않는 고통 속에서 마침내 과학사에 있어서 유명한 공개 실험을 시작했다. 실험 장소는 프랑스 물랑의 근처 마을인 푸이르포르란 곳에 있는 어느 수의사의 목장이었는데, 그도 파스퇴르의 입장에 반대하던 사람이었다.
　프랑스 신문들은 이 사실을 대대적으로 보도했으며, 영국 런던에 있는 《더 타임즈》지에서는 특파원까지 보낼 정도였다. 의사와 수의사 그리고 농학자들과 여러 과학자들이 이 흥미 있는 실험을 보기 위하여 모여들었다. 그들은 파스퇴르의 실험이 실패하고 말 것이라고 공공연히 떠들어 댔다. 참으로 이 실험은 파스퇴르 대인의 자존심과 명예가 걸린 것이었다.
　"하나님은 가장 가난한 사람들도 경제적 어려움이 없이 건강의 혜택을 누릴 수 있는 방법으로 우리를 돌보십니다. 예방 접종이야말로 바로 그런 것입니다."

　　내 형제 중에 지극히 작은 자 하나에게 한 것이 곧 내게 한 것이라(마 25:40).

그는 이미 실험실에서 확인했던 이 실험이 반드시 성공해서 많은 사람들의 오해를 풀고 큰 경제적 부담이 없이 사람과 동물들에게 이 방법이 널리 보급되기를 기대하였다. 실험에 사용된 면양은 모두 60마리였다. 이중에서 10마리는 그대로 두고, 나머지 50마리의 면양을 각각 25마리씩 나누어 두 무리로 분류하였다. 파스퇴르와 그의 조수들은 25마리를 다른 무리와 구별하기 위하여 한 쪽 귀에 구멍을 뚫고 이들 면양에게만 탄저병 백신을 주사하였다. 그런 다음 50마리의 면양을 함께 목장에 풀어 주었다.

　2주일 후에 보니 접종을 받은 면양들은 가벼운 병을 앓았지만 모두 회복되어 있었다. 5월 17일 파스퇴르와 조수들은 백신을 한 번 더 접종했다. 그리고는 면양들이 또 한 번 가벼운 병에 걸린 다음 회복되는 그 달 말까지 그대로 내버려 두었다. 5월 31일 파스퇴르 일행은 다시 목장으로 나갔다. 이번에는 50마리의 면양들 모두에게 탄저병을 일으키는 맹독의 배양균을 오른쪽 넓적다리에 주사하였다.

　"이제 6월 2일이 되면 접종을 받지 않았던 면양들은 모두 죽지만, 먼저 예방 접종을 받았던 면양들은 한 마리도 죽지 않을 것입니다." 파스퇴르는 모인 사람들에게 이렇게 장담했다. 이것은 자신의 명예를 건 엄청난 도박이었을까, 아니면 충분히 예측 가능한 그의 확신이었을까? 드디어 6월 2일이 되어 많은 구경꾼들이 목장으로 모여들기 시작했다. 그중에는 물랑 농업회의 회장인 프랑스 농림성의 고관도 있었다. 그 밖에도 의사와 수의사 그리고 유럽 여러 나라의 신문 기자들이 모여들었다. 그들이 발견한 것은 무엇이었을까?

놀라운 일이 일어났다! 한마디로, 그 날의 결과는 파스퇴르가 예언한 바로 그대로였던 것이다. 목장에는 22마리의 면양들이 나란히 죽어 있었으며, 그 옆에는 2마리의 양들이 괴로운 숨을 몰아쉬고 있었다. 그러나 이들 2마리도 1마리는 1시간이 채 가기 전에 숨을 거두었고, 나머지 한 마리도 결국 그날을 못 넘기고 죽고 말았다. 그러나 접종을 받은 면양들은 모두 살아서 유유히 풀을 뜯고 있었다. 실험은 이렇게 끝이 났다.

이 실험의 결과에 대하여 당시 프랑스의 경쟁국이었던 영국의 《더 타임즈》신문 특파원은 이러한 기사를 썼다.

이제 농업계는 전염병에 대하여 의심할 여지없이 예방법이 있다는 것을 알게 되었다. 그 예방법은 비싸지도 않으며 어렵지도 않다. 단 한 사람이 하루 1,000마리의 면양을 접종시킬 수 있다.

그 후 2년 동안 약 10만 마리의 동물들이 접종을 받게 되었다. 이 중 탄저병으로 죽은 동물은 단지 650마리에 불과하였는데, 이것은 접종이 있기 이전에 10만 마리당 약 9,000마리가 이 병으로 죽었던 것에 비하면 엄청난 변화였다. 이 실험을 통하여 예방 접종의 효험이 일반인들에게 알려지게 되었고, 사람과 동물을 전염병으로부터 보호하기 위한 백신의 개발이 점점 더 확산되기 시작했다.

여러 업적은 차치하고, 오직 이 한 가지 사실만으로도 파스퇴르는 분명 인류에게 크게 기여한 위대한 과학자였다. 그러나 파스퇴르에 대하여 우리들이 지나쳐서는 안 될 가장 중요한 사실이 또 한 가지 남아있다. 그것은 바로 그의 겸손한 믿음이다.

□ 파브르와의 인연

파스퇴르는 한때 『곤충기』를 써서 저 유명한 파브르와 사귐을 가진 적이 있다. 당시 프랑스 남부 지방에서는 누에에서 실을 얻는 양잠업이 성행했는데, 그 누에에 병이 크게 번져 양잠업자들이 큰 타격을 받고 있었다. 누에의 몸에 반점이 생기는 이 병을 연구하던 파스퇴르가 당시 유명한 곤충 학자였던 파브르를 찾아간 것이었다. 파스퇴르는 파브르보다 꼭 한 살이 위였다. "파브르 선생, 누에에 생기는 이 반점은 원인이 무엇일까요? 곤충에 대하여 누구보다도 애정이 많으신 파브르 선생께 조언을 구합니다."

"질병의 치료에 관하여 파스퇴르 박사만큼 유명하신 분이 누가 또 있습니까? 큰 도움을 못 드려 죄송합니다. 하지만 지극히 작은 일에 충성하라고 하신 예수님 말씀처럼 우리 두 사람이 작디 작은 미생물과 곤충을 그냥 지나치지 않고 사랑하고 관심을 갖게 되었다는 것이 참으로 우연만은 아닌 것 같습니다. 저는 요즈음 교회에서 과학 강좌를 열고 있지요. 하나님이 창조하신 아름다운 창조 세계에 대하여 많은 사람들이 듣고 큰 은혜를 받곤 한답니다."

파스퇴르는 비록 파브르에게서 누에의 질병 치료에 대한 큰 도움을 얻지는 못했지만, 같은 신앙인으로서 많은 것을 배울 수 있었고,

이로써 두 사람은 친구가 되었다. 프랑스가 낳은 두 유명한 생물학자가 동시대인으로서 모두 생명의 자연 발생을 부정하고 진화론을 반대한 창조과학자였다는 것은 우리들의 흥미를 끈다.

"자연 발생이 일어난다는 것은 생식 인자가 나온다는 것이요 생명이 우연히 만들어진다는 것이다. 그러면 생명 부여자로서의 하나님은 더 이상 필요 없게 되는 것이다. 물질이 하나님을 대신하게 되며 하나님은 단지 우주 운동의 부여자로서만 가끔 기억될 것이다."

이렇게 그는 진화론을 부정했던 것이다. 파스퇴르는 결국 6년 만에 혼자의 힘으로 누에의 질병을 일으키는 두 가지 형태의 박테리아를 찾아냈고, 치료하는 방법도 알아내어 프랑스의 양잠업을 되살리기에 이르렀다. 군인이었던 아버지의 끈기를 이어받은 파스퇴르는 정말로 집념의 과학자였던 것이다.

"의지, 일하는 것, 그리고 기다림은 사전에서 제일 중요한 단어다. 이 세 낱말이야말로 내게 성공의 금자탑을 줄 세 개의 초석이다."

10대 초반에 파스퇴르가 썼다는 이 말은 그가 지닌 끈기가 어떠하였는가를 상징적으로 잘 알려준다. 1881년 탄저병 실험이 있은 후 어느 유명한 신문은 그를 가리켜 "프랑스 과학의 영광"이라고까지 칭송한 적이 있다. 그만큼 그의 업적은 프랑스를 뛰어넘어 모든 인류에게 커다란 은인이었다. 그러나 그보다 더 우리를 감동시키는 것은, 이런 그가 매우 신실한 믿음의 사람이었다는 것이다.

"나는 내가 무엇을 알면 알수록 내 믿음이 겨우 시골 농부의 그것과 조금도 다를 게 없다고 느끼곤 합니다." 파스퇴르는 이렇게 나이가 들면서 믿음이 점점 더 깊어 갔다고 알려지고 있다. "황태자께서 도착하신 것 같군요. 제가 좀 더 일찍 입장했어야 했는데……. 참으로 죄송합니다."

런던서 개최된 국제 의학 회의에 프랑스 대표로 참가하여 회의장인 세인트제임스 홀에 그가 들어섰을 때 우레와 같은 박수를 받고 그가 멋쩍어하며 했다는 이 유명한 이야기도 그의 성격의 일단을 보여주는 일화다.

□ 73세의 일기로 숨을 거두다

1888년 개의 질병인 광견병의 예방과 치료법을 개발한 공로로 프랑스 정부에서 마련해 준 '파스퇴르 연구소'의 초대 소장이 되어 디프테리아의 연구에 마지막 온 힘을 쏟던 그는 지병인 중풍이 악화되어 1895년 9월 28일, 73세의 나이로 하늘나라로 갔다. 하나님은 모든 인류의 건강과 병 없는 사회를 위하여, 집념과 끈기로 온몸을 바친 이 경건한 믿음의 과학자 파스퇴르를 사용하신 것이다. 파스퇴르가 세상을 떠나자 프랑스 정부는 그의 장례식을 국장으로 치러 국가와 인류에게 공헌한 그의 업적을 기렸다. 국민들 모두가 그를 칭송한 것은 물론이었다. 아니 세상의 많은 사람들이 그의 죽음을 애석해 했다. 그리고 이제 파스퇴르가 프랑스의 위인들이 묻힌 팡테온 묘지에 묻히는 것은 당연한 일이었다.

그런데 한 가지 조그만 문제가 생겼다. 파스퇴르의 일평생 훌륭한 내조자였던 그의 부인이, 하나님을 믿지 않는 사람들이 많이 묻힌 팡테온 묘지에는 자신의 남편 파스퇴르의 시신을 절대로 보낼 수 없다고 고집스럽게 버틴 것이었다. 결국 그의 시신은 파스퇴르 연구소 지하에 묻히게 되었다. 이것도 하나님의 뜻이었을까?

그의 묘지 천정에는 4명의 천사가 믿음, 소망, 사랑 그리고 과학이라고 새겨진 명패를 각각 하나씩 들고 오늘날도 그의 믿음을 세상 사람들에게 알리고 있다. 한 사람의 고집스런 믿음이 하나님을 믿은 한 과학자의 생애를 생생하게 훗날 사람들에게도 보여주고 있는 것이다. 얼마나 멋진 고집인가! 이런 일화에 별로 관심이 없는 세상 사람들이 오히려 안타깝다. 파스퇴르가 근대 의학 연구의 진정한 창시자라는 데 대하여 오늘날 이의를 제기하는 사람은 아무도 없다. 누가 뭐라 해도 하나님께서는 이 사람 파스퇴르를 쓰셨다.

장 앙리 파브르
Henri Fabre

'예수님께서는 지극히 작은 자에게 한 것이 바로 나에게 한 것이
라고 말씀하시지 않았는가? 또 어린이들을 지극히 사랑하
신 예수님이 아니신가? 그렇다! 이제부터는 어린이들을 위
한 글을 써야겠다!'
"예수님이 아니었다면 나는 아무것도 이해할 수 없었을 것
입니다. 그분이 없으면 모든 것은 암흑뿐입니다. 하나님에
관한 나의 믿음을 빼앗은 것보다 나의 육신을 빼앗는 일은
얼마나 쉬운지요."

곤충의 아버지 **파브르**

앙리 파브르!
그 한 사람으로 인하여 프랑스는 세계의 어린이 앞에 떳떳하다!

92년 하계 올림픽이 개최된 스페인의 항구 도시 바르셀로나를 따라 프랑스 쪽으로 조금 올라가면 리옹만이 나오고, 남부 프랑스의 유명한 도시 마르세이유가 그곳에 자리 잡고 있다. 그리고 그 근처 작은 산마을 상레옹에서 "곤충학의 아버지", "벌레의 시인", "곤충의 아저씨"라 불리는 위대한 곤충 학자 장 앙리 파브르(Henri Fabre, 1823-1915)가 태어났다.

□ 호기심 많은 아이, 파브르
어느 여름날 저녁 무렵 어린 앙리는 집 근처의 풀숲에서 지금까지 듣지 못한 벌레의 울음 소리를 들었다. '귀뚜라미 소리도 아닌데 무슨 벌레 소리가 이렇게 클까? 혹시 산새 둥지가 근처에 있는 게 아닐까?' 어린 앙리는 작은 산새의 새끼를 만날지도 모른다는 반가움에 가슴을 두근거리면서 조심스럽게 풀숲으로 다가갔다. 그런데 그 소리는 가까이 다가가자 그만 뚝 그쳐 버리는 것이었다. 그는 쪼그리고 앉아서 다시 그 신기한 소리가 들려오기를 기다렸지만 다시는 그 시원스런 소리를 들을 수가 없었다. 다음 날도 앙리는 저녁을 먹기가 바쁘게 풀숲으로 나가 기다렸지만 그 아름다운 목소리의 임자를 찾는 데는 실패하였다. 며칠이 지난 후에야 마침내 그는 그것을 붙잡는 데 성공했다. '이게 무얼까? 꼭 메뚜기처럼 생겼잖아! 그런데 어쩌면 그렇게 고운 목소리를 낼까?' 끈질긴 관찰 끝에 찾아낸 이 목소리의 주인공이 여치와 비슷한 베짱이였다는 것을 안 것은 그가 좀 더 자란 뒤의 일이었다.

이 위대한 곤충 학자의 꿈은 이렇게 어린 시절 일찍부터 움트기 시작했다. 어린 시절 매우 가난하게 자란 파브르는 고향인 상레옹에서 약 40킬로미터쯤 떨어진 '마라바르'라는 마을에 있는 외갓집에서 주로 어린 시절을 보냈다. 가난했기 때문에 집안에는 가지고 놀 만한 장난감 하나 없었지만, 그가 자란 남프랑스는 여름에는 시원하며 겨울에는 비가 자주 내리고 따뜻하여 식물들이 잘 자라고 곤충들도 참 많았다. 하나님께서 주신 주위의 모든 것이 그에게는 신기하고 놀라운 놀이감이었다. 참새와 가축, 벌레, 그리고 이름 모를 풀들에 이르기까지 모든 것들이 호기심과 관찰의 대상이었다. 산기슭의 아름다운 풍경과 목장의 소와 양떼들도 파브르에게는 소중한 학습 자료였다.

7세가 된 파브르는 학교에 들어가야 했지만, 외가 동네에는 학교가 없었기 때문에 부모님이 계신 고향으로 다시 돌아왔다. "우리 앙리만큼은 나처럼 무식한 농군으로 만들지 말아야지." 파브르의 부모님은 입버릇처럼 이렇게 말하곤 했다. 그러나 상레옹에는 학교라고도 할 수 없는 작은 분교 같은 글방만이 있을 뿐이었다. 파브르는 이곳에서 공부를 하게 되었는데, 마을 학교 선생님은 피에르 리카르라는 이웃집 아저씨로 파브르의 이름도 그가 지어 주었다. 그는 믿음이 좋았으며 또한 유일무이한 이발사이기도 했다.

□ 고난의 연속

교회 일에 열심이었던 피에르 선생님은 학교 일과 교회의 궂은일을 도맡아 하면서 어린 학생들에게 성경의 이야기를 자주 들려주었다. 어린 파브르는 리카르를 통해서 믿음이 생기기 시작하였으며, 하나님께서 살아있는 모든 것들을 창조하셨다는 성경의 말씀을 깊이 간직했다. '언젠가 하나님이 만드신 벌레를 좀 더 세밀히 관찰해야지.' 벌레를 유난히 좋아하던 그는 일찍부터 이런 생각을 품었던 것이다. 그러나 몇 년이 지나도 그의 가정 형편은 조금도 나아질 기색이 보이지 않았다.

어렵고 찌든 가정생활은 어린 파브르를 좋아하는 자연과 더불어 벌레만을 관찰하도록 놓아두지를 않았다. 마침내 생활고에 지친 부모님들은 로데라는 도시로 이사를 가게 되었고, 파브르도 어쩔 수 없이 함께 전학을 가게 되었다. 그리고 공부를 계속하기 위해서는 무슨 일이든 돈벌이가 될 만한 일을 해야만 할 처지였다.

"학교 안의 교회당 합창단원이 되면 등록금을 면제하여 줌"

어느 날 학교에 이런 공문이 나붙었다. '그래, 교회의 합창단원이 되자. 하나님께서 계속 공부할 기회를 주셨구나!' 파브르는 곧 교회 합창단에 들어갔다.

그러나 세월이 흘러 로데에 온 지도 5년이나 되었지만 집안의 살림은 조금도 가난을 벗어날 수가 없었다. 파브르의 가족은 또다시 이웃 마을인 툴루스로 이사를 가게 된다. 여기서도 파브르는 학비가 면제되는 종교 학교에 들어갈 수 있었으며 마침내 졸업을 하게 되었다. 이후 파브르의 가족은 몽페리에라는 도시로 또 한 번 이사를 했다. 그렇지만 오히려 가족의 찌든 생활은 점점 더 심해지기만 했으며, 끝내는 아무런 희망도 보이지 않게 되었다. "이제는 나도 지쳐 버렸구나. 이러다가는 우리 가족 모두 굶어 죽을지도 모르겠다. 앙리, 너도 이제 졸업을 했으니 우리 가족 모두 뿔뿔이 흩어져 살 길을 찾아보자." 아버지는 이 말씀을 하시고는 긴 한숨을 내쉬었다. 이 위대한 곤충 학자의 어린 시절은 이렇게 가난에 따른 고난의 연속이었다.

"여호와를 기뻐하라. 저가 네 마음의 소원을 이루어주시리라." 이 말씀을 마음에 품은 어린 파브르에게 의지할 대상은 오직 하나님뿐이었다. 14세가 되어 부모님을 떠난 파브르가 맨 처음 한 일은 레몬 행상이었다. 잠은 근처 공원의 의자나 나무 밑에서 쪼그린 채 자기도 하고, 한때 철로변의 공사장 인부로 일하기도 했다. 그러는 동안 호리호리한 그의 몸매는 더욱 야위어 갔으며, 일거리가 없는 날은 물만 마시며 보낸 날도 많았다고 그는 훗날 고백했다. '이렇게 일생을 보낼 수는 없어. 나라에서 학비를 보태 주는 사범학교에 들어가자.' 그는 굳은 결심을 한다. 이를 악물고 독학으로 공부에 정진한 그는 들어가기 어렵다는 아비뇽 사범학교에 놀랍게도 수석으로 합격을 하게 되었다. 이제 그에게 잠자리나 먹을 걱정만큼은 사라진 것이다. 그는 참으로 어린 시절부터 공부하고 싶던, 하나님께서 창조하신 지극히 작은 생물 곤충에 대하여 공부할 기회가 주어진 것을 기뻐했다.

그렇지만 그 당시 프랑스의 사범학교는 국어와 기하학 등을 중요하게 다룰 뿐, 파브르가 좋아하는 동물이나 식물에 대한 학과는 전혀 없었다. 파브르는 자연히 학업에 흥미를 잃고 곤충을 잡아 관찰하거나 산 위에 올라가 시를 짓는 등 선생님들이 보기에는 엉뚱한 일에만 열중하게 되었다. 마침내 선생님들의 그에 대한 평가는 "게으름뱅이 열등생"이 되었다. 학교에 곤충의 날개, 다리 껍데기까지 가져오지를 않나, 산 속 동굴에 들어가 밤을 새우지 않나, 모범생이었던 파브르는 아주 괴팍한 문제 학생이 되어버렸다. 선생님들은 그를 이해하지 못했다.

오늘날 우리의 학교 교육에 대해서도 이 파브르의 일생은 시사하는 바가 아주 크다고 본다. '내가 얼마나 어렵게 이 학교에 들어왔던가! 언젠가는 선생님들도 이해할 날이 오겠지.' 선생님들의 이런 평가에 자극을 받은 그는 또 한 번 끈질긴 인내력을 발휘하여 마침내 4년간 다녀야 하는 사범학교를 3년 만에 마치는 놀라운 능력을 보였다. 이때 그의 동생도 사범학교에 입학시험을 치러 우수한 성적으로 합격하였다. 그의 가정에 오랜만에 웃음꽃이 핀 것이다.

졸업 후 카르팡트라스 공립학교의 선생님이 된 파브르의 당시 나이는 19세였다. 이제 그는 아이들을 가르치며 그렇게도 원하던 곤충을 관찰할 수 있는 시간적 여유를 많이 갖게 되었다. 그리고 이때 파브르는 같은 학교에 근무하던 마리 비야르 선생님과 마을 교회에서 결혼도 하게 되었다. 1844년으로 그의 나이 21세 때였다.

안정된 생활 속에서 곤충들과 함께하며 연구와 관찰에 정성을 쏟은 파브르는 마침내 비단벌레에 관한 관찰 연구로 프랑스 학사원에서 주는 '실험 생리학상'을 수상하였다.

□ 창조과학의 길이 열리다

어느 날 유명한 세균학자 파스퇴르가 그를 찾아왔다. 파브르보다한 살 위인 파스퇴르가 그리스도인이었다는 것은 앞서 파스퇴르를다루면서 언급한 바 있는 사실이다.

"파브르, 제가 요즘 누에의 병을 연구하고 있습니다. 파브르 선생님의 도움이 많이 필요합니다."

"파스퇴르 선생님의 위대한 업적은 잘 알고 있습니다. 무엇보다도 선생님의 훌륭하신 믿음을 존경합니다. 누에에 대하여는 제가도와드릴 만한 일이 없지만 우리 믿음의 형제로서 교제를 나눕시다. 저는 지금 마샬 교회에서 공개강좌를 하고 있습니다. 벌레들의신기한 습성을 통해서 하나님의 놀라운 창조의 신비를 전하면 사람들이 큰 은혜를 받고는 합니다."

　어쩌면 이때 이미 파브르는 창조 과학 강의를 시작한 셈이다. 파스퇴르와 파브르는 모두 하나님의 창조 사실뿐 아니라 하나님께서 종류대로 모든 생물을 창조하셨음을 믿었으며 진화론을 배격한 사람들이었다. 파브르는 교회의 도움을 받아 이 당시 '꼭두서니' 라는 나무의 뿌리에서 옷감의 염색에 쓰이는 '알리자린' 이라는 빨간 색소를 순수하게 뽑아낼 수 있는 방법을 개발하는 데도 성공했다. 이쯤 파브르는 프랑스 정부가 주는 최고 훈장인 '레종도네르' 훈장도 받게 되었다. 나폴레옹 시대에 만들어진 이 훈장은 프랑스의 문화와 국방에 기여한 사람에게 수여되는 귀한 상이었다.

　이렇게 이제 파브르에게서 시련은 멀리 간 것 같았다.

　□ 『곤충기』를 집필하다

　그러나 시련은 다른 곳으로부터 왔다. 과학에 대한 교회에서의 공개강좌를 사람들이 오해하고 질투하여 비난하기 시작한 것이다. "신성한 교회에서 과학 강의를 하다니, 하나님의 뜻에 어긋나는 행위다."

　파브르는 교회에서 강의를 할 수 없게 되었으며 학교도 그만 두게 되었다. 그러나 그는 아무도 원망하지 않았다. 그리고 이미 어린 시절부터 고난에 익숙하였기에 이만한 일로 절망할 파브르도 아니었다. 오히려 이런 연단의 과정이 그를 더욱 성숙하게 만들었으며, 그는 이 일을 하나님의 섭리에 더더욱 다가가는 계기로 바꾸었다. '예수님께서는 지극히 작은 자에게 한 것이 바로 나에게 한 것이라고 말씀하시지 않았는가? 또 어린이들을 지극히 사랑하신 예수님이 아니신가? 그렇다! 이제부터는 어린이들을 위한 글을 써야겠다.'

21년 동안 정들었던 학교를 떠난 파브르는 오래 전부터 구상해 오던 어린이들을 위한 쉽고도 재미있는 책들을 펴내기 시작했다. 9년에 걸쳐 그는 『과학 이야기』, 『전원의 과학』, 『식물의 생활』, 『우리를 돕는 동물들』과 같은 귀중한 책들을 잇달아 펴냈다.

48세가 되던 1871년 파브르는 오랑즈라는 곳으로 이사하였는데, 이 책들은 모두 이곳에서 출판되었다. 그러나 그가 가장 사랑하던 아들을 잃은 곳도 바로 이곳이었다. 다시 세리냥이란 곳으로 이사한 파브르는 그 유명한 『곤충기』를 집필하기 시작한다. 오늘날까지 전 세계 어린이들에게 가장 사랑받는 과학 서적 가운데 하나인 이 책은 발간될 당시에도 이미 프랑스 뿐 아니라 전 세계 과학자들의 찬사를 받았다. 딱정벌레에 관한 관찰만 170종류에 달했으며, 130가지의 벌들이 세밀히 연구되어 있었다. 이 밖에도 파리와 나방, 그리고 나비 등이 수십 종류가 등장하고, 고등 식물, 버섯, 나방의 유충, 거미, 새 등에 관하여 상세히 쓰여졌다. 그리고 파브르 자신의 젊은 시절의 이야기와 수학과 과학에 관한 이야기도 담겨 있었다. 이것은 모두 파브르 자신이 몸소 보고 관찰하여 판단한 것이었기에 더욱 값진 것이었다. 특히 쇠똥구리에 관한 연구는 40년 동안에 걸친 인내의 결실이었다. 이 일로 파리에서 '문화 훈장' 을 받은 파브르는 국왕 아들의 가정교사가 되어 달라는 부탁을 받게 되었다. 그러나 그런 화려한 일로 기뻐할 리 없는 파브르는 정중히 사양하고 세리냥으로 돌아왔다.

그가 진실로 사랑하고 관심을 가진 것은 분명했다. 그것은 "지극히 작은 것에 충성된 자는 큰 것에도 충성되고 지극히 작은 것에 불의한 자는 지극히 큰 것에도 불의하다."고 하신 성경 말씀처럼, 하나님께서 창조하신 작은 벌레들과 어린이들이었던 것이다. 그가 87세 되던 해에 사람들은 '파브르의 날'을 선포하였으며, 스웨덴 과학원에서는 영예로운 린네의 메달을 보내오기도 했다.

□ 신앙으로 마감함 그의 노후

그러나 그는 이런 일에 별 관심을 보이지 않았고, 문제는 전혀 엉뚱한 다른 곳에서 일어났다. 프랑스 정부가 이 일에 축하 전보 한 장 보내지 않자, 파브르는 아무런 반응이 없는데 오히려 프랑스 국민들이 먼저 흥분하기 시작한 것이다. 프랑스의 작가 에드몽은 정부에 항의하여 신문에 다음과 같은 유명한 글을 실었다고 한다.

프랑스여!
그대의 가장 아름다운 건물이 이제 무너지려 하는데 아직도 스웨덴의 도움에만 기대려고 하는가.
프랑스여!
그대는 이제 파브르가 늙어 지쳐 있는 것을 모르지 않으리라.
그럼 그대가 해야 할 일을 아무것도 하지 않았다는 것을 모르지 않으리라.

당황한 프랑스 정부는 마침내 파브르에게 2,000프랑의 연금을 주겠다고 공표하였다. 그리고 온 프랑스 사람들도 나서서 그에게 선물과 헌금을 하였다. 물론 이것은 모두 프랑스가 낳은 위대한 생물학자 파브르에 대한 프랑스 국민의 존경과 감사의 마음이었다. 그러나 정말로 당황한 사람은 파브르 자신이었다. 1912년 8월 4일, 파브르는 이렇게 신문에 호소하였다.

"조용히 죽음을 기다리고 있는 저에게 이제 필요한 것은 아무것도 없습니다. 이런 일들은 늙은 나에게 아무 소용이 없으니 감사하지만 사양합니다."

그리고는 선물과 헌금을 보내 온 사람들에게 다시 되돌려주었으며, 주소가 불분명하거나 돌려보낼 수 없는 곳에서 온 물건들은 세리냥의 가난한 사람들에게 나누어 주었다. 그 후에도 프랑스 대통령과 유명한 영화배우 등 여러 사람들이 그에게 인사하러 찾아왔으나, 90세가 넘은 파브르의 진정한 관심은 그와 같은 세상적인 것이 아니었다.

"예수님이 아니었다면 나는 아무것도 이해할 수 없었을 것입니다. 그분이 없으면 모든 것은 암흑뿐입니다. 하나님에 관한 나의 믿음을 빼앗는 것보다 나의 육신을 빼앗는 일은 얼마나 쉬운지요." 그의 진정한 관심은 그에게 작은 것들을 사랑하고 벌레를 사랑하게 해주신 그분, 바로 하나님의 곁으로 가는 일이었다. "젊었을 때에는 누구든지 고향을 떠나는 걸 예사롭게 생각합니다. 그러나 나이가 들면 들수록 고향은 그리워지게 마련이지요."

이렇게 말한 파브르는 비록 가난 때문이기는 했지만, 누구보다도 일찍 하나님께서 창조하신 자연과 벌레들에 대한 호기심을 키워 주었던 자신의 아름다운 고향에 대한 그리움을 잘 알고 있었다. 그러나 자연과 벌레들을 사랑하던 그의 영원한 고향은 바로 그 아름다운 창조 세계를 만드신 하나님의 품이었다. 교회 성직자의 손을 잡은 채 이 위대한 시인이며 곤충 학자였던 파브르가 92세의 긴 여정을 마감하며 평온히 눈을 감았던 날은 1915년 10월 11일이었다. 그가 즐겨 다니던 고향 산 아래 따뜻한 한 들판에 그의 시신이 내려졌을 때, 그의 관 위에서 한 마리의 작은 벌레가 유난히도 반짝였다고 함께했던 사람들이 전하고 있다.

캘빈

Lord Kelvin, William Thompson

"하나님은 나에게 십계명과 더불어 또 한 가지 계명을 내려주셨다. 그 열한 번째 계명은 이것이다. '과학이 인도하는 곳으로 따라 올라가라. 거기서 지구의 무게를 달고, 공기의 무게도 달며, 조수에 대하여 알아보아라. 행성들에게 운행의 길을 알려주며, 과학의 잘못을 바로잡고, 태양의 여러 현상을 조절하라.'"

절대 온도를 발견한 **캘빈**

과학사에 있어 캘빈(Lord Kelvin, William Thompson, 1824-1907)은 참으로 특별하고도 중요한 위치를 차지한다. 그는 물리학자이며 화학자였고, 70여 가지 특허품을 가진 발명가였다. 그는 오늘날의 과학자라면 엄두도 못 낼 참으로 여러 분야를 넘나든 과학자였다. 뿐만 아니라 그는 창조 과학적 측면에서도 빼놓을 수 없는 인물이었음을 또한 밝혀 둔다.

캘빈은 과학사에 있어 중요한 다음의 세 가지 용어를 최초로 사용하였다. 하나는 신실한 그리스도인 학자였던 줄이 발견한 '줄'의 일당량(當量)에 관하여 연구하여 자신의 이름 캘빈을 사용한 절대 온도 개념을 도입한 것이고, 또 하나는 "에너지"라는 개념을 최초로 채택하고 사용한 것이다. 그리고 마지막으로, 열이 어떻게 이동하고 서로 다른 에너지 형태들이 어떻게 상호 관련되어 있는지를 다루는 "열역학"이라는 단어를 최초로 도입하고 사용하였다. 물론 열역학 제2법칙에 대학 공로는 클라우시우스와 양분해야 하지만 캘빈의 공로를 부인하는 사람은 아무도 없다.

열역학은 영어로 "서모다이다믹스"(thermodynamics)라고 하는데, 이것은 희랍어로 '열'과 '힘'을 나타내는 두 단어가 결합된 것이다. 열역학 제1법칙은 에너지의 보존을 표현한 것으로, 에너지는 소멸될 수도, 생성될 수도 없음을 나타낸다. 과학의 인과율로 본다면 열역학 제1법칙은 에너지를 만드신 하나님이 계심을 역설적으로 보여주는 법칙이라 할 수 있다.

열역학 제1법칙이 에너지의 양적인 보존을 다룬 것이라면, 제2법칙은 에너지의 질적인 쇠퇴를 다루고 있다. 제2법칙은 과거 언젠가 완벽한 창조의 시기가 있었음을 웅변적으로 보여준다. 과학에서는 그 원인은 말하고 있지 않지만 제2법칙에 따르면 과거 언젠가 우주에 무질서가 들어왔음을 알 수 있으며, 그것은 인류의 죄악과 죽음의 문제와 연관되어 있음이 성경을 통하여 이미 알려진 바 있다. 즉 열역학 제2법칙은 근본적으로 우연이 거듭되면서 우주의 질서가 잡혀 갔다는 진화론과는 정면으로 배치되는 법칙인 것이다. 그런 캘빈이 지질학에 있어서의 진화론인 라이엘의 동일과정설과 다윈의 진화론을 구체적으로 부정하던 과학자라는 것은 어쩌면 하나님의 의도적 섭리였을 것이라고 생각된다.

□ 과학이 인도하는 곳으로 가다

본명이 윌리엄 톰슨(William Thomson)이었던 캘빈은 영국 글래스고우 대학 물리학 교수였던 아버지의 6남매 중 막내로 태어났다. 그의 집안은 종교적 문제로 스코틀랜드에서 추방되었던 집안이었다. 대학 교수였던 아버지는 자식들에게 기독교적 양심과 경건한 신앙심을 강조하면서도 학자다운 학문의 자유로움과 깊은 사고를 유도하곤 했다. 이것은 지질학과 천문학까지 포함하는 아주 광범위한 것이었는데, 훗날 캘빈은 이런 종합적 지식을 바탕으로 진화론을 강력하게 반박할 수 있었다. 이런 환경 아래에서 막내 윌리엄이 일찍이 과학의 세계에 눈을 뜬 것은 당연했다. 16세 때의 일기장에 그는 이런 글을 기록하고 있다.

"하나님은 나에게 십계명과 더불어 또 한 가지 계명을 내려주셨다. 그 11번째 계명은 이것이다. '과학이 인도하는 곳으로 따라 올라가라. 거기서 지구의 무게를 달고, 공기의 무게도 달며, 조수에 대하여 알아보아라. 행성들에게 운행의 길을 알려주며, 과거의 잘못을 바로잡고, 태양의 여러 현상을 조절하라.'"

참으로 놀라운 결단이 아닐 수 없다. 결국 윌리엄은 자신이 다짐한 11번째 계명대로 과학자로 인도함을 받게 되었다. 17세 때 캠브리지 대학에 입학하고, 18세 때에는 열역학에 관한 심도 있는 논문을 쓰는 등 캠브리지 수학 저널에 여러 편의 논문을 발표하기도 했다. 그가 글래스고우 대학의 물리학 교수가 된 것은 그의 나이 겨우 22세 되던 해였다. 그는 상당히 의욕이 강한 교수로, 오래 된 포도주 창고를 개조하여 영국 본토 최초의 현대식 실험실을 만드는가 하면 탑 꼭대기의 방들을 실험실로 사용하기도 했다. 이런 의욕으로 그는 다방면의 현상에 관심을 가지게 되었으며, 과학적 원리 뿐 아니라 그 외에도 상당히 많은 기구들을 개발하였다. 널리 알려진 그의 유명한 "열역학과 절대 온도"에 가려져 잘 눈에 띄지 않은 그의 업적 중 중요한 몇 가지가 있다.

모르스가 발명한 전신기를 사용하기 위하여 영국은 1857년부터 약 10년 동안 대서양 밑바닥에 해저 전선을 설치하려고 노력했는데, 여섯 번이나 실패한 끝에 1867년에 캘빈에 의하여 이 일이 성공을 거두게 된 것이다. 이 일을 위하여 그는 몇 가지 특수 기기도 발명하였는데, 약한 전류를 측정하는 '검류계', 케이블 전선을 타고 온 메시지를 종이 위에 파형의 선으로 기록하는 전기 펜인 '사이폰 기록계'도 그의 작품이었다. 이 기구는 오늘날 첨단 과학 시대에도 의학과 분석 등 여러 분야에서 많이 응용되고 있다.

또한 유체 식품의 저온 살균법을 발견한 사람이 그와 거의 동시대 과학자였던 프랑스의 파스퇴르였는데, 그에 반해 캘빈은 고체 식품의 냉장 및 냉동 처리법을 발견한 사람이었다.

또 줄과 연구한 '줄 톰슨 효과'는 에너지 보존 법칙을 확증한, 과학사에 있어 유명한 실험이었다. 이 밖에도 특수 나침반, 밀물 썰물 예보 장치, 여러 도량형 기기들이 있었다. 이런 여러 가지 업적으로 인하여 그는 1890년부터 1895년까지 영국 왕립협회의 회장을 역임하기도 했다. 마치 레오나르도 다빈치처럼 그는 다방면에 뛰어난 과학자였던 것이다. 아마 인류 역사에 다재 다능 과학상과 열심상이 있다면 당연히 이 상만큼은 그에게 주어져야 할 것이라고 글쓴이는 생각한다.

이런 그의 관심은 결국 신앙적 양심에 따라 진화론을 반박하는 열심으로까지 발전했다. 어릴 적부터 쌓아 온 과학에 대한 종합적 지식을 통해, 당시 라플라스가 주장한 성운설을 바탕으로, 지구 연대기적으로 보아도 진화는 불가능하다는 이론을 전개하였다.

"이 지구상에서 생명의 시작은 어떤 화학적, 전기적 활동이나 분자들의 운동에 의하여 시작된 것이 아닙니다. 우리는 잠시 멈추고 하나님의 생물 창조의 지적과 신비를 직접 들여다보아야만 합니다."

이와 같은 성경적 확신과 믿음의 성숙은 그가 17년 동안이나 거동이 불편할 정도로 병약한 아내를 돌보면서도 평온을 잃지 않고 뛰어난 과학자로서 연륜을 쌓게 한 지주가 되었다. 그는 아침이면 아내를 거실까지 안아서 옮겼고 저녁이면 안아서 침실로 옮겼으며, 아내를 진실로 사랑하고 돌보았다고 전해진다. 참으로 그는 하나님께서 주신 계명대로 성실하고 진실한 삶을 산 사람이었다. 실로 53년이라는 긴 기간 동안 글래스고우 대학의 교수로 일하면서 놀라운 과학적 성취를 이룩하였으니, 어린 시절의 결심대로 하나님께서 주신 열한 번째 계명인 하나님의 창조 세계를 밝히는 과학자로서의 삶도 성실히 이룬 사람이었다.

그런데 평생을 지칠 줄 모르고 살아온 그는 학교를 퇴직한 후에도 1899년 75세의 나이로 대학에 연구 학생으로 수강 신청을 할 만큼 열심히 조금도 식을 줄을 몰랐다. 권위주의가 난무하는 오늘날 우리의 풍토에서는 상상조차 하기 어려운 일이다. 1904년에는 글래스고우 대학의 총장으로 복귀하기도 했다. 이 노학자는 신앙의 열심도 전혀 식지 않아, 1903년 80세 때 다음과 같은 유명한 믿음의 고백을 남기고 있다.

"생명의 기원 문제에 있어서 과학은 분명히 창조의 역사를 확증하고 있습니다." 이런 모든 열심을 멈추고 마침내 그가 하늘나라에서 평안히 안식한 것은 83세가 되던 1807년이 되어서였다.

조셉 리스터
Joseph Lister

"그는 모든 생애에 있어 겸손하고 조용하며 점잖은 사람이었다.
하지만 일단 목표를 위해서는 물러서지 않는 사람이었다.
이 모든 것은 그가 겸허히 믿어 온 하나님의 인도하심에
따른 결과였다."

외과 수술의 선구자 조셉 리스터

　다리가 부러진다면 어떻게 될까? 아마도 병원에 가서 마취를 하고 수술을 하여 얼마 동안 시간이 흐르면 회복이 될 것이다. 그런데 150년 전만 해도 사람들은 의사에게서 수술을 받는 것을 죽는 것이나 마찬가지로 여기고 아주 무서워했다. 그것은 당시만 해도 마취가 없이 수술을 했으며, 만일 부러진 뼈가 살갗이라도 찌르면 그대로 절단해 버려야 했기 때문이었다. 조금만 상처를 입어도 아파서 못 견디는데, 하물며 몸을 칼로 자르는 그 아프고 고통스러운 수술을 마취도 없이 했으니 사람들이 두려워한 것은 당연한 일이었다.

　그런데 하나님을 믿은 과학자인 심프슨 경에 의하여 마취제가 발견된 후로는 마취를 해서 고통 없이 수술을 받을 수 있게 되었음을 이 책의 심프슨 난에서 이미 다룬 바 있다. 그렇지만 수술을 고통 없이 받을 수 있게 되었다고 무조건 쉽사리 수술을 받으려는 사람이 많아진 것은 아니었다. 이번에는 수술을 받은 사람들 중 수술한 부분이 곪아서 패혈증이라는 무서운 병에 걸려 죽어가는 사람이 많아졌던 것이다.

패혈증은 세균이 상처를 통해 들어와 염증을 일으키거나 중독을 일으켜 사망에 이르게 하는 무서운 병이었다. 마취제가 발견된 뒤로는 그래도 수술을 받는 사람이 비교적 많아졌지만, 이에 따라 패혈증으로 사망하는 사람의 수도 점점 많아져, 100명의 환자가 수술을 받으면 그중 70명을 패혈증으로 죽어 갔다. '하나님께서 수술로 치료할 수 있도록 허락하셨다면 분명히 패혈증을 막을 수 있는 방법도 있을 것이다.'

이렇게 생각하고 연구를 거듭한 끝에 안전한 수술 방법을 개척한 분은 바로 일평생 경건한 그리스도인의 삶을 실천하였던 조셉 리스터(Joseph Lister, 1827-1912)였다.

□ 의사가 되기로 결심하다

리스터는 영국 에섹스 지방 엡톤이라는 곳에서 삼남매 중 둘째로 태어났다. 그의 아버지는 경건한 그리스도교파의 교인으로, 성공한 상인이면서 아마추어 과학자였다. 1847년 리스터는 런던 대학을 졸업하게 되었다. 그런데 갑자기 그에게 무서운 전염병인 천연두가 찾아왔다.

"하나님, 우리 조셉을 살려주세요. 치유하시는 하나님을 믿습니다." 매우 열심 있는 기독교인이었던 부모님과 가족의 간절한 기도 덕분으로 리스터는 기적적으로 치유된다. '하나님께서는 내가 의학을 공부하기를 원하시는지도 모른다.' 이렇게 해서 의사가 되기로 결심한 리스터는 런던 대학에 다시 복귀하여 드디어 의학과 외과 수술 분야를 공부하여 의사가 되었다.

물론 리스터가 태어나기 전부터 많은 학자들은 어떻게 하면 패혈병을 방지하고 보다 안전한 수술을 할 수 있을까 하고 여러 가지 연구를 해 왔었다. 상처에 공기가 닿으면 상처가 곪게 되므로 상처에 붕대를 감거나 계속해서 물로 씻어서 공기가 닿지 못하게 하는 방법을 생각한 의사들도 있었다. 그러나 이러한 방법으로도 패혈병으로 죽는 수술 환자의 수를 감소시킬 수는 없었다.

□ 패혈증의 원인을 밝혀내다

파리의 빈민 구호 병원 같은 데서는 빈민들의 산실을 공기가 맑고 조용한 곳에 마련하려고 교회에 병원을 새로 지어 산모들을 돌보는 한편 수술도 했다. 그런데 이 교외의 병원에서 수술을 받은 사람 중에 죽은 사람이 어찌 많았던지, 파리의 사람들은 이 병원을 "죽은 자들의 집"이라고 부를 정도였다. 그렇지만 이러한 비극은 이 병원뿐 아니라 당시 유럽의 어느 병원에서나 흔히 볼 수 있는 일이었다. 당시 오스트리아의 빈에 있는 산부인과 병원에 바이스라는 의사가 있었는데 그가 근무하는 병원에도 역시 사망자가 많았으므로 그도 이것을 어떻게 막을 수 있을까 여러 가지로 연구하고 있던 중이었다.

그러던 어느 날 바이스는 우연히 이상한 것을 관찰하게 되었다. 이 병원에는 두 개의 산실이 서로 인접하여 나란히 있었는데, 한 산실에는 훌륭한 기술과 학문을 습득한 인턴들이 근무하고 있었고,

다른 산실에는 그저 경험만 있는 조산부들이 산모들을 간호하고 있었다. 그런데 이상한 일은 인턴들이 간호하고 있는 산실에서의 사망률이 훨씬 높다는 것이었다.

그는 이것을 열심히 관찰하고 연구한 끝에 그 이유를 밝혀냈다. 인턴들이 병원에서 시체를 만진 후에 수술실로 곧장 들어오고, 환자가 사용한 기구와 도구를 만지던 손으로 소독도 하지 않고 그대로 산실로 들어오는 것을 보았던 것이다. '환자나 시체에 묻었던 어떤 유독한 것이 산모의 상처에 전염되기 때문임이 분명하다.' 바이스는 산실을 깨끗이 하고 인턴들의 손이나 그들이 사용한 기구와 붕대도 클로르칼크로 소독하도록 하였고, 이때부터 이 병원의 사망률이 전보다 훨씬 줄게 되었다.

이 병은 일종의 전염병이었는데, 바이스의 주의 깊은 관찰 덕택으로 수많은 인간의 생명을 구하게 된 것이었다. 그러나 이러한 것만으로는 무서운 패혈증에서 사람의 목숨을 건질 수가 없었다.

비슷한 예로 1870년 독일과 프랑스 사이에 프러시아 전쟁이 일어났을 때 많은 군인들이 전장에서 부상을 입어 수술을 받게 되었는데, 수술 환자 100명 중 겨우 3명 정도만 살아나는 것이 보통이었다. 수술한 환자들은 수술한 부분이 곪게 되어 수술 받은 후 10일이나 20일이 지나면 패혈증을 일으켜 비참하게 죽어가는 것이었다. 그런데 세계적인 미생물학자 파스퇴르에 의해 물체가 썩는다든지 포도주가 되기 위한 발효는 눈으로 볼 수 없는 '아주 작은 미생물'의 작용에 의한다는 것이 밝혀진 바 있다. 파스퇴르는 가열과 여과의 방법으로 포도주 안에 있는 해로운 미생물들을 제거하는 방법도 개발했지만 사람에게 이것을 적용할 수는 없는 노릇이었다. 리스터는 이러한 파스퇴르의 연구 결과를 읽게 되었다. '그렇다면 수술한 상처가 곪아서 무서운 패혈증을 일으키는 것도 상처에 붙은 세균때문이 아닐까? 이 세균을 제거할 수 있다면 패혈증도 막을 수 있음이 분명하다!' 그렇지만 이러한 생각만으로 문제가 해결되는 것은 아니었다. 어떻게 예방할 방법을 생각해 내야만 했다.

몇 달이 지난 뒤 리스터는 우연히 마을에서 일어난 이야기를 듣게되었다. 그가 살고 있는 카루스루에 거리의 하수가 어떤 목당을 가로질러 흐르고 있었는데 가축이 그 물을 먹고 많이 죽었고 목장 주인은 별 도리가 없어 고민하던 중 우연히 누구의 말대로 하류에 약간의 석탄산을 흘려보냈더니 가축이 죽어가는 것을 막을 수 있었다는 것이었다. '이것을 한번 상처의 소독에도 이용해 보자.' 그의 생각은 적중했다. 석탄산으로 상처를 소독한 환자는 패혈증도 없었고 상처가 신속히 아무는 것을 확인할 수 있었다. 그는 그 결과를 1867년 〈란시트〉라는 유명한 의학 잡지에 발표했다.

"다른 모든 일보다도 우선 상처를 깨끗하게 하는 것이 제일 중요하다. 세균은 상처에서 저절로 생겨나는 것이 아니다. 그러므로 상처를 세균으로부터 막으면 되므로 석탄산에 적신 붕대로 상처 부분을 감싸면 무서운 패혈증도 완전히 막을 수 있을 것이다." "석탄산을 상처에 바르다니 정말 터무니없는 생각이야."

리스터의 연구 결과에 대해 저음에는 모든 의사들이 이렇게 비웃었다. 그러나 석탄산 소독의 효과는 금세 다른 의사에게도 인정받게 되었다. 그렇지만 리스터는 이러한 결과에 만족하지 않고, 석탄산으로 상처만을 닦는 것 외에도 상처에 세균이 붙지 못하도록 석탄산을 방 안에 안개처럼 뿜어서 방 안의 세균을 깡그리 죽이는 방법을 연구하였고, 또한 수술할 때 의사의 손이나 수술 기구, 붕대 등을 전부 철저하게 소독하도록 했다. 이렇게 하여 리스터는 세균 때문에 일어나는 무서운 패혈등을 예방할 수 있게 되었던 것이다. 외과 수술을 안전하게 받을 수 있게 된 것은 바로 이때부터였다.

그리고 지금은 더 발전하여, 오늘날에는 수술할 상처에 석탄산을 쓰지 않고 페니실린이나 스트렙토마이신을 사용하여 세균이나 곪는 것을 방지하고 있다. 이에 대한 공로로 1883년에 영국 빅토리아 여왕은 그에게 귀족의 칭호를 수여했다. 그리고 후에는 귀족 중에서도 귀한 칭호인 "로드"라는 칭호도 얻게 되었다. 뿐만 아니라 왕립 의과대학의 부총장과 영국 과학자협회 회장과 왕립협회 회장도 역임하게 되었다. 1881년에는 '영국 의학 연구소'를 설립하였고 이 연구소는 1903년 '리스터 연구소'로 개칭되었다.

□ 겸손하고 경건한 신앙인, 리스터

이렇게 의학계의 권위자가 되고 큰 명예도 얻었지만 그에 앞서 리스터는 그의 경건한 신앙처럼 매우 예의 바르고 겸손하며 하나님의 말씀을 전폭적으로 믿는 사람이었다. 그는 자신의 신앙에 대하여 "나는 하나님의 말씀을 그대로 믿는 근본주의 기독교인"이라고 분명히 고백할 만큼 하나님을 순종하는 삶을 산 사람이었다. "파스퇴르 박사님께 진심으로 감사드립니다."

그는 또한 1874년에 믿음과 학문의 선배인 파스퇴르에게 직접 편지를 띄워 자기가 알아낸 소독에 관한 개념이 파스퇴르의 연구 결과의 큰 영향을 받았음을 솔직하게 고백하고 감사할 정도로 겸손한 사람이었다.

1912년 2월 10일 영국 켄트 지방의 월머라는 곳에서 조용히 눈을 감은 그는 분명 오늘날 현대 외과 수술의 기초를 닦은 위대한 인물이었다. 단지 그가 퀘이커교도라는 이유만으로 편견을 가지고 그를 보지 말기 바란다. 유명한 창조 과학자인 미 창조연구소(ICR)의 소장을 지낸 헨리 모리스 박사는 그의 업적을 가리켜 "파스퇴르가 인류의 생명에 기여한 공로에 필적할 만한 것"이라고 칭송한 적이 있다. 그렇지만 그는 늘 이 모든 것들을 내세우지 않고 일평생 겸손의 삶을 실천한 훌륭한 기독교인이었다. 대영백과사전은 이러한 그의 인품에 대하여 다음과 같이 짤막하면서도 정확하게 전하고 있다.

"그는 모든 생애에 있어 겸손하고 조용하며 점잖은 사람이었다. 하지만 일단 목표를 위해서는 물러서지 않는 사람이었다. 이 모든 것은 그가 겸허히 믿어 온 하나님의 인도하심에 따른 결과였다."

요셉 클락 맥스웰
Joseph Clerk Maxwell

"전능하신 하나님은 하나님의 형상대로 생령을 가진 사람을 창조
하셔서 하나님을 사모하는 마음을 주시고 창조하신 세상
을 사람들에게 다스리게 하셨습니다.
하나님은 우리 인류에게, 하나님께서 허락하신 지구를 다
스림으로써 이 모든 것을 허락하신 하나님의 솜씨를 사람
들에게 알리도록 해주셨습니다."

물리학자 **맥스웰**

과학사를 보면, 뛰어난 과학자였으면서도 그가 연구한 분야가 일반인들이 접근하기 어려운 학문이거나 학문 자체가 대중과 친근하지 않다는 이유로 일반인들에게는 그 업적이 평가 절하되어있는 인물을 가끔 발견하게 된다. 그런데 오히려 그런 과학자들일수록 사실은 일반인들이 이해하기 어렵지만 훨씬 심오하고 뛰어난 업적들을 일구어 낸 경우가 많이 있었다. 그리고 어쩌면 그들이야말로 과학의 천재였는지도 모른다.

아인슈타인이 역사상 3대 과학자의 한 사람으로 꼽았던 마이클 패러데이나, 이제 다루려고 하는 맥스웰이 그 대표적인 인물이라고 할 수 있겠다. 아인슈타인은 맥스웰을 가리켜 뉴턴 이래 가장 심오한 결실을 맺은 이론 물리학자라고 했다. 보다 정확히 표현하자면, 그는 과학사에 있어 뉴턴과 아인슈타인의 가운데 위치하는 최대의 이론 물리학자라고 하는 것이 맞을 것 같다. 사실 그가 발견한 네 개의 수학 방정식은 오늘날 '뉴턴의 운동 법칙', 아인슈타인의 '상대성 원리'와 함께 물리학사상 3대 공헌으로 꼽히고 있다.

215

전기와 자기는 맥스웰 이전부터 광범위하게 연구되고 있었다. 그러나 이 두 현상을 통합할 수 있는 이론에 관해서는 맥스웰이 살던 당시에는 아무런 실마리도 찾지 못하고 있었다. 그런데 맥스웰은 바로 이 두 현상을 통합할 수 있는 미분방정식을 유도해 낸 사람이었다. 그가 유도해 낸 네 개의 방정식으로 인하여 광학과 전기학과 자기학이 비로소 똑같은 이해의 체계 아래 해석되고 연구될 수 있는 터전이 마련된 것이다. 이론과학과 응용과학에 있어 그가 이 분야에서 이룩한 연구 성과의 파급 효과는 우리가 상상할 수 없을 만큼 엄청난 것이었다.

그의 방정식에 따르면, 전자기파의 속도는 매 초당 30만 킬로미터로서 빛의 측정 속도와 같다. 즉 빛을 일종의 전자기파로 설명할 수 있는 기반을 마련한 것이다. 파장 중에는 가시광선 외에 주파수가 다른 별개의 전자기차가 있다는 것도 그의 방정식으로 증거가 되고 있다. 이것은 그가 죽은 지 8년이 지난 1887년에야 비로소 독일의 천재 물리학자 헤르츠에 의하여 겨우 입증이 될 수 있었다.

2-3년 뒤 마르코니는 이 전자기파를 이용하여 그 유명한 '무선전신'을 발견하였다. 엑스선, 감마선, 적외선, 자외선 등도 그의 이론에 의하여 충분히 예견되었던 것들이 훗날 발견된 것들이다. 오늘날 라디오와 TV를 볼 수 있게 된 것도 그가 처음으로 이론적 배경을 제공한 덕택이었다고 보아도 그리 잘못된 표현은 아닐 것이다.

□ 천재적인 아이, 맥스웰

요셉 클락 맥스웰(Joseph Clerk Maxwell, 1831-1879)은 스코틀랜드의 수도였던 에딘버러에서 변호사인 존 클락 맥스웰의 외아들로 태어났다. 그가 태어났던 해는 바로 위대한 크리스천 과학자였던 패러데이가 전동기를 만들어 낸 해라는 것이 우리들의 흥미를 끌지 않을 수 없다. 그 이유는 바로 이 두 사람은 오늘날의 전기와 전자 분야에 있어 각각 실험 및 실용 분야와 이론 부분의 기초를 닦은 위대한 과학자였기 때문이다. 그는 어릴 적부터 상당히 조숙하고 머리가 뛰어났던 것으로 알려지고 있다. 이러한 그의 천재성을 뒷받침하는 일화 중에는 독실한 그리스도인이었던 어머니의 가르침으로 8세 때 이미 그가 성경 중에서 가장 긴 시편 119편을 암송했다는 이야기도 전해지고 있다. 8세가 되던 그 해는 그의 어머니가 하나님의 부르심을 받은 해이기도 했다. 아마도 그의 어머니는 임종 전 그녀의 유일한 혈육이었던 어린 자녀의 신앙을 위하여 의도적으로 시편을 암송시킨 것이 아닐까? 어머니의 이와 같은 의도적 교육은 모태 신앙인으로서 맥스웰이 신앙적 굴곡이 없이 훗날 교회의 장로로서 철저한 그리스도인의 삶을 살아가는 밑거름이 되었음은 물론이다.

이 뛰어난 천재는 어머니를 잃은 슬픔을 삭일 겨를도 없이 아들의 천재성을 잘 아는 아버지에 의해 가정교사에게 양육되었으며, 에딘버러 아카데미를 거쳐 불과 15세 때 영국 왕립협회에 '난형 곡선에 관한 논문'이라는 어려운 수학 논문을 제출하기에 이르렀다. 1847

년 에딘버러 대학을 거쳐 1850년에는 명문 캠브리지 대학으로 옮기게 된다. 청년 시절에도 역시 그는 뛰어난 천재 과학자로서의 재능을 보이게 되는데, 토성의 주위를 돌고 있는 "토성의 고리"(띠)가 액체나 기체가 아니라 작은 고체 입자라는 것을 수학적으로 분석한 결론은 100여 년이 지난 최근에야 미 우주선 보이저호에 의해 비로소 확인이 되었다.

맥스웰은 대학을 졸업하고 성인이 된 후로는 거의 일생을 몇몇 대학의 교수로 있으면서 연구에 전념했으며, 수많은 과학의 법칙들을 발견해 내기에 이르렀다. 오늘날 그의 이름이 들어가 있는 물리학의 용어들을 모르면 물리학 공부를 제대로 할 수가 없을 만큼 그는 물리학 분야에서 찬란한 공헌을 남긴 과학자였다.

그 이론들을 살펴보면 맥스웰 방정식뿐 아니라 기체가 일정한 온도에서 어떻게 움직이는가를 수식화한 '맥스웰 분포식', 색깔의 혼합도를 실험하는 '맥스웰 원판', 외부의 압력에 따른 물체의 역학적 관계를 설명하는 '맥스웰식', '맥스웰 변형', '맥스웰 볼츠만 분포' 등 현대의 과학자들조차도 잘 이해하기 어려운 법칙들을 이미 100여 년 전에 발표한 것이다. 그는 이러한 일련의 연구 과정을 거치면서 영국 왕립협회에서 주는 럼포드 메달도 수상했으며, 1861년에는 왕립협회의 회원도 되었다. 그는 다윈과 거의 같은 시대 사람이었는데, 진화론을 반박한 것으로도 유명하다. "분자의 유사성을 설명할 수 있는 진화의 가설이란 없다. 왜냐하면 진화론은 끊임없이 변화되어 간다는 것을 항상 전제하고 있기 때문이다."

□ 철저한 신앙인 맥스웰

그는 우주 진화의 가설로서 1769년 무신론자였던 프랑스 사람 라플라스에 의하여 제안된 성운설까지도 수학적 자료를 가지고 반박하기도 한 철저한 신앙인이었다. 그는 성경의 가르침이 결코 과학적인 연구와 별개의 것이 아님을 확신하고 있었던 것이다.

"전능하신 하나님은 하나님의 형상대로 생령을 가진 사람을 창조하셔서 하나님을 사모하는 음을 주시고 창조하신 세상을 사람들에게 다스리게 하셨습니다. 하나님은 우리 인류에게, 하나님께서 허락하신 하나님의 솜씨를 사람들에게 알리도록 해주셨습니다."

이렇게 시작되는 훗날 그의 노트에서 발견된 기도문에는 성경 창세기의 말씀에 대한 그의 깊은 신뢰와 확신, 그리고 우리 인류에게 하나님께서 허락하신 창조 세계에 대한 청지기직과, 인류의 죄 값을 치르기 위하여 이 땅에 오신 우리 주 예수 그리스도에 관한 깊은 신뢰와 믿음의 고백으로 채워져 있었다.

그는 교회의 장로로서 성경에 관한 깊은 지식을 소유하고 있었으며, 거기서 우러나오는 진실된 겸손과 예수 그리스도에 관한 순종으로 일관된 삶을 산 것으로 알려져 있다. 그는 마리샬 대학에 근무하던 당시 그 대학 학장의 딸이었던 캐더 메리 드워와 결혼했으나 평생 동안 자녀는 없었다. 그들 부부에게 2세가 없었다는 사실은 주안에서 그들이 누구보다도 헌신된 삶을 산 또 다른 이유일 수도 있을 것 같다. 가난한 자를 돌보며 그들과 함께 기도하며 고통을 나누는 일에도 항상 열심이었다.

"그는 고결한 인격에 위대한 능력과 독창성을 지닌 사람이었으며 하나님 앞에서의 깊은 겸손을 지닌 사람이기도 했다." 그의 대학 동료였던 한 교수는 훗날 그를 이렇게 표현하고 있다. 1879년 11월 5일 그는 캠브리지에서 위암으로 사망했다. 뛰어난 과학자이자 헌신된 그리스도인이었던 맥스웰이 젊은 나이 48세를 일기로 하나님의 부르심을 받았다는 것은 우리를 조금은 아쉽게 한다. 그러나 헌신되고 성령 충만한 최초의 집사 스데반을 하나님께서 최초의 순교자로 데려가셨듯이 맥스웰에 대해서도 우리는 특별한 하나님의 섭리를 느끼지 않을 수 없다.

조지 워싱턴 카버

George Washington Carver

"하나님께서는 우리에게 동물과 식물, 광물을 주셨습니다. 이것을 이용해서 우리들은 세상에 도움을 주는 일을 할 수 있습니다."
"도대체 당신은 어디서 그 모든 것을 배웠습니까?"
"예, 책에서 배웠습니다."
"도대체 무슨 책입니까?"
"하나님의 말씀, 성경입니다."

땅콩박사 조지 워싱턴 카버

흑인은 한때 저주받은 운명을 지녔다는 것이 당연한 것으로 여겨진 적이 있었다. 왜냐하면 오늘날의 흑인은 노아가 저주한 함의 자손이라는 이유에서였다. 그러나 성경 창세기 9장을 좀 더 자세히 살펴보면 노아가 저주한 것은 단지 가나안임을 알 수 있다. 가나안은 함의 여러 아들 가운데 하나였다.

우리 민족은 예수님처럼 셈의 계열일 것이라고 늘상 막연히 알고 지내 왔다. 우리의 신학자들과 목사님들이 그렇게 전해 왔기 때문이다. 만일 그래도 흑인을 제대로 대접하고 싶지 않은 사람들이 있다면, 서구 대부분의 신학자들은 우리를 포함한 몽골 계통의 모든 민족을 함족으로 보고 있다는 것을 말씀드리고 싶다. 물론 이렇게 말하면 기분 좋을 한(韓)민족은 아무도 없을 것이다. 필자도 마찬가지니까.

셈족과 함족의 여부를 떠나서 필자가 강조하고 싶은 것은 그런 운명론적인 선입관으로 다른 사람을 판단하는 그 자체가 잘못되었다는 것이다. 흑인이 저능하다는 것은 단지 진화론적인 발상일 뿐이다. 오히려 하나님은 늘 약자의 편이셨다. 어느 신학자는 하나님은 노골적으로 약자를 편애하신다는 말을 한 적도 있다. 사실 구약의 모든 역사는 하나님께서 약자의 편이심을 말해 준다. 하나님은 결코 세계 최강국 애굽을 택하지 않으셨다. 오히려 원망과 불평으로 일관하는 지지리도 못난 노예 민족인 이스라엘을 택하셔서 더 사랑하셨다. 과부를 슬프게 하거나 고아를 마음 아프게 하면 내가 네 아내를 과부로 만들며 네 자녀는 고아로 만들겠다는 하나님의 선포는 지금도 유효하다(출 22:22-24). 약자를 사랑하신 창조주 하나님마저 결국 지극히 약한 모습으로 이 땅에 오시지 않았는가!(요 1:10-12).

조지 워싱턴 카버는 이 책에서 다루게 되는 유일한 흑인 과학자이다. 그러나 여러분은 하나님이 얼마나 흑인을 사랑하시는가를 이 위대한 과학자를 통하여 보게 될 것이다. 지금까지 본서를 통해 위대한 과학자들을 많이 다루었다. 그들이 쌓은 업적과 인품은 그들을 세계적인 과학자라고 부르는 데 조금도 손색이 없을 정도였다. 만일 인류 역사상 가장 위대한 과학자들의 순번을 매긴다면 아마도 뉴턴이라 갈릴레이 등이 그 선두를 앞 다툴 것이 분명하다. 그리고 이 책에서 다룬 대부분의 과학자들이 상위 순번에 오를 것이 거의 틀림없다. 그렇다면 하나님은 어떠하실까? 하나님께서도 그와 같은 순번으로 과학자들의 순번을 매기실까? 결코 그렇지 않을 것이다! 하나님의 순번은 전혀 다를 것이다(사 55:8-9). 과학자들에 대한 하나님의 순위가 있다면 선두권에는 분명 조지 워싱턴 카버가 오를 것이라고 글쓴이는 믿는다. 1939년 미국의 26대 루즈벨트 대통령은 루즈벨트 메달을 그에게 수여하면서 이런 말을 한 적이 있다.

"조지 워싱턴 카버는 하나님의 진리를 탐구하는 겸손한 과학자입니다. 그는 흑인 뿐 아니라 백인의 진정한 해방을 위하여 일생을 바친 사람이었습니다."

□ 창의성이 뛰어난 흑인아이, 조지

오늘 날 "농산물 응용 화학의 아버지"라고 불리는 조지 워싱턴 카버(George Washington Carver, 1864-1943)는 미국의 남북전쟁이 발발하던 무렵 흑인 노예의 몸에서 태어났다. 당시의 노예 자녀들처럼 태어날 때부터 그는 아주 허약한 아이였다. 남북전쟁이 북군의 승리로 끝나면서 비록 노예 해방을 맞았다고는 하지만, 흑인들의 삶이 금방 나아진 것은 아니었다. 노예의 신분에서 풀려나기는 했지만, 아무런 기반이 없던 흑인들의 삶이 금세 바뀔 수는 없었다. 오히려 전보다 더욱 어려운 환경 아래서 백인들과의 치열한 생존 경쟁이 이루어졌을 뿐이다. 카버의 어린 시절은 이런 어려운 환경 가운데서 시작되었다. 카버의 어머니 메리는 사고로 남편을 잃은 후 미주리 주의 개척지대에서 카버라고 하는 온화한 성품의 백인 부부 밑에서 잡일꾼으로 일하며 살고 있었다.

당시 전쟁의 후유증은 쉽사리 아물지 않았다. 미국의 민심은 갈라져 있었으며, 흑인의 해방을 용납 못하던 일부 백인들은 흑인들이 사람답게 사는 모습을 도저히 인정하려 하지 않았다. 그래서 무장 폭도를 조직해서는 흑인들과 그들의 소유물을 약탈했고, 노예 제도의 잔재가 남아 있던 남부에 팔아넘기곤 했다.

성탄절을 앞둔 어느 날 밤 메리와 조지도 결국 납치를 당하고 만다. 그러나 아무도 모르게 사라져 버린 이들 불쌍한 흑인 모자를 걱정하며 애타게 찾을 사람은 아무도 없었다. 그런데 이들을 데리고 있던 백인 부부는 그래도 이들 불쌍한 흑인 모자를 빼앗아간 폭도들을 찾아냈다. 하지만 이미 조지의 어머니는 어디론가 팔려가 버린 뒤였고, 때에 전 조그만 보자기에 싸인 어린 조지만 겨우 찾을 수 있었다. 누군가 주워서 데려왔던 것이다. 납치범들이 버린 이 어린 아기의 몸값은 말 한 필이었다. 그러나 이 아기가 훗날 그 위대한 농학자가 될 것이라는 것을 당시 누가 감히 짐작이라도 할 수 있었겠는가! 카버 내외와 함께 생활하게 된 조지는 어려서부터 카버 부인으로부터 생활 가운데서 여러 가지 일들을 배우면서 자라게 된다. 실을 뽑고 비누를 스스로 만들며 들판에서 약초를 캐거나 음식 만드는 일도 배웠다. 모든 것을 자급해야 되는 당시의 삶이란 참으로 만능의 재주를 요구했다.

타고난 성실성과 눈썰미를 지녔던 조지는 이런 일들을 곧잘 해냈다. 창의성이 뛰어난 그에게는 오히려 이런 모든 일과가 자신을 계발하는 도구였던 것이다. 뿐만 아니라 자연을 보는 그의 눈은 남달랐다. 그가 화초에 관심을 갖기 시작하자 주위에는 그보다 화초에 대해서 잘 아는 사람이 없게 되었다. 그의 손을 거치기만 하면 신기하게도 시들어 가던 그 어떤 화초들도 생생하게 원기를 회복하는 것이었다. 하나님은 일찍부터 위대한 창조 세계의 관리자로 그를 선택하시고 준비를 하고 계셨던 것이다.

□ 하나님의 사랑을 늘 마음에 담아두다

어느 날 조지는 이웃집 장미를 보살펴 주러 갔다가 거실의 아름다운 풍경화를 목격하게 되었다. 그가 그림에 열중하게 된 것은 이때부터였다. 하지만 좌절은 곧 다가왔다. 당시 흑인에게는 배움의 길을 허락하지 않던 미주리 주의 주법이 있음을 알게 되었던 것이다.

"장미꽃에도 붉은 장미와 노란 장미가 있지요. 사람에게 있어서도 백인이 흑인보다 낫다는 증거가 있을까요?" 당시 그의 심경을 읽을 수 있는 대목이다. 그러던 그에게 기회가 다가왔다. 미주리 주의 수도였던 네오쇼에 가면 흑인들을 가르치는 학교가 있다는 말을 듣고 그는 곧장 그리로 달려간 것이다. 흑인을 가르치는 링컨학교를 찾아간 그는 거기서 세탁업과 산파 노릇을 하던 마리아 왓킨스라는 한 흑인 여자를 만나게 되고, 그곳에서 그는 허드렛일을 도우며 그녀의 집에서 기거하게 된다. 언젠가 그에게 미국의 한 유명한 상원 의원이 질문을 했다.

"도대체 당신은 어디서 그 모든 것을 배웠습니까?" "그것은 책이었지요." 라고 카버는 대답했다. "도대체 무슨 책입니까?" 그 상원 의원이 묻자 그는 빙그레 웃으면서 대답했다. "하나님의 말씀, 성경입니다!"

이 같은 그의 견고한 믿음은 언제부터 싹튼 것일까? 물론 그는 어릴 적부터 교회에 나가고 있었다. 그러나 강한 믿음의 소유자였던 바로 이 마리아 왓킨스를 만나면서 생애의 주인으로 예수 그리스도를 모시게 되었던 것이다. "너는 언젠가 가난한 동족들에게 네게 배운 것을 나누어 주어야 한다." 믿음의 부인 마리아 왓킨스가 부탁한 이 말은 카버의 마음속에 새겨졌다. 누구 하나 의지할 사람이 없던 카버의 생애를 지탱해 준 것은 하나님의 사랑이었다. 그의 삶을 살펴보면 어디서도 어두운 그늘을 찾아보기 어렵다. 하나님을 만난 한 사람이 어두운 그늘을 벗고 얼마나 위대하고 아름다우며 커다란 일을 성취할 수 있는지 참으로 놀랍지 않은가! 사람들의 상식으로 보면 당연히 그는 외로운 삶을 살았어야 했다. 하지만 그는 결코 조금도 외롭지 않았다. 고독과 더불어 우울한 삶을 사는 것이 그에게는 정상이었을 것이다. 그러나 카버는 결코 그런 삶도 살지 않았던 것이다.

한번은 누군가 그에게 담배를 피워도 되느냐고 물어본 적이 있었다. 그러자 그는 이렇게 대답했다. "담배 피우는 것이 하나님 뜻이라면 하나님께서는 우리 머리에 연기 나는 굴뚝을 주셨을 것입니다." 이런 유머 감각을 통해서도 세상을 바라보는 그의 눈이 얼마나 긍정적이었는지를 느끼게 해준다. "그 거룩한 처소에 계신 하나님은 고아의 아버지시며……."(시 68:5). 이렇게 그에게는 그가 조금도 외롭지 않도록 동행해 주시는 하나님 아버지가 계셨던 것이다.

학교에 입학할 때까지 조지는 성이 없었다. 학교에 입학하면서 그의 성은 카버로 불리게 되었다. 16세가 되던 때에 캔사스 주 포트 스 코트의 백인 가정의 요리사로 들어가 열심히 일한 덕에 돈을 조금 모은 그는 이듬해 봄에 읍내에 있는 작은 학교에 입학하였다. 여기 서 그는 백인 폭도들이 대낮에 한 흑인을 무참히 구타하고는 몸에 기름을 뿌리고 불을 질러 죽이는 처참한 광경을 목격했다. 그때의 심경을 그는 이렇게 남기고 있었다. "햇빛은 큰 구름에 가리워져 있 었습니다. 그 구름은 대항할 힘이라고는 전혀 없는 고아를 사로잡 으려는 자들이 가려 놓은 것이었지요."

최근에도 방화 사건으로 미국의 수십 개 흑인 교회들이 무참히 불 타 버린 적이 있다. 이렇게 흑인에 대한 백인들의 아무 이유 없는 인 종 편견의 증오는 지금까지도 끈질기게 남아 흑인들을 괴롭히고 있 다. 이후 온갖 잡일을 하면서 학비를 벌며 공부하던 바터는 1880년 20세가 되면서 미네아폴리스에서 세탁업으로 아르바이트를 하며 고등학교 과정을 시작하였다. 이때 동료 학생 중에 조지 카버와 동 명이인이 있어 그때부터 그에게 워싱턴이라는 이름이 덧붙여졌다.

졸업을 앞두고 하일랜드 주의 장로교 계통의 대학에 지원한 그는 또 한 번 상처를 받게 되는데, 우수한 성적으로 입학 허가서를 받고 찾아간 학교에서 그의 입학을 거부하는 것이었다. 그것도, 그를 본 학장이 완강히 그의 입학을 막았다. 이유는 단 하나였다. 흑인은 그 때까지 한 사람도 이 학교에 발을 들여놓은 적이 없었다는 것이었 다.

상심해 있던 카버에게 드디어 기회가 찾아왔다. 세상은 그를 외면

해도 하나님은 결코 그를 떠나시지 않았던 것이다. 1888년 여름 침례교회에서 만난 존 밀홀랜드라는 의사 부부가 그에게 한 학교를 소개해 주었다. 그 학교는 감리교 감독 매튜 심슨이 설립한 학교로서, 그는 하나님 안에서 만인의 평등권을 주장한 사람이었다.

□ 또다른 기회가 열리다

1890년 9월 카버는 이 인디아놀라의 심슨 대학에 입학하게 되었다. 그런데 하나님께서는 그를 위해 이곳에 또 한 사람을 예비해 놓고 계셨다. 미술을 가르치는 버드라는 선생이었다. 물론 조지는 미술에도 뛰어난 학생이었다. 그러나 그보다는 조지의 식물과 자연에 대한 관심과 자질을 발견하게 된 그녀가 한 가지 제안을 한다. "조지는 식물에 관심이 많은 것 같아. 하나님의 뜻이 그곳에 있는지도 모르겠어."

'그렇다, 미술은 다른 사람이라도 할 수 있다. 가난한 동족을 위해서 하나님께서 내게 주신 일은 다른 일일지도 모른다.' 그는 결단을 내리게 된다. 사실 그것은 하나님께서 주신 자연과 더불어 살아오면서 조지가 어릴 적부터 가지고 있던 하나님께서 주신 달란트였다. 그녀는 곧 아이오와 농과대학의 원예학 교수로 있던 자신의 아버지에게 카버를 소개해 주었다. 오늘날도 미국의 유명한 농과대학 중의 하나인 이 아이오와 주립 농과대학이야말로 당시 하나님께서 카버를 위해 예비해 놓으신 곳이었던 것이다.

1894년 이 학교를 수석 졸업한 그는 당시 가장 저명한 식물학자였던 루이스 파멜 교수의 조수로 일하게 되었다. 이곳에서 카버는 뛰어난 원예 작물의 접목법을 개발하여 세균에 대한 과일나무와 식물의 저항력을 크게 높였다. 또한 세균학을 공부하여 2만 가지가 넘는 표본을 수집하기도 했다. 농업 응용 화학 분야에서 카버는 점점 명성을 높여 갔다. 그는 어느새 이 분야의 권위자가 되어 있었다. 그러나 한 가지 고민이 늘 그의 머리를 떠나지 않고 있었다. 그것은 불쌍한 흑인 동족을 위해서 자신이 해야 할 일이 과연 무엇인가 하는 부담감이었다. 그러던 가운데 카버는 부커 워싱턴이라는 사람으로부터 한 통의 감동적인 편지를 받게 된다. 부커 T. 워싱턴은 당시 흑인 사회의 정신적 지주로서 1896년 흑인을 위한 학교를 설립한 사람이었다.

"내가 당신에게 줄 수 있는 것은 돈이나 지위나 명예가 아닙니다. 그런 것을 얻으려면 지금의 당신의 지위로도 가능하겠지요. 내가 당신에게 부탁하는 것은 바로 그 세 가지를 단념해 달라는 것입니다."

"내가 당신에게 드릴 수 있는 것을 아주 어려운 일입니다. 곧 타락하고 가난하며 버려질 운명에 있는 우리 동족, 흑인들을 구출하여 떳떳한 인간으로 만드는 일을 부탁하려는 것입니다."

이 유명한 편지를 쓴 부커도 물론 노예의 자식으로 태어났던 사람이었다. 그는 무지한 흑인들에게 자유와 진정한 삶의 의미를 심어주는 길은 교육뿐임을 절실히 느끼고 학교를 설립했던 것이다. 앨라배마의 이 터스키지학원(Tuskegee Institute)에 농학부를 설치하면서 부커는 카버에게 자신과 동역해 줄 것을 간절히 부탁했다. 그리고 1896년 10월 이 일은 드디어 카버에게 맡겨졌다.

당시 남부의 흑인 농민들은 주로 면화 농사를 짓고 있었다. 한 장소에 한 가지 농사만을 계속해서 짓다 보니 토지는 계속 척박해져 갔다.

그는 이렇게 황폐해 가는 토질을 개량해 가면서 새로운 농사법을 지도하고 면화뿐 아니라 새로운 작물도 심었다. 이렇게 한지 얼마 지나지 않아 학교 소유의 농장은 놀라울 정도로 비옥한 땅으로 바뀌어 있었다. 이곳에서는 면화뿐 아니라 땅콩, 고구마도 수확되었다. 처음에 카버 박사를 의심하던 사람들조차 이제는 그를 존경하기 시작했다. 그러나 그는 여기에서 그치지 않았다.

카버는 농민학원을 열어 사람들을 계도하기 시작했다. 농법을 가르쳐주고 주말과 방학을 이용해서 이동 학교를 열기도 하였다. 이 이동 학교는 남부의 곳곳을 다니며 미국의 가난한 흑인 농촌 지역들을 변화시켰다. "하나님께서는 우리들에게 동물과 식물, 광물을 주셨습니다. 이것을 이용해서 우리들은 세상에 도움을 주는 일을 할 수 있습니다."

□ 땅콩을 발견하다

그는 유난히 땅콩을 좋아했고 훌륭한 땅콩 재배법이 그로 인하여 시작되었다. 또 땅콩을 이용한 수많은 요리법도 개발했다. 115가지의 땅콩 관련 음식물과 땅콩을 이용한 200여 개의 실용품들이 탄생

되었다. 땅콩으로 카버는 땅콩버터, 전분, 크림, 연고 등을 만들었으며, 땅콩의 껍질로는 전기 전열판, 땔감, 접착제, 인조 석재 등을 만들어 냈다.

오늘날 미국인들의 식탁에 땅콩이 빠지지 않고 있음은 주목할 만한 일이다. 워싱턴 카버가 심혈을 기울여 가꾸고 제품화한 땅콩 식품이, 어쩌면 오늘날 미국민들의 우람하고 건장한 체격을 만들어낸 일등 공신인지도 모른다. 그만큼 지금도 미국민들은 땅콩을 좋아한다. 심지어는 땅콩기름을 바르고 기도하는 방법으로 소아마비 환자를 치료했는데 기적이 일어났다. 많은 사람이 완치되었던 것이다. 이것은 당시 의료계의 주목거리였다. 그가 치료한 환자 250명 모두가 효과를 보았던 것이다. 그중 많은 사람들이 완치되었다는 기록도 남아있다. 얼마나 카버의 정성이 대단하였으면 하나님께서 이러한 그의 집념에 치유의 기적까지 덤으로 베풀어 주셨던 것일까? 필자는 이런 즐거운 상상을 해본다.

고구마를 이용해서 만든 것만 해도 118가지 실용품이 넘었다. 그의 손을 통해 고구마가 사탕, 식초, 전분, 구두약, 연고제, 인조 밀가루 등이 되었던 것이다. 카버 이전 미국은 노예 제도를 통하여 주로 대단위 면화만을 재배하고 있었다. 이런 미국의 농업 환경에 그로 인한 획기적인 변화가 일어났다는 것을 부인하는 사람은 아무도 없다. 그것은 오직 흑인이었던 그만이 할 수 있는 일이었다. 그는 비록 북부에서 공부를 했지만 자신의 동족이 신음하는 남부를 결코 잊지 않았다. 그리고 결국 하나님께서 맡겨 주신 그 일을 훌륭히 해낸 것이다.

그런가 하면 카버는 성경 공부반을 조직하여 농학자로서의 경험으로 깨닫게 된 창조주 하나님의 존재를 사람들에게 알리기도 했다. 주말 오후 6시만 되면 300명이 넘는 인원이 성경 공부를 위해서 모여들었다. 카버는 아무리 먼 곳을 여행하다가도 주말만 되면 이 성경 공부반의 인도를 위해서 돌아오곤 했다. 이제 카버는 유명한 사람이 되어 있었다. 외국 정부의 여러 고문관들이 그를 찾아왔다. 그의 농업은 이제 세계의 주목거리였다. 많은 개발도상국들과 저개발국들이 그의 농법을 가지고 변화를 일구어 냈다.

뿐만 아니라 세계적 유명 인사들도 그의 주변에 가까이 다가와 있었다. 이제 그는 노예 출신의 단순한 흑인이 아니었다. 쿨리지 대통령과 루즈벨트 대통령도 그를 방문했다. 자동차 왕 헨리 포드와 간디 등은 그의 절친한 친구였다. 그러나 그 모든 상황과 환경에도 불구하고 그는 늘 겸손한 사람이었다. 카버가 57세 되던 해 유명한 토마스 에디슨 연구소는 그에게 연봉 10만 달러를 제의하면서 자신들과 함께 일하자고 간청한 적이 있었다. 하지만 그는 조용히 거절했다. "나는 조용히 이곳에 남기를 원합니다."

그는 22년 동안 봉사하던 터스키지에 남기를 원했다. 그리고 자신의 결심대로 그는 이후 나머지 22년을 포함하여 도합 40여 년을 이곳에서 헌신했던 것이다. 10만 달러라면 지금도 큰돈이다. 하물며 당시로서는 얼마나 커다란 액수였을까? 더욱이 그가 좀 더 훌륭한 연구 시설을 갖춘 곳에서 경제적 어려움이 없이 마음껏 연구 생활을 펼쳤다면 그는 인류 역사에 더욱 커다란 금자탑을 세운 인물이 되었을지도 모른다. 그러나 이 모든 것은 그의 관심 밖이었다. 그는 하나님께서 그에게 명하시고 베푸신 일만 하면 되었던 것이다. 그의 정식 수입이란 말년까지 1806년 부커 교장이 정했던 125달러가 전부였다. "세상을 모두 가진 내가 무엇이 더 필요하겠습니까?"

예수님과 그분이 주신 세상이 있는데 무엇이 더 필요하단 말인가? 이것이 그의 삶의 신조였다. 그는 고아나 다름없던 사람이었다. 하지만 카버는 하나님과 더불어 긍정적으로 이 세상을 살다 간 사람이었다. 그것도 최선을 다한 삶을 살았다. 그렇다! 하나님은 얼마나 고아를 사랑하셨던가!(시 68:5, 신 10:18, 14:29).

우리는 카버에게서 예수님을 따라간 훌륭한 인물의 표본을 보게된다. 사람들은 엉뚱한 것으로 성공의 기준을 여기는 경향이 있다. 그러나 하나님의 기준은 세상의 기준과는 전혀 다르다. 하나님의 기준이 있다면 그는 분명 하나님이 가장 기뻐하시는 모습으로 세상을 살다 간 사람이었다. "옷이나 아름다운 집이나 저축한 돈이 성공의 기준이 될 수 없지요. 인류를 위하여 얼마나 봉사하였는가가 성공된 삶의 기준이 되어야 합니다."

주님과 더불어 일생을 독신과 청빈으로 살던 카버는 1943년 1월 5일 목요일 하늘나라로 갔다. 그리고 그가 이 세상에서 남겼던 모든 것은 그가 원했던 대로 창조적인 화학 연구소를 만드는 데 기부되었다. 하나님은 정녕 고아와 약자의 편이셨다(약 1:27).

라이트 형제
Wright brothers

1903년 어느 토요일 오후, 역사상 최초로 비행기를 띄우기 위한 최종 점검과 수리가 끝났다. 이제는 비행기를 띄우는 일만 남았다. 그리고 다음날 아침, 날씨도 그들을 돕는지 시험 비행을 하기에 더 없이 좋은 바람 한 점 없는 완벽한 날이었다.
그러나 그날 비행기는 뜨지 않았다. 이유는?
그날이 바로 주일이었던 것이다!

비행기를 발명한 **라이트 형제**

사람이 날개를 달고 하늘을 날고 싶은 소망은 어쩌면 타고난 본래의 욕망인지도 모른다. 그리스 신화에도 보면 다이달로스의 아들 이카로스가 큰 새의 깃을 밀랍으로 붙여서 날개를 만들어 달고 미궁을 탈출하다가 태양에 가까워지자 그만 밀랍이 녹아버려서 바다에 떨어져 죽는 일화가 있다. 이렇게 사람이 하늘을 난다는 것은 커다란 소원이었으면서도 성취하기 어려운 희망 사항이었다. 오늘날 독수리를 하늘의 왕자라고 하지만 사실 과거에는 독수리보다 훨씬 큰 새들이 많았다는 것이 화석으로 밝혀지고 있다.

독수리는 한 쪽 날개가 1미터도 미치지 못하지만 테라노돈은 양 날개의 길이가 7미터나 되었고, 아즈텍 신의 이름에서 따온 케찰코틀러스는 날개 사이의 길이가 15미터나 되었다. 이것은 오늘날 팬텀기의 날개 길이보다도 긴 것인데, 어쩌면 노아 홍수 전후에는 사람들이 이들 괴조들을 가축처럼 길들여서 날고 싶은 욕구를 일부 채웠는지도 모른다. 여러 나라에 거대한 새와 새를 부리는 사람들에 관한 전설이 남아 있으며, 특히 인디언들에게는 거대한 새에 관한 생생한 전설이 많이 남아 있다.

라이트 형제가 동화처럼 느껴지는 이런 인류의 오랜 소원을 이룬 인물이라는 것을 모르는 사람은 아마 거의 없을 것이다. 미국의 언론인 루드윅은 "그들은 우리들에게 날개를 달아주었다."라고 직접적으로 그들의 업적을 칭송하기도 했다.

▢ 비행기 제작에 관심이 많던 두 형제

매우 사이가 좋았다고 알려지고 있는 윌버 라이트(W. Wright, 1867-1912)와 오빌 라이트(O. Wright, 1871-1948) 형제는 미국 연합 형제단 교회의 청빈한 목사였던 밀턴 라이트의 셋째와 넷째 아들로 태어났다. 1903년의 어느 토요일 오후 이들 형제는 역사상 최초로 비행기를 띄우기 위한 최종 점검과 수리를 끝냈다. 그리고 다음날 아침 준비는 이미 완료되었으며 날씨도 그들을 돕는지 시험 비행을 하기에 바람 한 점 없는 완벽한 날씨였다.

그러나 이상하게도 그날 비행기는 전혀 뜰 기색이 보이지 않았다. 비행기가 뜨지 않은 이유는 무엇이 있을까? 그날이 바로 주일이었던 것이다! 그들 형제는 어린 시절부터 주일에는 누구도 일하지 않고 하나님의 계명을 지켜 안식하는 데 훈련이 되어 있었던 것이다.

이들 형제가 처음으로 비행기에 관심을 갖게 된 것은 1879년에 부친이 여행의 선물로 프랑스의 페노라는 사람이 고안한 장난감 헬리콥터를 선물한 이후부터라고 알려지고 있다.

비록 장난감이었지만, 헬리콥터의 모형은 연날리기를 무척 좋아하던 이들 10대 소년들의 호기심을 불러일으켰으며, 이들은 곧 지방의 연날리기 클럽에도 가입하게 된다. 이들 두 형제는 공부도 무척 잘 했는데, 원래 형 윌버는 예일대 학교에 진학하여 아버지의 뒤를 이어 목사가 되려는 꿈을 지니고 있었다. 그런데 아이스하키 도중 그만 거의 모든 이빨이 부러지는 커다란 사고를 당하고 말았다.

대학을 진학하지 않은 이들 형제들은 오하이오 주의 기계 제작소, 신문 인쇄업을 전전하다 1892년에 자전거 판매 업소를 시작했다. 당시 자전거는 영국과 독일, 프랑스의 치열한 개발 경쟁 끝에 50여 년 전 영국의 맥 밀란이 페달이 달린 자전거를 개발하여 급속도로 전파되고 있는 중이었다. 손재주가 많은 이들 형제에게 자전거 제작은 수입도 괜찮고 적성에도 맞는 일이었다. 그러나 그들의 관심은 역시 비행기의 제작이었다.

1895년경에 라이트 형제는 릴리엔탈이 지은 책을 읽게 되는데 그는 글라이더의 전문가로 무려 2,000회에 달하는 비행 실험의 경력을 지니고 있는 인물이었다. 그런데 릴리엔탈은 그만 1896년에 시험 중이던 비행기가 추락하여 사망하게 되었다. 1899년에 과학 지식을 보급하는 국가 기관인 스미소니언 협회에 편지를 보내는 등 라이트 형제는 꾸준히 비행에 관한 자료를 입수하면서 비행기의 제작에 열중하고 있었다. 이윽고 1900년 마침내 사람의 몸을 지탱할 수 있는 튼튼한 글라이더를 만드는 데 성공했다. 그런데 이것을 어떻게 조종하느냐가 커다란 문제였다. '하나님이 만드신 피조물 중에 날아다니는 새가 있지 않은가!' 형 윌버에게 어느 날 문득 이런 생각이 떠올랐다. 그는 관찰이 쉬운 날을 하루 잡아 자신이 살던 미국의 오하이오 주 데이튼의 들판으로 나갔다. 그리고 오랜 관찰 끝에 새들이 수시로 날개의 모양을 바꾸어 가면서 좌우상하 여러 방향으로 속도를 조장하면서 나는 것을 확인할 수 있었다.

'비행기도 좌우의 날개 면에 변화를 준다면 새처럼 불편 없이 날 수 있지 않을까?' 이것은 기체가 좌우가 기울었을 때 떠오르는 힘에 차이가 생기게 함으로써 기울기를 줄이는 방법으로, 오늘날에도 모든 비행기에 응용되고 있는 보조 날개의 원리였다. 1900년 6월 라이트 형제는 이것을 연과 글라이더 실험을 통하여 거듭 확인하게 된다. 글라이더에는 동생 오빌이 엎드려 탔으며 언덕 위를 미끄러져 30미터를 날아서는 잔디 위에 무사히 착륙했다. 동력 장치가 없이 그저 날기만 한 시험이었지만, 라이트 형제에게는 큰 용기를 주는 시험이었다. "형! 글라이더에 엔진이나 프로펠러가 달려 있다면 얼마나 좋을까?"

동생의 말에 형 윌버는 작고 가벼우면서도 힘이 센 자동차 엔진을 개발하여 글라이더에 달 구상을 하게 된다. 그런데 라이트 형제보다도 먼저 글라이더에 엔진을 달아 실험하려는 사람이 나타났다. 랭글리라는 사람이었다. 그는 1903년 10월 7일 글라이더에 엔진을 달고 커다란 강 가운데 있는 배 위에서 실험 비행을 했다. 그런데 비행기는 배를 떠나자마자 곧 물속에 잠겨 버리고 말았다.

랭글리는 그 해 12월 8일에 2차 시도를 하게 되는데, 이번에는 날기도 전에 뒷날개가 갑판 위의 물체에 부딪혀 실패하고 말았다. 이 일로 랭글리의 비행기 연구는 종말을 고하게 되었다.

△ 라이트 비행기의 성공적인 비행

라이트 형제도 독자적인 비행기 연구를 계속하여 랭글리가 비행 실험을 하던 그 해에 12마력의 엔진을 개발해 놓고 있었다. 라이트 형제는 이 엔진으로 두 개의 프로펠러를 돌릴 수 있도록 비행기를 제작했다. 이윽고 랭글리가 비행 실험을 시도하다 실패를 한 지 두 달 남짓 지난 1903년 12월 17일 라이트 형제는 비행을 계획하게 된다. 날씨도 추웠던 데다가 랭글리의 비행 실험이 아무런 소득도 없이 끝나 버린 후라 언론과 대중들은 학벌도 시원찮은 이들 형제의 실험에 조금도 눈길을 주지 않았다. 더욱이 어느 누구의 경제적 도움도 없는 아주 어려운 여건에서 제작된 비행기이기도 했다.

그런데 이런 상황이 벌어진 이면에는 그들 형제의 지나칠 정도로 검소하고 조용한 성격에도 원인이 있다고 말하는 사람들이 있다. 그것은 고지식하고 청빈한 목사였던 라이트 형제 아버지의 영향이 많았던 것 같다.

미국의 유명한 롤스로이스 자동차 회사의 공동 설립자였던 롤스는 그의 글에서 이렇게 말한 적이 있다. "밀턴 라이트(라이트 형제의 아버지) 목사는 성경이 그들 자녀들에게 미친 긍정적 효과에 관하여 확신을 가진 사람이었다."

라이트 형제의 이 유명한 역사적 비행 실험에는 겨우 5명의 구경꾼만이 참석했다. "라이트 비행기"라고 이름을 붙이고 동생 오빌이 탄 이 비행기는 1차 실험 비행에서 12초 동안 37미터를 날았다. 역사적 비행은 이렇게 그들의 성격대로 아주 조촐하게 마감된 것이다. "라이트 비행기"는 그 다음 제 2차 실험에서는 59초 동안 260미터나 비행하게 되었다. 마침내 모든 실험은 성공적으로 끝났다.

1908년 윌버는 유럽으로 건너가서 프랑스에서 그 위용을 세상에 공개적으로 과시하게 된다. 그런데 그 해에 사고로 승객이 죽고 오빌이 다치는 사고도 발생하게 된다. 그렇지만 이에 굴하지 않고 라이트 형제는 1909년 비행기 생산을 위한 항공 회사도 설립했다. 1909년 7월 25일에는 1개의 날개를 가진 단엽기가 영국과 프랑스 사이에 있는 도버 해협을 37분 만의 횡단에 성공했다. 항공 산업의 시발은 이렇게 시작되었던 것이다.

목사인 아버지 덕분으로 어린 시절 일찍이 주님을 영접하고 일생 동안 술과 담배를 전혀 입에 대지 않았으며 그 당시 흔하던 도박에도 전혀 손 한 번 대지 않고 검소하고 절제된 삶을 살아간 이들 형제의 모습은 오늘날 물질적 욕구에만 눈이 어두워 어수선한 우리 사회의 모습과 크게 대비가 되기도 한다. 그렇게도 우애가 깊던 이들 형제는 평생을 독신으로 살다가 형 윌버는 1912년 5월 30일 45세로, 동생 오빌은 1948년 1월 30일 76세로 주님 곁으로 갔다.

폰 브라운
Wernher von Braun

"사람들은 우리 생애 동안에 이루어진 놀랄 만한 과학의 진보에 대하여 깊은 존경심을 가지고 있습니다. 관찰하고 실험하고 또한 그 유효성을 측정하기 위해 가능성을 시험해 보는 모든 과학적인 과정에는 분명 놀랄 만한 것이 있습니다.

그러나 우리가 하나님께서 존재하신다는 사실을 과학적으로 증명할 수 없다는 사실이 아직도 어떤 사람들에게는 고민거리가 되기도 합니다. 그렇지만 우리들이 태양을 보기 위해 구태여 촛불을 켜야만 할까요?

하물며 우주를 지으신 하나님을 창조주로 믿고 있는 우리들이 그 분에 대한 과학적 증명을 필요로 할까요?"

인간의 달 착륙과 폰 브라운

"이렇게 우물쭈물하다가는 소련군에 끌려가 시베리아로 가게 될지도 모릅니다. 어떤 구실을 내세워서라도 남쪽으로 내려가 미군에 투항하는 것이 우리들이 살아남는 길이라고 생각합니다."

1945년 1월도 저물어 가는 어느 날, 제 2차 세계대전도 막바지에 접어들어 패망을 앞둔 독일의 한 청년 과학자가 깊은 수심에 잠겨 있었다. 베를린 공과대학을 졸업한 이 과학자는 지금까지 줄곧 독재자 히틀러 밑에서 마음에 내키지 않는 연구를 계속하다 이제는 또 한 명의 독재자인 소련의 스탈린에게 이용당할 기로에 서게 된 상태였다.

당시 소련군은 독일의 핵심 연구소인 '페네문데'의 점령을 위해 기갑 부대를 앞세운 채 내려오고 있었으며, 나치 고위층은 이 연구소를 지키기 위해 각기 다른 10개가 넘는 명령을 내릴 정도로 이성을 잃어가고 있었다. 비밀경찰, 육·해·공군 참모총장, 히틀러 친위 부대의 이동 명령이 날아오고 있었고, 그중에는 현 위치를 고수하라는 명령서도 있었다.

자기의 기술을 전쟁에 사용하고 싶은 마음은 추호도 없었으나, '페네문데 연구소'의 기술 담당 소장으로 세계에서 가장 뛰어난 이 로켓 전문가는 이제 평화적인 우주여행에 자신의 연구와 남은 여생을 바치기로 결심했다. 무신론적 공산주의 국가인 소련보다는 자신의 기독교 신앙을 유지할 수 있는 연합군을 택하여 항복하기로 결심한 것이다. 그리고는 남쪽으로 이동할 수 있는 구실에 적합한 명령서를 따라 피신을 하고, 이 과학자는 우여곡절 끝에 동료 과학자 118명과 가족 등 300여 명과 함께 미군에 무사히 넘어갔다.

이제 이 로켓 과학자는 새로운 땅 미국의 뉴 멕시코 중에 있는 화이트 샌즈의 미사일 시험 기지에서 새로운 생활을 시작하게 되었다. 그가 바로 20세기 가장 유명한 과학자 중의 한 사람인 베르너 폰 브라운(Wernher von Braun, 1912-1977) 박사였다.

1969년 7월 21일 온 인류는 숨을 죽이고 TV 앞에 모여 있었다. 미국의 유인 달 착륙 우주선 아폴로 11호가 "고요의 바다"라고 이름 붙여진 달의 표면에 착륙하는 것을 보기 위해서였다. 1957년 소련이 처음으로 인공위성 스푸트니크호를 지구 궤도에 쏘아 올리는 데 성공한 이후 미국과 소련은 최초로 달에 인류를 보내기 위해 치열한 다툼을 벌였으나, 소련의 인공위성 성공에 자극을 받아 뒤늦게 우주 계획에 심혈을 기울인 미국의 승리로 끝나게 되었다. 인류 역사상 과학 기술이 이룩한 가장 위대한 업적 중의 하나인 달 착륙이 성공하기까지는 수많은 과학자들의 노고가 있었다. 그렇지만 그 열매의 가장 큰 부분은 미 항공우주국(NASA)의 국장으로 아폴로

11호의 새턴 로켓과 그 밖의 많은 로켓을 개발한 폰 브라운 박사의 몫이었다.

□ 찬문학자의 꿈을 꾼 괴짜 신동

브라운은 독일 정부의 비르즈이츠에서 태어났다. 브라운 집안은 수백 년 동안 이어져 온 귀족 집안으로서 아버지는 남작이었다. 브라운의 이름 앞에 붙는 "폰"자는 바로 귀족을 나타내는 표시다. 어린 시절 한때 소방차를 보고는 소방관이 되겠다고 소방차만 따라다녀 부모의 골치를 썩였던 이 괴짜 신동은 수학을 특히 좋아했으며 선생님에게서 별자리에 관한 이야기를 들은 후부터는 일찍부터 천문학자가 되기로 마음먹게 된다.

1927년 6월, 독일에서는 로켓광들이 모여 세계 최초로 본격적인 '우주여행협회'가 설립되었다. 회장은 겨우 30세가 넘은 루마니아 태생의 헤르만 오벨트라는 사람이었으며, 회원의 대부분은 20세 내외의 젊은이들뿐이었다. 이들의 연구 목표는 '어떻게 달이나 화성, 금성 등에 사람이 가볼 수 없을까?' 하는 것으로, 당시로서는 조금 황당무계한 것이었다.

그렇지만 이들의 열성은 대단했으며, 매우 진지했고, 토론과 연구도 보기보다는 상당한 수준이었다. 브라운은 1930년 겨우 17세의 나이로 이 협회에 가입한 열렬한 우주여행 지망자였다. 브라운의 연구심은 대단하여 그 해 8월 5일 오벨트를 도와서 '원추 엔진 로켓'의 실험에 성공했다. 그 당시만 해도 연구비가 없어서 구경 온 사람들에게 로켓 실험에 대한 견학 요금을 받아서 개발 연구를 할 만큼 궁색한 실험이었다.

그런데 어느 날 브라운은 그의 생애에 커다란 영향을 준 도른베르거라는 독일의 장교를 만나게 되었다. 그는 제 1차 세계대전 때에도 포병 장교로 참전한 바 있는 독일의 로켓 개발 임무를 맡게 된 사람이었다. 당시 둘 사이에는 17살의 나이 차가 있었고, 브라운은 겨우 20살의 풋내기 베를린 공대생이었지만, 그의 천재성과 로켓에 관한 집념을 알아본 도른베르거는 있는 힘을 다하여 브라운을 평생 동안 도와주게 된다. 마침내 1933년 브라운은 A-1이라는 본격적인 액체 연료 로켓을 완성하였다. 이것은 936년 8월 발트해의 한 섬에 있는 페네문데라는 곳에 위치한 5,000명에 달하는 과학자가 동원된 대규모 로켓 연구소와 공장으로 발전하게 된다. 이 공장의 위치는 바로 브라운이 선정한 곳이었다. 그러나 로켓의 개발이 브라운의 의도대로 되는 것만은 아니었다. 1939년 9월, 독일은 히틀러의 명령으로 폴란드를 침략하였으며, 영국과 프랑스는 독일에 선전포고를 함으로써 제 2차 세계대전의 막이 오르게 되었다. 브라운의 로켓 연구는 곧 강력한 무기로 활용될 뿐이었다.

1942년 마침내 길이 14미터에 달하는 A-4라는 그 당시로서는 초대형의 액체 로켓이 개발되었는데, 후에 V-2로 개명된 이 로켓은 영국 사람들이 "악마의 사자"라고 불렀을 만큼 놀랄 만한 위력을 지녔던 것으로 음속의 4배 속도로 날아 엄청난 피해를 주기도 했다.

물론 본인의 의사에 의한 것은 아니었지만 이것은 그를 끊임없이 죄책감에 빠지게 하고 괴롭히는 일이었다. 특별한 열성도 없이 그저 하나님을 막연히 믿고 있던 그의 신앙도 어떤 면에서는 방황하고 있었다. 그런 그가 망명지인 미국의 미사일 기지에 근무하던 어느 날 한 낡은 버스가 지나가다가 어떤 집 앞에 멈추는 것을 우연히 관심 있게 보게 된다. 그 차에는 "엘파소 나사렛 교회"라고 쓰여 있었는데 그 교회 목사님께서 매주일 나무로 지은 막사에서 예배를 드리기 위해 사람들을 데리고 가려고 그 낡은 버스를 운전하는 것이었다. 일요일마다 이 낡은 버스가 미사일 기지를 지나가는 것을 지켜보며, 독일에서 그가 어린 시절 열심히 다녔던 루터란 교회의 추억들을 떠올리게 된다. 패전국의 사람으로 외로운 타향에서의 생활은 모든 것이 낯설기만 했고 그의 신앙도 과학 분야에서 공부하고 일하는 동안 세상 속으로 떠내려가고 말았던 것이었다.

그는 참으로 나약한 인간의 모습과 하나님 앞에서는 보잘 것 없는 과학의 참 모습을 이 작은 일들을 통하여 깨닫게 되었다. 이때에야 비로소 그는 막연히 그리스도인이라고 생각하던 자신의 믿음이 빈 껍데기뿐이었음을 알았으며, 예수 그리스도의 은총에 의한 구원과 하나님에 관한 깨달음을 경험하게 된다. 그 후부터 그는 성경 공부를 꾸준히 시작하며 헐버트의 『성경 이야기』를 열심히 읽기 시작하였다. 이 시기를 브라운 박사는 이렇게 회상했다. "그리스도의 진리는 마치 하나의 계시처럼 나에게 다가왔습니다. 그때까지 나는 예수 그리스도를 진정으로 영접하지 않고 있었으며 이름뿐인 그리스도인이었습니다. 이것을 진정 깨닫게 되었습니다."

□ 실험의 성공

당시 미국은 로켓 개발에 아무런 흥미를 나타내지 않고 있었다. 폰 브라운은 로켓의 효용성을 강조했지만 원자탄과 수소탄의 개발에 몰두하던 미국은 이 패전국 망명 과학자의 말을 무시할 뿐이었다. 그런데 페네문데를 점령해서 다수의 과학 기술자들을 데려간 소련이 1949년 V-2보다 훨씬 크고 사정거리가 645km나 되는 미사일을 개발했다는 정보가 들어오게 되었다. 그제야 미국 당국은 서둘러서 브라운과 도른베르거를 중심으로 미사일 개발에 몰두하여 마침내 1957년 우수한 미사일을 완성하게 되었다. 이 미사일의 이름은 브라운의 우주 탐험에 대한 의지를 담은 "주피터(목성)"이라고 명명되었다. 이제 미국 생활에도 적응하기 시작한 그는 조지 마샬 우주 비행 센터의 감독으로 임명되어 앨라배마 주 헌츠빌이라는 곳으로 가족들과 함께 이사를 가게 되었다. 1955년에 그는 귀화한 미국 시민이 되었고, 주피터의 성공으로 당시 아이젠하워 대통령으로부터 민간인 최고 훈장도 받게 되었다.

뿐만 아니라 믿음도 착실히 성장하여, 이곳에서 그는 그리스도 감독 교회의 주요 일원이 되었다. 폰 브라운 박사팀이 설계한 강력한 로켓이 미 우주 비행 계획에 중요한 위치를 차지하기 시작한 계기가 마련된 것은 바로 이 무렵이었다. 그리고 이때부터 그의 개인적인 신앙도 그의 과학적 명성과 더불어 자라나기 시작했다.

그런데 1957년 10월 4일 미국의 자존심에 큰 상처를 주는 일이 일어났다. 그것은 바로 소련이 로켓을 사용하여 인류 사상 처음으로 인공위성 스푸트니크 1호를 날리는 데 성공함으로써 온 세계를 깜짝 놀라게 한 것이었다. 이제 미국이 그들의 자존심을 회복하기 위하여 의지할 수 있는 인물은 오직 폰 브라운 박사뿐이었다.

1958년 1월 31일 브라운은 곧바로 미국 최초의 인공위성 "익스플로러 1호"를 발사하여 성공시켰다. 우주 비행 계획에서의 그의 명성은 그를 전국적인 유명 인사로 만들었으며 수많은 연설과 저술 활동에 초대받게 했다. 그는 시간이 허락하는 한 초청에 응하면서 언제나 신앙에 관한 이야기에 우선을 두었다.

한번은 덴버 시에서 있었던 콜로라도 주 정부 요인 초청 조찬 기도회에서 "하나님에 대한 과학자의 믿음"이라는 제목으로 연설을 하게 되었다. "사람들은 우리 생애 동안에 이루어진 놀랄 만한 과학의 진보에 대하여 깊은 존경심을 가지고 있습니다. 관찰하고 실험하고 또한 그 유효성을 측정하기 위해 가능성을 시험해 보는 모든 과학적인 과정에는 분명 놀랄 만한 것이 있습니다. 그러나 우리가 하나님께서 존재하신다는 사실을 과학적으로 증명할 수 없다는 사실이 아직도 어떤 사람들에게는 고민거리가 되기도 합니다. 그렇지만 우리들이 태양을 보기 위해 구태여 촛불을 켜야만 할까요? 하물며 우주를 지으신 하나님을 창조주로 믿고 있는 우리들이 그 분에 대한 과학적 증명을 필요로 할까요?"

> 창세로부터 그의 보이지 아니하는 것들 곧 그의 영원하신 능력과 신성이 그 만드신 만물에 분명히 보여 알게 되나니 그러므로 저희가 핑계치 못할지니라(롬 1:20).

그는 이 말씀을 잘 기억하고 있었다. 그는 또 개인의 믿음의 중요성에 관하여 다음과 같이 고백하기도 했다. "사람들은 온 인류에게 뿐 아니라 우리 개개인에게 관심을 가지신 인격적인 하나님을 받아들이는 데 대하여 어려움을 느낍니다. 많은 현대 신학자들은 개인이나 현실적인 것보다는 '우리' 나 '전인류' 를 더 강조합니다. 사람은 성경에서 증거하고 있는 바와 같이 예수 그리스도에 우리의 노력과 영감의 초점이 맞추어져야 합니다." 비록 인공위성 발사에 있어서는 소련이 앞서 나가고 그 이후로도 소련은 우주 탐험에 있어서 한동안 미국을 앞질러 나갔지만, 미국이 브라운 박사를 전폭적으로 신뢰하기 시작하면서부터는 결코 우주 탐험의 경쟁이 끝난 것이 아니었다. 그리고 브라운의 뒤에는 미국 시민들의 그를 향한 존경심과 기도가 있었다. 마치 경쟁이라도 하듯 소련은 1959년 루나 1호를 발사하고, 뒤이어 루나 2호를 달에 도달시켰다. 루나 3호는 달 뒤의 사진을 찍어 지구로 보내와 세계를 놀라게 하기도 했다.

1961년에 소련은 인류 최초의 우주 비행사 가가린이 탄 보스톡 1호를 쏘아 올려 또 한 번 미국의 체면을 말이 아니게 만들었다. 드디어 미국의 존 에프 케네디 대통령은 1961년 5월 25일, 미국 의회에서 다음과 같은 약속을 하기에 이르렀다. "미국은 60년대 말까지 기어코 인간을 달에 착륙시켜 무사히 귀환시킬 것이다." 이것은 어쩌면 미국의 자존심의 선언이요, 소련에 대한 또 다른 의미의 선전포고였다. 이 선언은 소련의 가가린이 처음으로 우주선을 타고 지구를 돈 지 43일 후에 발표될 만큼 미국의 사정은 급박한 것이었다.

브라운은 이제 미국의 마지막 보루요 희망이었다. 그렇지만 폰 브라운에게 있어서는 이제야 그가 그토록 원하던 우주 탐험에 관한 일들을 마음껏 펼칠 수 있는 여건이 마련되는 벅찬 순간이었다. 그는 '새턴 로켓' 의 구상을 시작하였으며 1호, 1-B호 등 40미터 길이의 로켓을 제작했다. 그리고 1967년 11월 15일, 드디어 새턴 로켓 5호는 멋지게 하늘을 날았다.

□ 양심적인 신앙인, 달을 밟다

인류 역사상 하나님이 창조하신 지구 외의 다른 곳에 사람의 발길이 닿는 이 황홀한 경주에 하나님은 기도의 사람들에게 응답하고 계심이 분명했으며, 미국이 소련을 앞지를 수 있는 실마리는 이렇게 서서히 마련되고 있었다. 달착륙선 아폴로 11호가 비행을 하는데 중요한 자료를 제공해 준 아폴로 9호가 이륙하였을 당시,〈마이애미 헤럴드〉지의 아돈 태프트 기자와의 인터뷰에서 브라운은 자신의 신앙적인 견해를 이렇게 밝히기도 했다.

"예수 그리스도의 십자가 희생은 우주적인 것이며 어떠한 공간적 제한도 받지 않습니다. 그리스도를 영접하지 않는 부도덕한 영혼은 그 대가를 치르거나 하나님께서 정하신 심판을 받을 것이라는 것을 믿습니다."

사람들은 어찌 된 일인지 천문학자가 기독교 신앙을 지녔다면 이상하게 바라보는 경향이 있다. 1920년대 브라운이 어린 시절 가입했던 '우주여행협회' 의 회장이었던 헤르만 오벨트가 UFO 신봉론

자라는 이유로 폰 브라운도 그와 같은 외계인 숭배 사상이 있었지 않았겠느냐는 근거 없는 주장을 가지고 이 과학자의 신앙도 이상스럽게 보려고 하는 사람들이 있다. 물론 그가 근본주의적인 창조관에 완전 일치하는 생각을 가졌었다고 까지는 필자도 고집하고 싶지 않다. 그러나 그의 신앙관에 어떤 문제가 있었다고는 전혀 생각하지 않는다. 워싱턴에서 활동하는 '엔터프라이즈 미션' 이라는 단체가 80년대부터 끊임없이 나돌던 외계인 확인설이나 달에의 인공 구조물 존재설을 틀림없다고 주장('96년 3월)하여 국내에서도 파문이 인 적이 있다.

만일 그와 같은 일들이 사실이라면 누구보다 먼저 가장 신속하게 그 같은 정보를 얻을 수 있는 사람은 바로 브라운 박사였다. 양심적인 신앙인이었던 그가 그런 정보를 입수하고도 은밀히 숨기고 정상적인 신앙생활을 유지할 수 있었을 것이라고 보는가? 그것은 절대로 불가능한 일이다. 대통령이 되면 미국의 UFO관련 비밀문서를 공개하겠다는 공약을 하고 실천에 옮겼던(물론 UFO매니아들은 그의 공개 수준이 미흡하다고 지금까지 주장하고 있다) 미 대통령이었던 카터의 말년에 이르기까지의 변함없는 신앙생활을 참고하기 바란다. 그래도 그런 것을 믿고 싶은 사람들이 있다면 아폴로 15호 우주선 승무원 제임스 어윈, 아폴로 16호를 타고 달 표면을 밟은 찰스 듀크, 잭 루스마, 빌 포그 등 12명에 달하는 달 탐색 우주선의 우주 비행사들이 열심히 신앙생활을 하면서 지난 80년대부터 모임을 만들어 하나님의 창조 섭리를 열심히 전하고 있음을 기억하기 바란다.

특히 아폴로 11, 12호 및 15호 승무원으로 1971년 달을 밟았으며 유명한 '흰 돌'(The White Stone)을 달에서 찾아냈던 제임스 어윈은 공학박사로 72년 전역한 뒤로는 '고공비행 재단'(High Flight Foundation)을 만들어 세계 곳곳을 순회하며 자신의 체험을 통한 예수 그리스도를 증거하고 있다.

그는 자신이 달에서 가져온 이 희귀한 '흰 돌'을 만드셨을 뿐 아니라 인류의 경이의 대상이 놀라운 우주를 만드신 '참 돌'(Real Rock)을 만나라고 사람들에게 전하고 있다. 즉 우리를 사랑하시는 참 보화 예수 그리스도를 만나라는 것이다. 물론 지금은 더 많은 우주 비행사들이 복음을 열심히 전하고 있다.

그들이 이상한 무엇을 보았다면 그런 활동을 태평스럽게 하고 있을 수 있을까? 이상한 물체(외계인의 유적)들을 보았다면 오히려 그들이야말로 그들이 본 신기한 것을 전하기 위해서 발을 벗고 나설 사람들이다. 그들은 이상한 돌 또는 유적을 본 것이 아니라 참 돌, 진정한 돌이며 우리의 모퉁이 돌(에베소서 2:20)이신 예수 그리스도를 본 것이다. 그래도 굳이 하나님보다 그런 것을 믿고 싶어 하는 사람들에게는 어쩔 수 없는 일이다. 아무튼 브라운은 과학에 관해서도 자신의 견해를 말한 적이 있다.

"과학은 어떠한 경우에도 흔적도 없이 사라져 버리는 것이 아닙니다. 마찬가지로 자연도 소멸되는 것이 아닙니다. 단지 그 모습만 변화될 뿐이지요. 만일 하나님께서 그 기본적인 원리를 그의 우주의 가장 애매하고 보잘 것 없는 한 부분에 적용시키려 한다면 바로 하나님의 창조물 중의 걸작인 인간의 영혼에도 그것을 적용시키실 것입니다. 그렇게 생각되지 않습니까?"

케네디가 암살된 후 이어 대통령이 된 존슨은 브라운 박사 부부를 초청하여 카우보이모자를 주면서 1960년대가 끝나기 전에 이 모자를 꼭 달에 전해 달라고 간곡히 미국인들의 소원을 전하기도 했다. 밤낮을 가리지 않고 연구에 매달린 브라운은 드디어 그 약속을 지키게 된다. 1969년 7월 16일 암스트롱을 선장으로 하고 올드린과 콜린스를 태운 아폴로 11호가 달을 향해 발사되었으며, 7월 20일 아폴로 11호에서 달착륙선 이글호를 발사시켜 달 표면 '고요의 바다'에 착륙했다. 그리고 7월 21일 인류는 마침내 달세계에 역사적인 발을 딛게 되었다.

우주인들은 7월 24일 달에서의 임무를 마치고 무사히 지구로 돌아왔다. 이것은 브라운 개인의 영광일 뿐 아니라 미국의 영광이요 인류사에 한 획을 긋는 사건이었다. "나의 이 한 발자국은 비록 크기는 작은 것이지만 우리 인류를 위해서는 위대한 도약이다." 암스트롱은 자신의 감격을 이렇게 전해 왔다. 그리고 이 광경을 마샬 우주비행 센터 소장실에서 TV로 지켜보던 폰 브라운 박사는 두 눈에서 눈물을 주루룩 흘렸다고 전해진다.

신앙인의 기도에 응답해 주신 하나님의 섭리에 대한 그의 감회가 남달랐을 것은 분명하다. 미 항공 우주국의 부국장이 된 후 그는 이렇게 말한 적이 있다.

"2천여 년 전 인류에게 그리스도를 알 수 있는 기회가 주어졌을 때, 세계는 그를 따르던 사람들의 전파에 의하여 완전히 바뀌고 말았습니다. 오늘도 똑같은 일이 우리들에게 일어날 수 있습니다." 세상이 그리스도를 영접하고 그를 따르는 사람들에 의하여 바뀌어 왔듯 오늘날도 그리스도 안에서 새롭게 태어난 많은 사람들이 세상에는 있다. 패전국의 한 로켓 전문가였던 폰 브라운 박사, 그도 그러한 사람 중의 하나였다. 그는 인간이 끊임없이 소원해 왔던 우주에로의 비행과 달에 착륙하는 데 가장 큰 업적을 남긴 인물로 역사에 기록될 것이 분명하다. 우주를 만드신 하나님께서는 하나님을 진실로 신뢰했던 이 금발의 과학자에게 그 명예를 허락하신 것이다.

1977년 6월 16일 폰 브라운은 66세의 나이로 세상을 떠났다. 하지만 그가 살던 헌츠빌에는 나사의 '마샬 우주비행 센터'가 마련되어 있어 인류의 우주비행에 대한 끝없는 소원을 이루어 가고 있다. 물론 이곳에는 세계에서 가장 큰 우주 박물관인 '우주 로켓 센터'가 있고 브라운을 기념하는 '폰 브라운실'이 있어, 우주여행에 대한 브라운의 깊은 애정과 공적을 우리들에게 전해 주고 있다.

제임스 줄
James Prescott Joule

"자연 법칙과 가깝다는 것은 그 속에 나타나 있는 하나님의 마음
과 친숙하다는 것이지요. 하나님의 의지를 깨닫고 그것에
복종하십시오. 그러면 그 다음은 그분의 창조물이 증명해
주는 지혜, 능력 및 선하심을 통해 그분의 속성을 알게 될
것입니다."

실험으로 에너지 보존 법칙을 증거한 제임스 줄

초등학교를 마치고 중학교를 들어가면서 어린 학생들은 과학 시간에 한 낯선 과학자의 생소한 법칙을 만나게 된다. 바로 제임스 줄이 발견한 줄의 법칙이라는 조금은 어렵고 딱딱한 법칙이다. 과학 열의 열당량 값의 표현에 사용되는 기호 J와 일 · 에너지 · 열량의 국제단위계(SJ)에서 사용되는 단위 '줄'과 그 기호 J는 모두 그의 이름에서 따온 것이다.

□ 전기 연구에 매달리게 된 줄

제임스 줄(James Prescott Joule, 1818-1889)은 영국 프리미어 리그 우리의 박지성 선수가 본거지로 활동하고 있는 랭커셔 주 맨체스터 근처에 있는 솔퍼드에서 1818년 크리스마스 이브 날 태어났다. 그는 부유한 양조장 주인의 다섯 아이 중 둘째였다. 어릴 적 제임스는 약하고 수줍음을 잘 탔으며 척추 병을 앓던 아이였다. 건강과 당시 풍습에 따라 제임스는 15세 때까지 집에서 교육을 받았다. 그 후로 그는 가정의 양조장에서 일하면서 형고 함께 맨체스터에서 개인 교사에게 시간제로 교육을 계속 받게 되었다.

1834년에서 1837년까지 그들은 유명한 영국의 화학자 존 달톤 (John Dalton)에게서 화학, 물리, 과학적 방법 및 수학을 배웠다. 달톤은 경건한 케이커 교도였다. 이때 달톤은 이미 70세 전후의 노인이었다. 제임스는 그가 과학자가 되는데 있어서 달톤이 중요한 역할을 했음을 매우 감사했다. "내가 창의적 연구를 통해 내 지식을 증가시키고자 하는 열망을 처음으로 갖게 된 것은 탈톤의 교육 덕분이었다!"

그들의 아버지가 병으로 눕게 되자 제임스와 그의 형은 양조장의 경영을 떠맡게 되었다. 비록 줄이 대학에 다닐 기회를 갖지는 못했으나 그 당시의 양조장은 발효라는 화학적 과정과 대량의 액체나 기체를 다루는 엔진이라든가 펌프 등을 볼 수 있는 보기 드믄 장소였다.

이런 풍부한 시설과 자금을 바탕으로 줄은 전기 연구에 매달린다. 전기 연구의 대학자 데이비나 패러데이가 열동력에 관심을 가진 것과 달리 전류의 열 효과에 대해 관심이 많은 사람이었다. 1839년 기계적인 일과 전기 및 열을 포함하는 일련의 실험을 시작한 줄은 1840년에 그는 가장 명성이 있는 과학자들의 모임인 런던의 왕립학회(Royal Society)에 '볼타 전기에 의한 열의 생성에 관하여'라는 제목의 논문을 보낸다. 일정한 전류로 얼마만큼의 열이 발생하는가하는 중요한 연구였다. 이것이 바로 전류에 의한 열 발생에 관한 유명한 법칙 줄의 법칙이다. 논문에서 그는 전류를 전달하는 철선에서 매 초당 생성되는 열의 양은 회로의 저항과 전류의 제곱에 비례한다는 것을 발견했다.

하지만 당시 이 논문의 중요성을 왕립학회의 학자들은 잘 알지 못하였다. 왕립 협회는 줄의 2편의 논문에 대해 출판도 거절할 정도였다. 그러나 줄은 결코 실망하지 않았다. 왕립 협회의 제도권 과학자들과 멘체스터 공업지대의 실험 과학자들은 전혀 관심과 가치관이 다름을 알았기 때문이었다.

1843년 줄은 물을 넣은 통 속에 발전기를 넣고 그것을 작동 시키는 실험을 한다. 기계적인 일과 물 온도에 상승에 대한 연구를 위함이었다. 이를 통해 줄은 당시 대부분의 물리학자들이 믿고 있었던 열의 열소(熱素)이론(caloric theory)을 부정하게 된다. 열소 이론은 열이 일종의 유동성 물질이라고 믿는 이론이었는데 줄 자신도 처음에는 이런 생각을 가지고 있었다. 하지만 자신의 실험 결과로 이런 생각을 버리게 된다.

□ 열역학 제 1법칙, 주목을 받게 되다

오늘날 일상생활의 전열기나 물을 이용한 족(足) 마사지 기구, 스폿 용접기(spot welder; 큰 전류를 흘려서 도체를 용접하는 기계) 등은 줄 열을 이용한 대표적인 기구들이라 할 수 있겠다. 거듭된 위대한 실험에도 불구하고 10여 년간 줄을 주목하는 과학자는 거의 없었다. 위대한 과학자는 위대한 과학자가 알아보는 것일까? 결국 줄 실험의 위대한 결과를 알아차린 과학자가 나타났다. 바로 본 책에서 다른 캘빈 경(당시 본 이름은 윌리엄 톰슨)이었다.

1847년 영국과학진흥협회 회의 석상에서 캘빈은 줄의 실험 결과가 대단한 연구였음을 주목하였다. 당시 겨우 23세의 캘빈은 이미 글래스고우(Glasgow) 대학의 물리학과 교수가 되어 있었다. "줄의 연구는 기계적 에너지가 양적으로 열로 바뀔 수 있음을 보여준다. 이것은 프랑스 기술자들의 열기관 이론과 다른 주목할 만한 연구이다!"

신실한 기독교 과학자였던 마이클 패러데이(Michael Faraday)와 조지 스톡스(George Stockes)도 줄을 지지하기 시작했다. 왕립학회도 그를 주목하기 시작했다. 1849년 줄은 패러데이이 도움으로 「열의 기계적 등가에 관하여」라는 제목의 논문을 왕립학회에서 발표한다. 줄은 기체 분자의 속도를 계산한 최초의 과학자이었으며 전기의 표준단위에 대한 필요성을 인식한 최초의 과학자 중의 한 사람이기도 하였다. 이런 공로로 줄은 1872년과 1887년에 영국협회의 대표가 되었다. 과학자들은 열과 기계적 운동에 대한 줄의 실험적 공헌을 높이 평가하여 훗날 물리학에서 에너지(또는 일)의 단위를 '줄' 이라 명명하였다.

1852년 줄은 자신의 연구 성과를 일찍이 주목한 톰슨과 공동으로 연구하기 시작한다. 줄은 실험 과학자였고 톰슨은 수학을 비롯한 다방면에 탁월한 천재였다. 두 과학자는 서로를 완벽하게 조화가 되었다. 줄–톰슨 효과라는 유명한 실험은 이렇게 탄생한 것이다. 8년 동안 줄은 톰슨과 함께, 새로운 열역학 원리에서 나오는 몇 개의 예측을 확인하기 위해 몇 가지의 중요한 실험을 행하였다. 그 중 한 가지가 어떤 내부는 외부에서 일이 가해지지 않으면 기체의 팽창에 따라 온도가 내려가게 된다는 것이었다. 기체가 팽창할 때 냉각하는 이러한 현상을 바로 '줄-톰슨 효과' 라 한다. 이 원리는 오늘날 우리가 누리는 냉장 산업 발전의 기초를 제공하였다.

무엇보다 줄은 에너지 보존 법칙이라고도 불리어지는 유명한 열역학 제 1법칙을 발견한 과학자로 기억된다. 그는 자신의 이론을 증명하기 위해 신혼 여행지에 폭포가 있다는 것을 알고 황당한 실험까지 구상했다고 알려진다. 폭포의 물이 떨어짐으로써 위치 에너지가 열 에너지로 전환될 것이고 그에 따라 폭포 아래의 물의 온도는 더 높을 것이라고 생각했다. 물론 이 실험은 성공하지 못했다. 폭포 주변에 이는 물보라가 너무 심해 도저히 다가갈 수 없었기 때문이다.

에너지가 보존된다는 생각은 본래 의사였던 독일인 로버트 마이어(Robert Meyer, 1814-1878)로부터 시작되었다. 음식물이 몸 안으로 들어가서 열로 변하고, 이것이 몸을 움직이게 하는 역학적 에너지로 변한다는 생각을 기초로 해서 모든 종류의 에너지들이 서로 변환가능하며, 전체 에너지의 양은 보존된다는 주장을 내 놓았다. 즉 화학 에너지, 열에너지, 역학적 에너지 등이 서로 같은 종류의 물리적 양이며, 자연에서 에너지는 사라지지 않고 보존된다는 것이다. 이러한 생각은 독일 헬름홀츠 (Hermann von Helmholtz, 1821-1894)의 영구 기관 불가능의 원리로 발전한다.

오늘날 과학자들은 마이어가 힘의 보존 원리를 세웠으며, 제임스 줄이 실험적 증명으로 열과 일이 동일하다는 이론을 완성하였다고 본다. 두 사람은 모두 열은 역학적 일로 변환 될 수 있으며 그 역도 가능하다고 보았다. 그러므로 이 둘은 현대의 열 개념을 완성했고 에너지 보존 법칙이라는 현대 과학의 원리를 생각해낸 사람으로 칭송받는다. 이들이 창안한 이 원리는 클라우시우스(Rudolf Emmanuel Clausius, 1822-1888)에 의해서 완성되었다.

□ 평탄하게 않았던 가정생활, 말년

탁월한 과학자 줄의 가정은 그리 평탄하지는 않았다고 알려져 있다. 부인은 결혼한 지 6년 만에 어린아이들을 남기고 사망하였다. 그 후 줄의 가족은 양조장을 팔았다. 그리고 줄은 오직 과학적 실험에 전념하게 된다. 하지만 줄은 단순한 과학자가 아니었다. 달톤, 패러데이, 윌리암 톰슨, 맥스웰과 같은 당대 영국 최고의 탁월한 과학자들과 마찬가지로 그도 신앙적 겸손을 갖춘 신실한 기독교인이었다. 그는 과학자로서 연구와 성경의 진리에 대한 그의 확신이 놀라운 조화를 이룬다고 보았다. 당시는 진화론이 영국을 휩쓸던 시대이다. 1864년 다윈의 진화론에 대항하여 717명의 과학자들은 런던에서 '자연과학 및 물리학도의 선언' 이라는 제목의 성명서를 발표한다. 그는 여기에 서명한 과학자였다.

1872년부터 줄의 건강은 나빠지기 시작했다. 연구는 중단되었다. '너희는 흙이니 흙으로 돌아갈지니라.' 죽음은 하나님이 주시는 인간에게 닥치는 마지막 징계이다. 징계 다음에는 저 너머 새로운 세상이 기다리고 있다. 실험 정신으로 충만한 이 최고의 실험 과학자도 이 문턱을 넘어야 했다. 죽음 너머에 대해 과연 그는 어떤 실험 정신을 가지고 있었을까? 결국 줄은 1889년 10월 11일 영국 체셔(Cheshire)의 세일(Sale)에서 하늘나라로 갔다.

줄은 과학을 연구하려는 자신의 모든 열정을 자신의 신앙의 결과로 여겼다. "자연 법칙과 가깝다는 것은 그 속에 나타나 있는 하나님의 마음과 친숙하다는 것이지요." "하나님의 의지를 깨닫고 그것에 복종하십시오. 그러면 그 다음은 그분의 창조물이 증명해주는 지혜, 능력 및 선하심을 통해 그분의 속성을 알게 될 것입니다." 하나님은 천국에서 줄의 고백을 분명 기억하실 것이다!

정근모
Jeong Keun-Mo

"예수 그리스도, 그분은 내 삶의 전부이시며 나의 구원자이시지요. 호흡이 계속되는 그날까지 나는 나를 이 땅에 살게 하신 살아계신 예수님을 찬양하며 증거 할 것입니다."

신실한 그리스도인이기를 소망하는 세계적인 핵물리학자 **정근모**

스웨덴 왕립 한림원은 세계 최고의 과학자들만이 회원이 될 수 있는 기관이다. 순수 한국 국적을 가지고 이 모임에 한국 최초의 정회원이 된 사람은 누구일까? 미국 공학 한림원이나 세계 원자력 한림원도 마찬가지이다. 당대 최고의 과학자들만이 속한 기관이다. 이들 세계 최고의 과학자들 모임에 한국 국적을 소유하고 모두 정식 최초의 정회원이 된 한국인은 누구일까?

□ 천재로 통했던 정근모 박사 학창시절

바로 원자물리학 분야의 세계적 석학 정근모 박사(한국 사랑의 집 짓기운동—해비타트—이사장, 명지대 총장, 1939-)이다. 그로 인해 우리나라는 1992년 스웨덴 왕립 한림원에 정식 회원을 배출한 세계 27번째 나라로 당당히 대한민국의 태극기를 게양하는 국가가 되었다. 그는 1998년에는 세계원자력 한림원이 주는 세계 최초의 공로상도 수상했다. 이렇게 사람들 사이에 정근모 박사는 뛰어난 '천재'로 통한다.

이와 같은 그의 뛰어난 능력은 이미 어릴 적부터 나타났다. 그는 1951년 제 1회 전국 초등학교 대상 국가고시 전국 수석을 거쳐 당시 최고의 수재들만 들어가는 경기 중·고등학교를 수석으로 입학했다. 고교 생활은 4 개월 만에 월반하여 검정고시를 거쳐 서울대 문리대에 차석으로 합격하였다.

서울대 물리학과와 행정대학원을 마치고 미국으로 간 그는 23세가 된 해에 미시간 주립대에서 「양자 역학적 분자의 구조론」이라는 논문으로 이학 박사 학위를 받는다. 1970년 대 우주탐험시대에 '우주에 물이 존재할 수 있는가' 에 대한 이론적 토대를 제공한 중요한 연구였다. 워낙 뛰어난 논문이라 보통 사람들에게는 제목조차 생소한 이 탁월한 논문으로 겨우 24세의 나이에 그는 미 남플로리다 대학의 교수가 되었다. 지금도 20대 교수는 놀라운 일이지만 당시에도 큰 화제 거리였다.

"플로리다에 학생보다 나이가 어린 '꼬마 교수' (Boy Professor) 가 나타났다!"

플로리다 신문들은 일제히 이 젊은 과학자를 흥미 있게 보도했다. 그는 그 후 미 동부 지역 명문 프린스턴대 핵융합 연구소(1964-66), 미 최고의 공과 대학인 MIT 핵공학과 교수(1966-67), 뉴욕 공대 전기물리학과 부교수와 핵융합연구소 책임(1967-71)을 맡게 된다. 이 때 겨우 그의 나이 27세였다. 이 시절 그에게 배운 학생 중에 뉴욕 공대 플라즈마 연구소장도 있고 대만대학교 부총장도 나왔다.

미시간대, 남플로리다대, 프린스턴대, 뉴욕 공대 등을 거치면서 그는 연구실의 불을 밝히면서 피눈물 나는 치열한 연구에 젊음을 불사른다. 특별히 뉴욕 공대 교수 시절을 통해 국제 원자력 기구와의 인연, 미국 원자력 계 중진 인사들과의 개인적 교제, 러시아, 영국의 전문가들과의 연구 협력 등을 이루어낸다. 비록 그가 지금은 교육 행정가의 길을 가고 있기는 하나 북 핵문제로 온 세계가 시끄러운 이 때 다시금 여전히 주목 받는 이유이다.

뉴욕공대를 뒤로 하고 귀국하여 그는 한국과학기술원(KAIST) 부원장 및 교수(1971-75), 한전사장(1982-85), 한국과학재단 이사장(1989-90), 국제 원자력기구(IAEA) 의장(1989-90), 고등기술연구원 원장(1992-94), 한국과학기술한림원 원장(1994-), 대한민국 원자력 담당 대사(1992-93, 96-97), 국제 원자력 한림원 회장(1994-98), 두 번의 과학기술처 장관(12, 15대), 아주대 석좌교수(1987-), 두 번의 대학 총장(전 호서대, 현 명지대) 등을 역임하게 된다.

남들이 상상하기 힘든 화려한 경력을 가지게 된 것이다. 그러나 정작 정근모 박사 자신은 이 화려한 모든 것들이 자기 능력의 결과가 아니라고 고백한다. "이 모든 것은 오직 하나님의 계획과 인도하심의 결과입니다."

□ 순탄하지 않았던 어린 시절

하지만 정근모 박사도 그리 순탄한 어린 시절을 보낸 것은 아니었다. 6. 25 동란을 전후하여 정근모 박사는 초등학교의 어린 시절을 보냈다. 초등학교 때 어머니를 여의고 대학 2학년 때 아버지가 돌아

가셨습니다. 누님의 결혼과 형님의 군 입대로 그는 두 동생을 보살
피지 않으면 안 되는 소년 가장이 되었다. 검정고시로 2년을 월반하
여 대학을 들어갔으니 지금으로 치면 고등학생 나이에 소년 가장이
된 것이다. 돈 버는 일, 동생 돌보는 일, 공부하는 일을 모두 감당해
야 했던 참으로 힘든 생활의 연속이었다. 그런 가운데서도 성실히
공부하여, 대학을 졸업하고 새로 설립된 서울대학교 행정대학원에
진학 한다. 이공계 출신으로서 유일한 응시생이었는데 18대 1의 치
열한 경쟁을 뚫고 결과는 또 '수석 합격'이었다. 이공계 출신에게는
상당히 불리한 시험이었음에도 불구하고 오히려 당당히 수석 합격
을 한 것이다. "부모도 안 계신 저 대단한 학생이 물리학도로 학업
을 계속할 수 있는 길을 알아보게!"

　당시 신문에 난 기사를 보고 경무대의 고(故) 이승만 대통령은 공
보 비서를 통해 그에게 미국 유학을 제의해 왔다. 경무대의 종용 덕
분으로 그는 1960년 조국을 떠나 미지의 대륙 아메리카로 간다. 공
보 비서관의 유학 주선으로 찾아간 미국의 미시간 주립대학에서도
그의 탁월한 능력은 빛이 났다. 미시간 대학의 대학원 과정은 특별
했다. 석 · 박사 과정이 연결된 것이 아니라 우수한 학생으로 인정
받으면 석사 과정을 거치지 않고 바로 박사 과정에 진학할 수 있었
다. 그는 교수들의 인정과 자격시험에서 'A 학점'을 받아 석사 과정
을 거치지 않고 곧바로 박사 과정으로 들어가게 된다.

　그리고 모든 학위 과정을 3년 이내에 마치고 미국에서의 교수 생
활을 거쳐 국가의 부름을 받게 되었다. 지금은 많은 과학자들이 외

국에서 학위를 받고 국내외적으로 다양한 활동을 하고 있지만 60년대 20대 중반이 되기도 전에 학위를 취득하고 미국 대학교수가 된 이 탁월한 한인 과학자의 소식은 국외 뿐 아니라 국내에도 큰 관심거리였던 것이다.

"정근모 박사, 대한민국의 과학·기술 발전을 위해서는 당신이 꼭 필요합니다." 그는 당시 국가의 부름을 받고 한국 과학의 인재들을 길러내기 위해 새로 설립 된 한국과학원(현 KAIST) 부원장으로 부임을 하게 되었다. 그 때가 1971년 2월 16일이었다. 이 날은 과학 한국의 새로운 지평을 여는 한국과학기술연구원이 출범한 날이다. 이 과학원 설립의 과정에는 정 박사의 많은 아이디어가 반영되어 있었다. 왜냐 하면 한국과학원은 정 박사에게 미국 유학의 기회를 주고 여러 도움을 주었던 미시간 주립대 총장 한나 박사가 미국 국제협력처장(AID)으로 재임할 때 설립을 지원하기도 했던 것이다. 하지만 그가 부원장으로 부름 받을 당시의 나이는 겨우 32세에 불과하였다.

과학 기술의 발전에는 많은 이들의 수고가 필요하다. 하지만 한국과학원이 오늘날 카이스트(KAIST)라는 이름으로 동양 최고 수준의 과학 기술 연구 센터가 된 것이나 한국이 세계 5위권의 원자력 기술국이 된 데에는 누구보다도 정 박사의 노고와 땀이 곳곳에 배어 있음을 우리는 인정하지 않을 수 없다.

1986년 옛 소련 체르노빌 원자력 발전소가 폭발하여 막대한 양의 방사능이 누출되고 방화 작업을 하던 33명이 즉사하는 큰 참사가 일어났던 적이 있다. 지금까지도 그 후유증은 구 소련의 서부를 고통 속에 가두어두고 있을 정도이다. 당시 국제 원자력 기구(IAEA)는 전 세계에서 최고의 전문가 12명을 선발하여 사고를 분석하고 원자력 안전을 위한 기술적 분석과 조사를 맡기게 된다. 이 때 정 박사도 당연히 한사람의 전문가로 활동하게 되었다. 이를 통해 1989년부터 2년간 오스트리아 빈에 있는 국제원자력 기구(IAEA)의 의장을 맡게 된다. 이를 계기로 정근모 박사는 1998년 세계원자력 한림원이 주는 명예로운 세계 최초의 공로상도 수상하였다. 이 모든 것들은 정근모 박사가 얼마나 대단하고 명예로운 과학자인가를 보여준다.

그는 이런 모든 과학적 업적보다 신실한 그리스도인이 되기를 소망하는 교회의 장로이다. 정근모 박사는 교회의 장로로서 미국 뉴욕 시 교외의 롱아일랜드 중앙감리 교회와 워싱턴 중앙 장로교회에서의 신앙생활 그리고 종로성결교회, 삼성 제일교회의 장로 직분을 소중히 여기는 사람이다. 그리고 자신의 주도로 이루어진 한국과학기술원을 통해 하나님의 창조 섭리를 전하는 한국창조과학회(KACR)와 기독교대학설립동역회로 출발한 기독학술교육동역회(DEW)가 잉태한 것도 늘 하나님께 감사한다.

하지만 늘 신나고 좋은 일만 있는 것은 아니었다. 그에게도 큰 아픔이 있었다. 바로 병약한 아들이었다. 신앙 간증을 통해 그는 둘째 아들의 아픔과 고통 속에 자신의 믿음이 더욱 견고해졌음을 고백한다. 그리고 사람들에게 늘 잔잔하지만 감격적으로 그 일을 간증하곤 한다. 만성적으로 약한 신장이 문제였다. 이런 그의 믿음은 1990년 국민일보의 〈역경의 열매〉에 신앙 간증으로 고백된다.

> 고난당한 것이 내게 유익이라 그로 인하여 내가 주의 율례를 배우게 되었나이다(시 119:71).

여러분은 혹시 십자가가 선물임을 기억하는가? 정근모 박사의 '작은 십자가를 지고 가는 아들은 감사의 선물'이었다. 정 박사는 자신의 신장을 사랑하는 아들을 위해 기꺼이 이식한다. 예수님께서 십자가에 달리사 그 보혈의 피를 우리들에게 죄사함과 구원의 사랑의 징표로 주신 것처럼 건강한 자신의 신장(콩팥) 하나를 아들의 몫으로 준 것이다. 1980년 여름이었다. 기적이 일어났다! 병약하여 정규 교육조차 받기 힘들었던 아들은 아버지처럼 검정고시와 대학을 거쳐 유수한 외국의 IT 회사에 입사한다. 그리고 결혼도 한다.

하지만 병약했던 아들은 결국 믿음과 소망 가운데 살다가 먼저 하늘나라로 갔다. 히스기야 왕이 15년 삶을 더 연장 받았듯이 정 박사의 아들은 15년의 특별한 삶을 더 살다 갔다. 그리고 아버지 정근모 박사처럼 일찍 결혼했던 아들은 사랑하는 아들 딸 두 자녀를 남겼다. 사랑하는 사람과 헤어짐이 슬프긴 하나 정 박사는 절망하지는 않았다. 바로 그 이유는 예수님 때문이라고 그는 늘 고백한다.

"예수 그리스도, 그분은 내 삶의 전부이시며 나의 구원자이시지요. 호흡이 계속되는 그날까지 나는 나를 이 땅에 살게 하신 살아계신 예수님을 찬양하며 증거 할 것입니다."

정 근모 박사는 늘 자신이 하나님의 사람임을 고백한다. "한국처럼 조그만 나라의 사람이 국제 원자력 기구 의장을 하다니! 닥터 정, 한국에 당신 같은 위대한 크리스천 과학자가 있음을 나는 하나님께 늘 감사합니다." 바로 지미 카터의 고백이다.

그는 1970년 대 미합중국 대통령을 지낸 사람이다. 고령에도 불구하고 여전히 전 세계 가난한 사람들을 위한 사랑의 집짓기 운동(해비타트)에 땀을 흘리는 독실한 기독교인인 지미 카터는 한국 해비타트 이사장인 정근모 박사를 늘 이렇게 칭송하였다.

◻ 신앙 안에서 성공하는 7가지 비법

한국 최고의 천재였던 정근모 박사는 그럼 어떻게 이렇게 탁월한 성취의 길을 갔던 것일까? 그가 밝히는 신앙 안에서 성공하는 '7가지 비법'을 살펴보자.

첫째, '어머니의 기도와 잔잔한 미소가 힘이다. 어머니의 밝은 표정은 내 어린 시절 최고의 위로와 기쁨이었다!' 그는 초등학교 6학년 때 어머니를 병환으로 잃었다. 하지만 어머니는 병상에서도 아들을 대할 때면 늘 병상에서 일어나 기도한 후 꼭 어린 아들의 연필을 멋지게 깎아주었다. 어린 정 박사에게는 이런 소중한 사랑의 기억들이 일생을 살아가는 데 큰 위로가 되었다.

둘째, '노트정리를 하지 않는다. 수업 시간엔 정신을 집중해 교사의 강의를 듣고 이해하는데 힘쓴다!' 대부분 학생들은 수업 시간에 선생님의 칠판 판서를 통해 노트 필기에 집중한다. 하지만 어린 정 박사는 요즘의 보통 어린이들과는 좀 달랐다. 집중이 주는 능력을 알았다. 그래서 오늘날 학생들의 일반적인 방식과는 조금 다른 방식으로 집중했던 것이다.

셋째, '사회생활과 정서 생활을 풍요롭게 한다!' 정 박사는 단순한 공부벌레가 아니었다. 백일장에도 열심으로 석하고 문학에 관심을 갖고 희곡을 쓰기도 했으며 적십자 활동 등을 통해 인간관계와 삶의 정서를 풍부히 하였다. 이것은 훗날 그가 단순한 천재로 그치지 않고 사회생활에서도 겸손한 인격인이며 훌륭한 성공인이 된 밑거름이 되었다.

넷째, '나이에 맞는 교육을 받는 것이 바람직하다!' '월반 진학이 마냥 즐겁고 좋은 것은 아니었지요.' 정근모 박사가 고등학교 2년을 월반하여 진학한 서울대 1학년 재학 시절, 영어 시간에 칠판 앞으로 호출된 한 학생이 있었다. 선생님이 구술하는 영어를 칠판에 옮겨 적는 시간이었다. 지명된 학생은 맥아더 장군이 말한 '노병은 죽지 않고 다만 사라질 뿐이다' 라는 강연을 듣고 영어로 받아 적어야 했다. 그런데 이 학생은 전혀 받아 적지를 못하고 우두커니 서있기만 했다. 담당 교수가 발칵 소리를 질렀다.

"학생, 자넨 참 형편없는 고등학교를 나왔구나. 우리 학교 물리학과는 전국 최고 수재들이 들어오는 곳이야. 고등학교를 4개월만 다니고 들어온 수재도 있는데, 자네 같은 학생은 도대체 어떻게 우리 물리학과에 들어 왔어!" 교실은 웃음바다가 되었다. 꾸중들은 학생이 바로 정근모였던 것이다.

정 박사는 고등학교 과정을 겨우 4개월 만에 마치고 대학에 진학한 것이 오히려 자신을 영어와 수학 등에서 이해력이 부족하게 만들어 한동안 자신의 치명적 약점이 되었다고 고백한다. 천재도 핵심 과목들에 대해 고민이 많았음을 알 수 있다.

다섯째, '폭넓은 독서와 문학 서클 활동은 사고의 폭을 넓혀준다!' 자신이 입학시험이나 학력경진대회에서 단연 1등할 수 있었던 것은 단순히 머리 때문이 아니었다고 말한다. 그 모든 것은 단순한 머리가 아닌 자신의 끈질긴 노력과 '논술 능력', 즉 독서로 인한 것이었음을 고백한다.

여섯째, '예상문제를 정리하고 푸는 습관을 기른다!' 정 박사는 미 유학 시절 미시간 주립대학 학위 과정 자격시험을 위해 관련 서적 20권을 찾았다. 그리고 그 책을 정독한 후 예상 문제를 50 문제로 만들어 철저히 준비 하였다. 그렇게 해서 정 박사님은 전 세계 유학생 40 명중 최고 점수를 받았다.

마지막으로 '크리스천이라는 게 가장 영광스럽다' 는 생각을 갖게 하라!' 정근모 박사는 공부도 바른 크리스천이 되기 위함이라고 말한다. 그는 최고의 지식은 바로 창조주 하나님과 예수 그리스도의 사랑을 깨닫는 것임을 토로한다.

한국이 낳은 최고의 과학자 그는 지금도 늘 이렇게 말한다. "예수 그리스도, 그는 창조주이시며 인간의 죄를 대신 짊어지고 십자가에서 보혈을 흘리며 절규했던 인류의 대속자이십니다. 그분을 통해서 나의 삶은 새롭게 변화되었습니다." "나는 과학자이기에 앞서 하나님을 믿는 신실한 그리스도인이 된 것이 하나님께 늘 더욱 고맙고 감사합니다."

필자는 이런 자랑스런 과학자가 우리 나라에 있다는 것을 하나님께 감사하지 않을 수 없다!

원동연
Won Dong-Yeon

"진정한 하나님의 일꾼은 어떻게 교육되어져야 할까? 어떤 교육이든지 본질적인 것은 '미래를 준비하는 것'이다. 미래를 준비한다는 것은 신앙적으로 보면 마지막을 준비한다는 것과 상통한다."

5차원 전면 교육법으로 세계를 품은 **원동연**

1992년 한국일보사가 뽑은 21세기 한국을 대표할 100인에 선정된 사람!

국내외에 100여 편의 주요 과학 논문을 발표하고 10편의 과학기술 특허를 가지고 있는 탁월한 과학자! 초전도체 합성의 권위자로 1990년 과기처 연구개발상을 수상한 사람! 한국원자력 연구소 초전도체 연구실장을 지냈고 한국과학기술연구원 겸임교수, 통합연구학회 회장, 한국창조과학회 부회장, 기독학술교육동역회 이사, 한국종합과학연구원을 세운 사람! 대안 고등학교로 유명한 세인고 초대 교장과 동두천여상 교장을 지냈고 중국 연변 과기대 부총장을 역임한 사람!

□ 종교적 방황을 하다

그가 누구인가! 그가 바로 지금은 몽골 국제대 총장과 벨 국제학교(충남 논산 소재) 헤드 마스터로 있는 원동연 박사이다. 원동연 박사는 모태 신앙인으로 태어나 자라났다. 그래서 그는 어릴 적 자신의 신앙은 그저 형식적이고 의례적인 것이었다고 고백한다. 그래서 한 때는 명상법, 심령 과학, 점서(占書)인 주역(周易), 도교(道敎)의 서적인 회남자(淮南子), 인도의 요가, 선도술과 신선술까지 이상한 것에 심취하기도 했다. 심지어 차력을 배운답시고 웃통을 벗고 고된 훈련까지 받기도 한다. 일종의 종교적 방황을 하기 시작한 셈이다.

서울대 재학 시절 방학 중에는 부산의 유명한 '도사'를 찾아 수련 여행을 떠났다. 그리고 어렵게 한 도사를 만나게 된다. "도사님께 큰 깨우침을 받고 싶어 서울에서 찾아 왔습니다." 그 도사는 그에게 "모든 잡념을 버리고 수련에 정진하며 식사는 가볍게 두 끼만 하라"고 명령을 내렸다.

수련 3일째였을까. 기진맥진하여 그가 다시 그 도사를 찾았다. 그때 그만 그 도사가 대야만큼이나 커다란 그릇에 국수를 말아 정신 없이 먹고 있는 모습을 그는 보고 말았다! "그래 이건 아니야!" 그때 너무 실망이 커서 그는 그 길로 곧장 서울로 올라와 버렸다. 어떤 종교도 기술도 능력도 그에게 참다운 만족이나 성취감 또는 기쁨을 주지 못했던 것이다. 높은 기대감을 가지고 시작했다가 모두 상처만을 안고 주저앉고 말았다.

대학 4학년 무렵 그런 그의 모습을 안타깝게 여기던 여동생을 통해 원 박사는 새로운 사람이 된다.

"오빠, 예수님을 믿는다는 것이 뭐라고 생각해요?" "오빠, 로마서 10장 9절과 10절을 읽어 보세요. 기독교의 기본 진리를 이해하는데 도움이 될 거예요. 예수님을 좀 더 자세히 알고 난 뒤에 다른 종교나 학설에 관심을 갖더라도 늦지 않아요." 그는 여동생의 말을 듣고 나서 무엇에 쫓기듯 로마서를 읽어 내려갔다.

> 네가 만일 네 입으로 예수를 주로 시인하며 또 하나님께서 그를 죽은 자 가운데서 살리신 것을 네 마음에 믿으면 구원을 얻으리니 사람이 마음으로 믿어 의에 이르고 입으로 시인하여 구원에 이르느니라(롬 10:9-10).

이 성경 구절을 읽고 또 읽었다. 순간 설명할 수 없는 그 무엇이 가슴속을 타고 흘러내리기 시작했다. '아! 성경에 예수 믿는 방법이 이렇게 정확히 쓰여 있었구나.'

아랫사람의 충고나 생각이 윗사람에게 영향을 주는 경우는 적지 않다. 가장 위대한 기독교 사상가 중 한 사람인 성 어거스틴도 겨우 동네 꼬마들이 뛰놀며 부르던 "취하여 읽으라(Tolle lege)"는 노래 소리에 놀라 성경 로마서를 취하여 읽고 '예수 그리스도의 옷'을 입은 그리스도인이 되었다는 유명한 고백이 있지 않은가! 칼빈도 루터도 요한 웨슬리도 로마서를 통해 신앙의 획기적 전환점을 맞았다는 것은 잘 알려진 일화이다. 로마서의 위력이 정말 그리도 크단 말인가? 확인하고 싶으면 원동연 박사처럼 로마서를 펼쳐 보시라!

□ 새로운 인생의 시작, 예수님을 만나다

원동연 박사도 이때부터 새로운 인생이 시작되었다. 체계적인 성경 공부를 시작하였고 복잡하게만 느껴지던 예수님의 족보가 조금씩 눈에 들어오기 시작했다. 예수님의 오심을 미리 예언했던 구약시대를 통해 하나님의 섭리를 배웠고, 예수님의 죽음이 나에게 무슨 의미가 있는지도 조금씩 깨달아지기 시작했다.

기독교 진리는 놀라운 기쁨과 만족을 가져다주었다. 이것은 단순한 이론이나 사실의 차원이 아니었다. 그 이상인 확신과 신념의 세계였다. 바로 길이요 진리였던 것이다.

신앙의 눈이 점차 열림으로써 자신의 삶을 이끄시는 하나님의 존재가 이성이 아닌 가슴으로 와 닿기 시작했다. 연이어 그는 한국과학기술원(KAIST)으로 진학하여 석 · 박사과정을 밟으며 많은 믿음의 선배, 동료를 만나게 된다. 그 곳에서 만난 믿음의 과학자들은 누구보다도 뛰어난 논리와 정확성, 확고한 사실을 토대로 하여 하나님을 찬양하며 창조론을 과학적으로 입증하는 학문에 정진하고 있는 신앙인들이었다.

박사 학위를 받은 뒤 대덕연구단지 내에 있는 한국원자력연구소에 근무하게 된다. 이 곳 과학연구단지 내에도 창조과학회, 기독교대학 설립동역회를 비롯 10여개의 신앙 모임이 있어 신앙생활에 많은 도움을 주었다.

또한 교회에서 만난 몇몇 가족과 함께 성경공부와 교제를 하면서 공동체 신앙의 중요성을 새롭게 깨닫게 된다. 그것은 그리스도의 사랑과 은혜를 이웃과 주위에 나누고 베풀어야 하며, 개인 중심의 신앙이 아닌 하나님 중심의 신앙이 되어야 한다는 것이었다.

다시 말하면 소극적이 아닌 적극적인 신앙, 나아가 생활 전체가 예수님을 닮아가야 한다는 것을 깨닫기 시작하였다. "성경 공부를 통해 내게 맡겨진 하나님의 소명과 복음을 확인할 수 있었고 그것을 구체적으로 실현할 수 있도록 나의 달란트를 최대한으로 활용해야 함을 확신하게 되었다. 생활 속의 신앙이 아니라 신앙 자체가 생활이어야 한다는 결론을 내린 것이다. 더구나 이제 내게 맡기신 하나님의 사역이 무엇인지도 조금씩 알게 되었다. 과학자로서 진화론의 허구성과 하나님의 창조론을 알리고, 우주의 모든 질서는 하나님의 피조물이므로 피조 세계를 연구하는 모든 학문을 기독교적 시각으로 이해해야 한다는 것이다. 또한 하나님의 말씀을 말씀 안에서 녹아진 삶으로 나타내도록 해야만 한다는 것이다." 이것을 그대로 실천하기 시작한다.

원동연 박사는 본래 교육에 관심이 많았다. 그래서 좀 더 사람들을 바르게 교육시킬 수 있는 새로운 대학을 세우고자 하는 모임에 열심히 참여하여 왔다. "진정한 하나님의 일꾼은 어떻게 교육되어져야 할까? 어떤 교육이든지 본질적인 것은 '미래를 준비하는 것'이다. 미래를 준비한다는 것은 신앙적으로 보면 마지막을 준비한다는 것과 상통한다."

그는 기존 학교에서 적응하지 못하고 도태되는 학생들을 위한 '대안 학교'를 세우기 위한 준비를 여러 동역자들과 시작한다. 그

첫 열매가 바로 세인고등학교였다. 이 학교는 금 새 전국적으로 유명한 대안학교로 소문이 나기 시작했다. "세인고등학교는 우리들이 바라던 대안학교이다!" 놀랍게도 제도권 교육에는 잘 적응 못하던 아이들이 세인고등학교를 통해 완전히 달라지기 시작했던 것이다. 매스컴과 사람들은 세인고등학교의 교육 방식에 관심을 가지기 시작했다. "세인고등학교의 교육 방식은 도대체 어디서 온 것인가!" 사실 이런 많은 이들의 관심은 원 박사가 개발한 독특한 교육법 때문이었다. 그것은 바로 성경에서 가져온 원리였다. "조 목사님! 성경에서 하나님의 놀라운 교육 원리를 찾아냈어요!" "가장 연약해 보이는 아이들도 하나님의 귀한 형상을 가진 존재이지요! 누구에게든지 사람에게는 하나님의 고귀한 계획이 있어요. 그것을 찾아내고 가르치는 겁니다."

□ 5차원 교육법의 시작

필자는 과거 어느 날 밤 대전의 어느 대학 캠퍼스의 여름 캠프에서 원동연 박사와 나누었던 대화를 지금도 감격스럽게 기억하고 있다. 원동연 박사의 5차원 교육법은 이렇게 차근차근 진행되고 있었다. "마태복음 25장은 세 가지 비유를 통해 마지막 날에 우리에게 세 가지 시험이 있다고 얘기한다. 첫 번째는 열 처녀의 비유이다. 이 시험은 진리 안에서 항상 깨어 있지 못하면 하나님 나라에 들어가지 못한다는 것이다. 두 번째는 달란트 비유이다. 이 시험은 받은 달란트를 최대한 발휘하지 못하면 하나님 나라에 들어갈 수 없다는 것이다.

마지막 세 번째는 양과 염소의 비유이다. 즉 세 번째 시험은 이웃을 사랑하고 위로하지 못하면 하늘나라에 들어갈 수 없다는 것이다."하나님에 대한 진리 안에 깨어 있지 않으면 하나님 사랑을 알 수 없다. 또 하나님의 사랑이 예수 그리스도를 통해 온 인류에게 나타났고, 그 사랑을 먼저 받고 알게 된 그리스도인들은 마땅히 아무리 작은 자에게라도 사랑을 실천해야 하는 것이다. 그래서 마지막 심판 날에 열 처녀 비유를 통해 말씀하시는 진리 안에 깨어 있는 것과 양과 염소의 비유에서 보여 주는 이웃 사랑에 대하여 심판이 있는 것이다. 하나님께서 우리에게 하나님 사랑과 이웃 사랑의 가장 큰 두 가지 명령을 내렸는데 그 두 가지 명령의 준행 여부를 마지막 시험에서 보는 것은 당연한 일이다."

그러면 열 처녀 비유와 양과 염소의 비유, 이 둘 사이에 놓여 있는 달란트 비유의 의미는 무엇일까? 원동연 박사는 사람들이 신앙생활을 통해 진리 안에 깨어 있어야 한다는 것과 이웃을 사랑해야 한다는 것은 많이 알지만 달란트 비유에 대해서는 깊이 생각지 않는다고 말한다. "달란트 비유 안에 있는 두 가지 중요한 비유를 알아야 합니다." 그것은 다음과 같다. '첫째, 그리스도인은 반드시 자신의 달란트를 반드시 최대로 발휘해야만 한다.' '두 번째, 달란트를 최대로 발휘할 수 있는 구체적인 방법을 알아야 한다.' 원동연 박사는 바로 사람 각자에게 주신 달란트를 발휘하기 위한 다섯 가지 중요한 요소를 성경에서 찾아내었다.

"마가복음 12장을 보면 모든 계명 중에서 첫째 되는 것이 무엇이 냐는 질문이 있다. 예수님의 말씀을 듣던 서기관이 마가복음 12장 32-33절에 '마음을 다하고 지혜를 다하고 힘을 다하여 하나님을 사랑하는 것과 또 이웃을 제 몸과 같이 사랑하는 것' 이 제물과 번제 물보다 낫다고 말한다. 여기에서 우리는 달란트를 최대한 발휘하기 위한 인간의 다섯 가지 요소(factor)를 찾을 수 있다. 마가복음 12장 32-33절의 영어 성경을 보면 더 쉽게 알 수 있다.

이 말씀을 자세히 보면 인간의 중요한 다섯 가지 요소를 알 수 있 다. 곧 마음(heart), 지혜(understanding), 힘(strength), 자신을 사 랑하는 것과 같이(자기 관리 self-manegement), 이웃을 사랑(인간 관계 human relationships)하는 것이다. 즉 우리는 이 다섯 가지 요 소를 다 동원하여 전면적(全面的)으로, 전인적(全人的)인 힘으로 하 나님을 사랑하고 이웃을 사랑해야 한다는 것이다! 그러므로 진정한 하나님의 일꾼은 진리 안에서 자신에게 주어진 다섯 가지 요소의 달란트를 최대한으로 계발시키고 발휘하여 이웃을 사랑할 수 있어 야만 한다. 이것이 바로 5차원 전면교육법이다."

여기서 달란트를 최대한 발휘하기 위한 두 가지 원칙을 다시 한 번 살펴보자.

제1원칙 : '열심' 이 아니라 '좋은 방법론' 을 알아야 함.

무조건 열심히 노력만 하면 달란트가 향상되는 것이 아니다. 어떤 일을 하든지 그 일에 적합한 방법과 원리를 구체적으로 알아야 잘

할 수 있다. 아무리 수영에 소질이 있는 사람도 개헤엄을 쳐서 수영의 신기록을 낼 수는 없지요. 수영을 잘 하기 위해서 밤을 새워 가며 개헤엄을 아무리 열심히 많은 시간을 연습한다 해도 체계적으로 자유형을 연습해 가는 사람보다 잘할 수는 없다. 왜냐하면 아무리 많이 연습해도 개헤엄은 그저 개헤엄이기 때문이다.   우리가 어떤 일을 열심히 하면 어느 정도 실력을 올릴 수는 있어도 바른 방법이 아니고서는 자신의 능력을 최대로 발휘할 수 없다. 자신이 가지고 있는 방법의 한계치까지만 발전할 수 있는 것이다. 즉 바른 수영법, 바른 교육법이 사람의 능력을 키우고 사람을 변화 시키게 된다. 우리의 모든 삶에 있어서 최대의 능력을 발휘하기 위해서는 열심히 하는 것에 앞서서 바르고 효과 있는 좋은 방법을 아는 것이 우선적이며, 이후에 이와 같은 방법을 가지고 최선을 다하는 것이 능력을 최대로 발휘하는 비결이다.

제2원칙 : 부분적 교육이 아닌 온전한 전면 교육이 달란트를 최대한 발휘할 수 있게 함

여러 개의 나무 조각으로 만들어진 물통이 있다고 생각해 보자. 이 물통을 이루고 있는 한 부분의 나무 조각이 부러져 버리면 아무리 물을 많이 부어도 물은 이 부러진 나무 조각까지밖에 채울 수 없다. 다시 말하면 물은 물통을 이루고 있는 나무 조각의 최소 높이까지만 채워지는 것이다. 인간의 교육에도 같은 원리가 적용될 수 있다. 심력, 체력, 지력, 자기 관리 능력, 인간관계 등 다양한 부분들이 한 인간을 형성하게 된다. 그런데 이 부분들 중 어느 한 가지가 약하

면 그 약한 부분 때문에 다른 부분들도 영향을 받게 된다. 이것은 마치 마틴 루터 킹 주니어의 위대한 다음의 명언을 생각나게 한다. '한 가지에 직접적으로 영향을 미치는 것은 무엇이든지 모든 것에 간접적으로 영향을 미친다. 당신이 당위(當爲)적인 존재가 될 때까지 나는 결코 당위적인 존재가 될 수 없다. 이것이 실재의 상호 연관 구조이다(Whatever affects one directly, affects all indirectly. I can never be what I ought to be until you are what you ought to be. This is the interrelated structure of reality.)'

우리는 그런 관점에서 전인 교육을 생각해야 한다. 전인 교육이라 하면 사람들은 이제까지 지력만을 강조하였던 반면 상대적으로 심력을 강화시키는 것이다. 그러나 진정한 전인 교육이란 그것이 아니다. 지력과 심력 뿐 아니라 인간을 형성하고 있는 모든 다양한 부분들을 함께 개발시키는 것이 전인교육이다. 그러므로 어떤 사람의 능력을 최대로 발휘시키려면 그 사람의 한 부분만을 발전시키는 것이 아니라 그 사람이 지닌 여러 능력들을 전면적으로 발전시킬 수 있는 전면 교육이 필수적이다. 하나님이 각자에게 주신 모든 부분의 전면적 교육!

학생들이 공부를 못하는 이유도 살펴보면 단지 공부 문제에만 있는 것이 아님을 알 수 있다. 학교에서 10시간 수업을 하고 오면 보통 10시간을 공부하고 왔다고 생각하지만 사실은 10시간 앉아 있다가 왔다고 하는 것이 맞다. 어떤 학생은 10시간 중에 8-9시간 정도를 공부하고, 어떤 학생들은 비록 10시간 앉아 있더라도 2-3시간도 공부를 못하고 온다. 이런 차이는 심력에서 온다고 할 수 있다. 의지력이 약하고 동기 부여가 안 되어 있고 자기에 대한 자존심이 없기 때문에 공부를 잘할 수가 없는 것이다.

또한 체력도 그 이유 중 하나이다. 공부하려는 마음은 있는데 책상 앞에 앉기만 하면 졸립고, 여기저기 아프고, 그것을 견뎌낼 인내력이 없어서 못하는 것이다. 자기 관리 능력이 없는 사람들도 그렇다. 많은 시간이 주어져도 어떻게 사용해야 하는지 모른다. 학습 방법이 나빠도 공부를 못한다. 공부 방법이 나쁜 아이들도 열심히 해 봤는데 매번 결과가 신통치 않아 실망하고 상처가 되어 계속하지 못하는 것이다. 또 하나 안타까운 것은 인간관계에 문제가 있으면 잘할 수 없다. 부모한테 마음의 상처를 입은 아이의 경우 그에 대한 앙갚음으로 부모가 원하는 것을 안 하기도 한다. 안타깝게도 학교에서도 마찬가지이다. 학생과 교사 간의 사이가 나빠지면 그 과목은 잘하지 않는 경우가 많다. 그러므로 실력을 발휘할 수 있는 방법은 여러 가지가 있다. 심력이 약한 사람은 심력을 키워 주면 잘할 수 있다.

체력이 약한 사람에게는 몸을 건강하게 해 주면 잘할 수 있다. 자기 관리 능력이 없는 사람에게는 시간을 효과적으로 사용하고 관리할 수 있는 힘을 키워 주면 잘할 수 있다. 공부 방법이 나쁜 사람에게는 좋은 방법을 가르쳐 주고 익히게 하면 된다. 그리고 인간관계가 좋지 않은 사람에게는 좋은 인간관계를 가질 수 있도록 도와 주면 잘할 수 있다. 즉 심력, 지력, 체력, 자기 관리 능력, 인간관계의 다섯 가지를 전면적으로 키울 때(5차원 전면 교육) 능력을 최대로 발휘할 수 있게 된다.

원동연 박사는 지금 이 다섯 가지 교육 방법을 가르치고 훈련시키는 일로 세계를 품는 꿈을 꾸고 있다. 5차원 교육법에 관한 그의 책은 이미 세상 사람들에게까지 널리 알려진 베스트셀러가 되었고 그 꿈은 국내의 세인고, 동두천 여상 그리고 벨 국제학교 등 많은 제도권 학교와 대안 학교 뿐 아니라 러시아, 중앙아시아, 중국의 연변 과기대, 미국, 몽골 국제대 등을 통해 열매를 맺고 있다. 그러므로 우리는 오히려 지금보다 앞으로 더 원동연 박사의 행보에 많은 기대와 설렘을 갖게 된다.

여러분은 세상에서 가장 행복한 하나님의 사람, 최고의 리더가 되고 싶은가? 혹은 자녀를 그렇게 양육하고 싶지는 않은가? 여기 그 명쾌한 비결이 준비되어 있다. 하나님의 사람 원동연 박사가 성경에서 뽑아 올린 하나님의 5차원 전면 교육으로 들어와 보라!

창조론의 선봉에 선 과학자들

-창조과학 운동 회고(한국창조과학회 20년사 참조)

개인적으로 김영길 박사님(명예 회장, 현 한동대 총장)을 먼발치로나마 처음 뵌 것은 뚝섬 들판에서 열린 C.C.C에서 주관하던 세계 교회 기도 성회에서였다. 아마 1983년이 아니었을까? 당시 뚝섬에는 마치 성령의 은혜처럼 단비가 쏟아지고 있었다. 그때 처음 뵈었는데 아! 저분이 바로 내가 신앙계를 통하여 기사와 글을 읽고 은혜받은 그 글을 쓰신 분이구나 생각하며 무척 감동했던 기억이 새롭다. 하나님의 섭리는 참으로 신기하다! 그런데 내가 그분을 모시게 될 줄이야!

학회에서 간사로 일하며 회장님과 춘천으로 태백으로 인천으로 수원으로 그리고 부산, 대구, 대전, 울산으로 그런가 하면 수많은 수련원, 기도원들과 안동, 진주, 마산, 전주, 광주, 목포, 남원으로 승용차와 야간열차로 동행하면서 다닌 옛 소중한 기억들을 잊을 수 없다. 시간과 물질과 정성을 드리면서도 항상 기쁨에 넘치는 회장님의 모습에서 나는 내가 가장 좋아하는 빌립보서의 기쁨이 전해지곤 했다. 대상이 바뀔 뿐 강의마다 내용이 크게 달라지는 경우는 없었다.

하지만 전하시는 회장님이나 나는 한 번도 그 시간이 지루하다고 생각해본 적이 없었다. 비가 오건, 폭설이 내리건, 무덥건 그런 것은 아무런 문제가 되지 않았다. 간혹 낯선 지방의 여관방에서 함께 나뉘어 숙박하였다. 심야 열차로 새벽에 서울역에 당도하는 경우도 많았다. 지금은 그 추억들이 모두 아스라한 그리움으로 남아있다. 남들이 크게 알아주는 일도 아니었다. 오히려 시간과 물질을 드리는 일이었다. 하지만 하나님께서는 그 일들을 귀하게 여기심을 확신하며 즐거이 감당하셨던, 회장님의 하나님에 관한 열심을 잊을 수가 없다.

그런 회장님의 간증을 누구보다도 가장 많이 들을 수 있었던 것은 참으로 하나님의 은혜요 행운이었다. 회장님이 생각하시는 하나님에 관한 열심과 믿음이 무엇인지 누구보다도 잘 알게 되었다. 그런 경험들은 회장님을 보필하며 여러 공문이나 글을 쓰는데 많은 도움이 되었다. 겉으로 잘 드러나지는 않았지만 사모님이신 김영애 권사님(『갈대 상자』의 저자)의 기도와 수고도 학회의 발전에 큰 위로가 되었다.

학회의 회심작 『자연 과학』(도서출판 생능)을 출판하기까지 김 명예회장님의 뜨거운 열정도 큰 감동으로 남아있다. 출판사 대표이신 김승기 사장님과 나는, 회장님의 그 하나님에 대한 열정과 정성에 크게 감탄 하지 않을 수 없었다. 김준곤 목사님(CCC 명예 총재)은 이 책의 출판을 한국 기독교 역사상 3대 사건 중 하나라고 과분한 찬사를 해 주셨다. 또한 국민일보에 연재했던 내용을 가지고 꾸몄던 『과학으로 푸는 창조의 비밀』이라는 책을 회장님과 필자의 공저로 출판한 것도 잊을 수가 없다. 이 책은 한동대 교재로도 쓰이고 평신도들과 목회자들을 위한 베스트셀러가 되었다.

회장님처럼 신앙계의 지면을 통하여 뵌 적이 있었던 2대 송만석 박사(전 연세대 교수, 수학 · 전산학)는 학회 초창기 남들이 모르는 수고를 많이 하였다. 학회 총무로 2 대 회장으로 많은 일을 감당하신 분이다. 사역 초기였던 80년대 중반만 해도 한 달에 한 번 정도 교회의 강의 요청이 들어와도 그저 감사하였으며, 마치 창조과학회가 통일교의 지원을 받는 것이 아닌 가 일부 사람들의 오해도 많았다. 그런 잘못된 오해를 풀고 지금처럼 서울과 수도권에서만 해마다 수백 여회에 가까운 강의 요청이 들어올 만큼 교회와 단체들이 호응을 보이게 된 데는 당시 총무로 수고하신 송 박사의 숨은 공로가 있었다. 사모님이신 김해리 박사(전 서울대 교수, 생화학)와 함께 학회의 중추적인 분들이었다.

김정한 박사(전 연세대 교수, 유기화학)는 위트가 넘치시고 많은 부분에 깊고 해박한 지식과 영성을 가졌던 분으로 기억된다. 언젠가 옆에서 많은 이야기를 듣고 싶을 만큼 좋으시고 멋진 분이었다. 파주 일영 기도원의 강의에 동행하면서 수많은 별들을 바라보고 심야의 산길을 마냥 걸어 내려오며 신앙과 과학에 대해 많은 대화를 나누던 소중한 추억들이 생생하다. 새벽 두시 가까이 되어서야 우리들은 겨우 은평구까지 올 수 있었다.

필자는 다시 의정부를 거쳐 산을 넘어 집이 있던 광릉내로 넘어갔다. 나는 어찌어찌 집으로 갔지만 김 박사님은 어떻게 귀가 하였을까? 이게 80년대 창조론의 선봉에 선 과학자들의 풍경이었다. 김 교수님의 강의는 언제 들어도 깊은 영적 통찰력이 느껴졌다. 송 박사님 부부처럼 사모님이신 김경례 교수님(성균관대 교수, 약학)과 함께 부부로써 학회의 초창기부터 귀중한 사역을 담당해 오신 분들이었다.

김정한 박사를 통하여 학회에 와서 뵙게 되었던 고(故) 박을룡 박사(전 한동대 부총장, 경제학)는 우리 집 개인 가족사(家族史)와 어떤 놀라운 끈으로 연결되어 있던 분이었다. 언젠가 춘천 모임을 가면서 기차 안에서 나누었던 믿음의 교제는 잊을 수가 없다. 기막힌 가정사를 서로 알게 되면서 하나님의 뜻이 무엇인지 기도했던 일이 기억난다. 존경하는 박 박사님! 이제는 하늘나라에서 주님과 함께 평안히 쉬소서!

김종배 박사(현 한동대 교수, 생화학)는 강의 부탁을 드리면 특별한 사유가 없는 한 거의 흔쾌히 강의를 맡아주신 일군이었다. 훌륭한 창조론의 선봉에 선 과학자들 중에서도 개인적으로 가장 존경하는 일군 가운데 한분이었다. 1980년대부터 1990년대까지 가장 강의에 수고를 많이 하셨던 과학자였다. 어찌 그 바쁜 와중에도 그리 순종하셨는지! 개인적으로 서울, 수원, 인천, 천안 등의 강의에 동행하며 많은 것을 배울 수 있었고 김 교수님의 건국대 교수 시절 늘 찾아뵈며 나누었던 사랑의 교제를 잊을 수 없다.

신현길 박사(한동대 교수, 육가공학)도 대단히 충성스런 하나님의 일군이었다. 주일 저녁 신 교수님의 가족들과 함께 이천제일교회의 세미나를 다녀오다 고속도로의 심한 체증으로 인하여 졸리움과 피곤을 견디려고 함께 찬송을 부르며, 어려운 고비도 넘겨가면서 고생한 소중한 기억이 새롭다.

서울대 환경대학원장을 지내신 김정욱 박사(서울대 환경대학원 교수, 환경공학)도 열심있는 창조론자였다. 특별히 하나님이 주신 세상에 대한 그 분의 열정을 필자는 늘 존경한다. 게리 토마스는 릭 워렌 목사가 적극 추천한 『영성에도 색깔이 있다』(도서 출판 CUP

간)는 책에서 하나님과의 친밀함으로 이끄는 9가지 영적 기질을 말한다. 김 박사님은 칼빈이 말한 '하나님의 영광의 극장'인 세상에 대한 영성을 가진 분이다. 필자는 목회자가 되기 이전 대학원에서 환경공학을 배운 관계로 김 박사님께 좀 더 많은 것을 배울 수 있는 기회를 갖지 못한 것이 지금은 너무 아쉬울 뿐이다.

글을 통하여 많은 은혜도 받고 초대 간사셨던 심영기 박사(현 인제대 교수, 생화학)는 필자와 학부 전공도 같고 늘 존경하던 과학자였다. 2대 학회 간사였던 이웅상 목사님(현 창조과학회 회장, 명지대 교목 실장)의 설교는 필자가 한강변으로 자전거 통근을 하며 헤드폰으로 가장 즐겨듣던 말씀이었다. 필자는 이렇게 말하고 싶다! "신앙과 학회의 선배인 두 분을 존경하고 감사합니다!"

원동연 박사(현 몽골 국제대 총장)는 창조론에 관한 깊은 안목과 폭넓은 수용성, 헌신하는 마음을 지닌 귀중한 동역자였다. 지금은 5차원 교육법으로 세상을 변화 시키려는 신앙적 열정에 기도와 존경과 격려와 박수를 보낸다. 창조과학 후원 운동에 앞장섰고 지금은 벧 국제학교를 설립한 이홍남 목사와 이종범 박사(원광대)와 더불어 필자는 하나님 교육으로 세상 교육을 바로 세우는 5차원 벧 운동을 초창기부터 십여 년간 함께 사역하고 있다.

해외 지부의 최인식(미주 의학), 윤성희(생물학), 김정훈(현 연세대 의대 교수), 서병선(현 한동대 교수), 전광호(전 인도네시아 선교사), 우제태 박사(현 일본 공업대 교수)와의 귀중한 교제도 많았다. 임번삼 박사(전 대상 그룹 대표 이사 역임, 현 중앙대 겸임 교수, 식품 미생물학)는 크노르(지금의 청정원) 시절부터 전화를 주시고 학회를 방문하는가 하면 늘 사랑을 베풀어주신 분이었다. 민성기 박사(기계공학), 성인화 박사(고려대 의대 교수, 미생물학) 그리고 노희천 박사(KAIST 교수, 핵공학)와 김영인 박사(현 한동대, 기계공학)의 노고도 결코 잊을 수가 없다. 대단한 열정과 순종의 믿음을 가진 분들이었다.

멀리서도 기꺼이 순종하셨던 권명상 박사(강원대 교수, 수의학)나 이건창 박사(현 성균관대 교수, 경정 정보학) 필자와 비슷한 동년배인 박명균(현 명지대 교수, 기계공학), 손기철(건국대 교수, 원예과학), 조정일(현 전남대 교수, 생물교육학), 차성도(현 강원대 교수, 물리광학), 권진혁(현 영남대 교수, 물리학), 김경천 박사님(현 부산대 교수, 기계 공학)과 황성주(현 이룸 생식 대표, 목사, 예방 의학) 그리고 우상두 박사(현 시님치과 원장, 서울대 치의학)와의 교제도 항상 귀하고 시간만 된다면 좀 더 가까이서 이야기를 나누고 싶은 분들이다. 언젠가 좀더 자세하게 소개하고 싶은 고(故) 백우현 박사(의학), 이은일(현 고려대 교수, 예방 의학), 김명현(재료공학), 정찬

선(상지대 교수, 농학), 정계헌(순천향대 교수, 생물학, 창조과학회 4대 회장), 이원국(전 공주대 교수, 지구과학), 진기범(현 숭실대 교수, 전산학), 권영헌 박사(현 한양대 교수, 수학)도 있다.

양승훈 박사(현 캐나다 벤쿠버 세계관 대학원장, 목사, 반도체물리학)는 언제나 이야기를 나누고 싶고 신앙적으로나 학문적으로 존경하는 분이다. 필자는 양 박사님의 많은 노고와 수고를 잘 알고 있다. 한번은 기도 모임(임원회)이 너무 늦게 끝나 차량도 모두 끊어지고, 양 박사님과 필자는 장로님이신 저희 형님 집과 양 박사님의 처가댁 주변을 전전하다가 결국은 신세지기 싫어 이문동의 어느 허름한 여인숙 방에서 팬티와 속내의 바람으로 학회의 간사였던 민 간사님과 학회와 서로를 위해 기도한 소중하고 아름다운 기억이 있다. 80년 대 후반 대구집회를 위해 책을 싸들고 새벽에 도착한 양 박사님 댁의 서민 아파트는 내가 지금까지 체험해본 아파트 중에서 가장 무더운 아파트였다. 그래도 새벽이라 기쁘게 단잠을 잤던 기억이 새롭다.

양승훈 박사의 책은 지나칠 정도로 책을 좋아하는 필자가 가장 아끼는 책들이며 간증집 『낮은 자의 평강』은 많은 은혜를 받은 책이었다. 그리고 또 하나! 아! 본인이 낯선 신림동 지하에 하나님의 몸 된 교회를 개척하였을 때 함께 교회에서 밤을 지내며 기도와 격려해준 그 사랑을 어찌 잊을까! 지성과 영성과 열정을 동시에 갖추기란 그리 쉽지 않은 일이다. 필자의 생각으로 양승훈 박사, 이웅상 목사 이분들은 김영길 박사님 사역의 뒤를 이은 하나님의 귀한 일군들이다. 창조론의 사도 바울이요 실라요 디모데이다!

지극히 작은 듯하지만 실은 귀하고 큰일에 충성하는 지역의 지부장과 지부의 여러 임원들의 사역에 대한 너무도 많은 간증들도 있다. 그 중에서도 허종화(현 경상대 교수, 식품 공학), 정순량(전 우석대 학장, 화학), 임병무(전 전북대 교수, 수의학), 한윤봉(현 전북대 교수, 화학공학), 김종일(전남대 교수, 기계 공학), 류화원(현 전남대 교수, 화학 공학), 신용호(현 울산대 교수, 수학), 정길용(병원 원장, 의학), 윤여표(현 충북대 교수, 약학), 김철중(전 표준연구소장), 김농오(현 목포대 교수, 조경학), 김태정(현 경북대 교수, 목사), 김경찬(경북대 교수), 서민호 박사(계명대 교수, 의학)들과 서종학 목사님(전 대구지부 대표 간사)을 비롯한 여러 간사님들과의 아름다왔던 교제와 그들의 노고를 구체적으로 알리지 못해 안타깝다. 혹시 언젠가 그리스도 안에서의 아름다운 기억들을 숨김없이 알리고 싶다.

제양규 박사(현 한동대 교수, 기계공학)나 김기태 박사(현 벤처 기업, 전 고신대 교수, 미생물학)는 과기원 시절부터 헌신된 신앙의 동지들이었다. 현창기 박사(현 한동대 교수, 식품생물학), 배신규(기업, 식품생물학), 고재형(현 선교사, 식품공학 박사), 홍형주 박사(항공공학), 조병진 박사(기계 공학) 등도 과기원 학생 시절부터 간사였던 필자와 더불어, 함께 칼국수와 비빔 국수, 짜장면과 비빔밥을 사 먹어 가며 신앙의 교제도 나누고 세미나, 강의도 부탁하고 연수회나 집회의 일로 함께 휩쓸려 다니던 귀하고 고마운 믿음의 동역자들이었다.

허성욱 목사님(물리학 박사)도 창조론에 깊은 영성과 애정을 가진 분이었다. 대구의 창조론집회 관계로 만나 삼복더위에 에어컨도 가동 안되는 대구의 한 호텔에서 팬티만 입고 여러 가지 기도 제목을 놓고 함께 서로를 위해 기도하던 아름다운 기억을 잊을 수가 없다. 그 외에도 두 분의 송기태 목사님(현 호주 두란노 선교교회 담임과 인도 선교사), 송준인 목사님(청량교회 담임, 환경 신학 박사), 육심태 목사님의 도움과 기도는 큰 위로가 되었다. 박진호 형제(현 유적 영상 복원 전문가), 류은상(기업), 백영종(전북, 사업), 염대섭(항공 선교사), 윤석찬(지질학 석사, 컴퓨터 전문가), 이창민, 정현옥(의학 박사), 신원국, 최희원 교장 선생님, 이홍배 선생님(과학), 이광원 교장선생님(생물학), 최양 선생님 등등 알리고 싶은 일군들의 소중한 사역이 많이 있다. 이 외에도 필자가 언급하지 않은 새로운 일군들

은 넘쳐난다! 지극히 작은 일을 기뻐하시는 하나님이시기에 언젠가
는 이들 창조론의 선봉에선 용사들의 아름다운 이야기를 더욱 자세
히 남기고 싶다.

> 무릇 내 이름으로 일컫는 자 곧 내가 내 영광을 위하여 창조한 자를
> 오게 하라 그들을 내가 지었고 만들었느니라(사 43:7).